"十四五"职业教育江苏省规划教材
五年制高等职业教育公共基础课程教材

U0821560

DI LI

地理

地理编写组 编

苏州大学出版社　高等教育出版社

主　　编　王　建　郑广春　冯立梅
编　　者　赵　媛　董建勋　高　凯　谭永立
　　　　　宦　勇　钱淮宁　李小蔚

图书在版编目（CIP）数据

地理 / 地理编写组编 ; 王建, 郑广春, 冯立梅主编
. --苏州 : 苏州大学出版社, 2024. 7（2025. 7 重印）
ISBN 978-7-5672-4779-6

Ⅰ. ①地… Ⅱ. ①地… ②王… ③郑… ④冯… Ⅲ.
①地理学-高等职业教育-教材 Ⅳ. ①K90

中国国家版本馆 CIP 数据核字（2024）第 085563 号

书　　名：地理

编　　者：地理编写组
主　　编：王　建　郑广春　冯立梅
责任编辑：曹晓晴
装帧设计：吴　钰

出版发行：苏州大学出版社（Soochow University Press）
社　　址：苏州市十梓街 1 号　邮编：215006
网　　址：www. sudapress. com
邮　　箱：sdcbs@ suda. edu. cn
联合出品：高等教育出版社
印　　装：南通印刷总厂有限公司
销售热线：0512-67481020

开　　本：890 mm×1 240 mm　1/16　印张：16　字数：341 千
版　　次：2024 年 7 月第 1 版
印　　次：2025 年 7 月第 7 次印刷
书　　号：ISBN 978-7-5672-4779-6
审 图 号：GS（2024）2399 号
定　　价：46. 00 元

凡购本社图书发现印装错误，请与本社联系调换。服务热线：0512-67481020

五年制高等职业教育公共基础课程教材
出版说明

五年制高等职业教育（简称“五年制高职”）是以初中毕业生为招生对象，融中高职于一体，实施五年贯通培养的专科层次职业教育，是现代职业教育体系的重要组成部分。新修订的《中华人民共和国职业教育法》明确，“中等职业学校可以按照国家有关规定，在有关专业实行与高等职业学校教育的贯通招生和培养”。中办、国办发布的《关于深化现代职业教育体系建设改革的意见》明确，“支持优质中等职业学校与高等职业学校联合开展五年一贯制办学”。五年制高职是职业教育贯通培养的一种模式创新，近年来在全国各省份办学规模迅速扩大，越来越受到广泛认可。

江苏省解放思想、率先探索，于 2003 年成立江苏联合职业技术学院，专门开展五年贯通高素质长周期技术技能人才培养。办学二十多年来，江苏联合职业技术学院以“一体化设计、一体化实施、一体化治理”的育人理念指导人才培养改革实践，丰富了现代职业教育体系内涵；开发了一整套教学标准，填补了中高职贯通教学标准空白；搭建了一系列协同平台，激发了省域联动集约发展活力。学院主持的“五年贯通‘一体化’人才培养体系构建的江苏实践”获评 2022 年职业教育国家级教学成果奖特等奖。

为彰显长周期技术技能人才培养特色，不断提升五年制高职人才培养质量，在全国五年制高等职业教育发展联盟成员单位的支持下，江苏联合职业技术学院持续滚动开发了整套五年制高职公共基础课程教材。本套五年制高职公共基础课程教材以习近平新时代中国特色社会主义思想为指导，落实立德树人根本任务，坚持正确的政治方向和价值导向，弘扬社会主义核心价值观；依据教育部《职业院校教材管理办法》和江苏省教育厅《江苏省职业院校教材管理实施细则》等要求，注重系统性、科学性和先进性，突出实践性和适用性，体现职业教育类型特色；以江苏省教育厅 2023 年最新颁布的五年制高职公共基础课程标准为依据，遵循技术技能人才成长的渐进性规律，坚持一体化设计，结构严谨，内容科学，呈现形式灵活多样，配套资源丰富多彩，是为五年制高职量身打造的专用公共基础课程教材。

本套五年制高职公共基础课程教材由高等教育出版社、苏州大学出版社联合出版。

五年制高等职业教育发展联盟秘书处
江苏联合职业技术学院
2024 年 7 月

序

地理学，这门揭示自然环境与人类活动相互作用的学科，自古希腊时期就开始以“地理”（geography）之名成为探究世界的工具。早期的地理学侧重描绘地表、绘制地图及探险旅行。现代地理学已经演变成一个多学科交叉、方法多样、应用广泛的综合性学科门类。从魏格纳的大陆漂移说，到马尔萨斯的人口论，地理学在历史的长河中积累了深厚的理论基础，同时也开拓了宏观与微观尺度的分析方法。

进入信息化时代，地理学迎来了根本性的变革。全球卫星导航系统、遥感技术与地理信息系统的集成应用，让地理学家可以在前所未有的精度和角度上研究地球系统。传统地理学中的空间分析、地图绘制和数据收集等活动，因为有了数字化途径和分析手段的支撑，焕发出新的活力。大量的地理信息可以即时共享和交流，使得地理研究的合作更为紧密，影响也更加广泛。人工智能时代，通过大数据分析可以预测城市扩展、交通流量、气候变化等，进而指导城市规划和可持续发展决策，在环境监测、灾害响应与风险评估中可以发挥更大的作用，显著提高了地理研究与实践的效率和准确性。同时，随着全球变暖等全球性问题的日益严峻，地理学家能够利用先进技术做出更加有效的响应，提供更加切实的解决方案，担当更大的社会责任和使命。

在全球化时代，地理教育为学生提供了认识世界的基础工具，有助于培养学生的全球视野，帮助学生理解跨文化交流的重要性，理解人类活动与自然环境之间的复杂互动。同时，地理教育也引导学生思考人类的城市化、工业化活动如何改变了地理环境，进而引发学生对未来可持续生活方式的深入思索。另外，地理教育能够揭示多个领域的相互依存性，促进学生更好地参与到形成公平、可持续的全球政策和行动中。

在全球许多国家，地理教育作为基础教育与职业教育的重要组成部分，深受重视。不同的教育系统对地理课程的侧重点有所差异，但彼此共通的是对地理知识及其在现实世界中应用的强调。如在英国，地理被认为是一门必修的国家课程。美国大多数的州将地理教育视为社会科学教育的核心部分。在亚洲，地理课程都是必修课程。在基础教育系统与职业教育系统，地理课程涉及地图、自然地理、人文地理、环境科学等知识。

在职业教育系统中，地理课程的设置同样重要。各行各业都需要理解环境因素，职业实践中的专业人才培养需要融入环境因素。无论是城市规划师、环境科学家还是国际贸易专家，对地理知识的掌握都是实现职业目标、为社会做出贡献的关键。

由王建教授等精心编写的五年制高等职业教育教材《地理》，是一本系统而深入的地理学习用书，对于在职业教育系统，落实地理教育使命，推动地理学在这个变革的新时代中发挥其独特而重要的影响力，为人类社会和自然环境的和谐共存贡献智慧与力量，具有重要的意义。

我有幸拜读了这本教材的全文，对于编者在教材构建上投入的心力与对教育价值的精益追求，致以由衷的敬意。教材的开篇之作“从宇宙探地球”主题，通过对地球在宇宙中位置的深入探讨，不但为我们提供了全新的宇宙视角，也激发了我们对地球家园更深层次的认识和思考，为学生、读者理解和感悟地球运动所引发的各种自然现象提供了坚实的理论基础。“地球的形成与演化”主题中，对地球形成与演化过程的详细剖析，对地球的圈层结构与岩石圈组成的合理介绍，为学生、读者构建了对地球科学根本问题的认识。同时，对地质灾害、资源勘探等问题的探究，在实际应用层面具有明显的指导意义。

“大气运动与天气、气候”主题和“水圈、水循环与流域系统”主题，分别深化了大气运动与天气、气候的内涵理解，以及水循环与流域系统的联系。通过对这些基础知识的学习，学生能够意识到气候变化与水资源管理的紧迫性和重要性，从而更加积极地参与到环境保护与水利规划的实践中。

“地貌的成因与分布”主题，揭示了地貌成因的多样性与复杂性，精心勾勒了与地域特征相联系的自然风光。学生在此能得到地貌学的理论指导，并能结合具体案例，提升在城乡规划与景观设计方面的应用能力。“土壤、植被与农业地域”主题和“人口分布与流动”主题则展示了人地关系的互动性，通过土壤、植被、农业、人口与城镇化的案例分析，传递了地理教育在理解和协调人与自然关系中扮演的关键角色。教材坚持将地理知识与当前社会实践紧密结合，既符合职业教育的定位，又具有深远的育人价值。

“聚落变化与城市化”主题到“交通布局与区域发展”主题，着眼于城市规划、工业发展与交通布局的重要性的展现，使学生、读者能够从地理角度出发，更好地参与到国家的现代化进程中。尤其是把地理学理论应用到实际问题解决中的案例分析，将极大地提升和培养学生、读者的实践能力与创新思维。

“环境问题与可持续发展”主题，关注人类的未来，直面资源、环境与可持续发展的挑战。通过分析全球环境危机及其对人类生存的威胁，教材不仅传递了地理知识，更传播了对未来社会负责任的态度。

“地理信息技术及其应用”主题，则将视角转向高科技领域，详细介绍了地理信息技术在现代社会中的广泛应用。学生在此能掌握遥感、地理信息系统和全球卫星导航系统的理论与实践操作，为当代地理信息化的需求做好充分准备。

最后一个主题“地理学视角下的‘一带一路’”，通过地理学视角剖析了共建“一带一路”的地理基础与全球意义，不仅凸显出本教材对时代脉动的敏锐捕捉，更让学生、读者理解和掌握如何将地理知识应用于解析国际关系与区域合作的实际问题。

在编写过程中，编者集合了大量的研究成果和实证案例，使教材在内容的深度和广度上都具有十分突出的表现。而在形式上，编者通过精心设计的图表、数据和插图，极大地增强了教材的可读性和教育的互动性。这种无缝衔接的知识传授和思想启发，无疑会在学生、读者心中播下探索地理学的种子，使其深入理解地理学的本质，同时也为其未来的职业发展奠定坚实的基础。

这本职业教育教材既反映了地理学科研究与实践的最新进展，又体现了教育育人的根本宗旨。尤其是教材中所蕴含的前瞻性视角，无疑会给学习地理学的学生以宝贵的启示。

衷心希望本教材的问世能为广大学生、读者带来深刻的学术启迪和实际的生活帮助，激励更多的学子在地理学的海洋中探索和发现。愿信息化时代的年轻职业人士都能在此教材的指引下，为人类社会的和谐发展贡献自己的智慧和力量。再次对本教材的编写团队表示最诚挚的敬意，并祝愿这本教材能在职业教育领域产生积极而深远的影响。

（段玉山）

华东师范大学教授、博士生导师

国家地理教材建设重点研究基地主任

中国教育学会地理教学专业委员会理事长

国际地理联合会地理教育委员会中国委员会主席

2024 年 3 月上海

前言

地理学是研究地球表层环境及人与环境相互作用的学科，是自然科学、社会科学和技术科学的交叉学科，具有综合性、交叉性和区域性等特点。在中国特色社会主义新时代，地理学对于推进生态文明建设和“美丽中国”建设、实现可持续发展、构建人类命运共同体具有重要意义。地理课程作为五年制高等职业教育的公共基础课程，是全面贯彻习近平新时代中国特色社会主义思想和党的二十大精神、落实立德树人根本任务的重要载体，学习和应用地理学知识是新时代国家生态文明建设与可持续发展战略对高素质技能人才培养的必然要求。地理课程旨在培养学生人地协调观、综合思维、区域认知、地理实践力等地理学科核心素养，促进学生树立正确的世界观、人生观和价值观，厚植家国情怀，强化环境保护意识，提升职业能力，为学生成长为德智体美劳全面发展的高素质技能人才奠定基础。

五年制高等职业教育地理课程与义务教育阶段相衔接，是提升五年制高等职业教育学生科学素质与人文素质的公共基础课程，与资源环境与安全大类、财经商贸大类、旅游大类、文化艺术大类、土木建筑大类、教育与体育大类等专业大类的专业课程关系密切，对于这些专业大类的学生学习专业课程具有重要的基础支撑作用。该课程的目标是通过地理学理论知识学习、技能训练和综合应用实践，全面提升学生的地理学科核心素养，支撑学生提升科学素质、职业能力，并为终身发展奠定基础。

针对五年制高等职业教育的特点，江苏联合职业技术学院组织了由师范大学教授、高等职业院校骨干教师等组成的编写团队，依据《五年制高等职业教育地理课程标准（2023 年）》，力争编写出一本既能体现学科发展趋势，又符合职业教育和素质教育要求的高水平、有特色的五年制高等职业教育地理课程教材。在调研与研讨的基础上，编写团队确立了“案例—探究—归纳—演绎”的编写思路及坚持基础性、应用性、趣味性和系统性相结合的编写原则。一是坚持基础性，面向素质教育，聚焦公民的基本地理素质。二是坚持应用性，面向职业教育，为资源环境与安全大类、财经商贸大类、旅游大类、文化艺术大类、土木建筑大类、教育与体育大类等专业大类的学生的专业发展提供重要支撑（视角、方法、技术）。三是坚持趣味性，从生活和生产中或者学生熟知的地理问题出发，激发学生的学习兴趣。四是坚持系统性，以课标要求为基线，将地理学的系统性融入教材。

在教材体系上，采用了主题探究的方式，根据课标的要求，确定了14个主题。这些主题都是学生比较熟悉的或者感兴趣的问题，如“地球是个孤独的星球吗？”“江河湖海是怎么联系在一起的？”“到哪里欣赏不同的山水风光？”“‘闯关东’和‘雁南飞’的原因是什么？”“你喜欢居住在城市中心还是郊区？”等，有利于激发学生的学习兴趣，有利于引导学生思考与探究。

每个主题都采用了“五个一”的编写模式，即“设置一个背景，提出一个问题，提供一些材料，组织一些活动，得到一些启示”。活动就是引导和指导学生根据学习内容进行的动手、动脑的实验、体验、制作、演示、讨论、报告或者计算、分析等，如设计旅游路线、体验温室效应、调查环境问题、计算资源数量、分析火星是否具备人类生活的环境、辩论地球能养活多少人、思考源源不断的江河水来自哪里等。还创设了“知识窗”，阐述那些课标没有要求但与课标内容有关联，又能激发学生兴趣的知识点，如绿水与蓝水、我国的粮食安全、神奇的天路、智慧城市等。这样的教材体系与编写模式，契合五年制高等职业教育学生的心理发展阶段与认知水平，既利于教师教学，又利于学生学习。

教材编写提纲由王建、郑广春、冯立梅拟定，编写团队集体讨论确定。具体编写分工如下：主题1由高凯编写，主题2由冯立梅编写，主题3由王建、董建勋编写，主题4由王建编写，主题5由冯立梅、董建勋编写，主题6由宦勇编写，主题7由赵媛编写，主题8由钱淮宁、李小蔚编写，主题9由赵媛编写，主题10由郑广春、赵媛编写，主题11由谭永立编写，主题12由董建勋、王建编写，主题13由董建勋、王建编写，主题14由郑广春编写。整本教材由王建统稿，编写团队集体讨论定稿。

本教材是为五年制高等职业教育编写的公共基础课程教材，也适合其他职业教育学生学习地理课程时使用。尽管编写团队力求打造一本适合五年制高等职业教育公共基础课程教学的特色鲜明的高水平教材，但由于编写水平有限，教材中难免存在一些不尽如人意的地方。希望使用本教材的教师和学生多提改进意见，以便共同努力将其建设成为一本融基础性、应用性、趣味性和系统性于一体的优秀的职业教育地理教材。

目录

主题 1　地球是个孤独的星球吗？

——从宇宙探地球

【教学目标】

◎ 1. 了解地球所处的宇宙环境，理解地球上存在生命的原因。

◎ 2. 了解人类对宇宙的探索历程，树立正确的宇宙观及宇宙环境保护意识。

◎ 3. 了解地球自转与公转的基本特征，理解地球运动的地理意义。

【课时建议】

◎ 2—4 课时

【情境】

◎ 人类在不断探索宇宙、寻找外星人。2017 年 2 月 22 日，美国国家航空航天局（NASA）宣布：在距离地球 40 光年的恒星“TRAPPIST-1”周围，发现了7 颗地球大小的行星。这 7 颗行星都可能存在液态水，其中 3 颗还位于适宜生命存在的宜居带。更有研究者指出，银河系中可能还有比我们想象的多得多的和地球类似的行星。

图 1-1　宇宙中的地球

【问题】

◎ 和地球类似的行星真的能够成为人类的第二故乡吗？地球真的从此不再孤独了吗？

第一节 地球的宇宙环境

你了解地球所处的宇宙环境吗？夏季的夜晚你看到的一闪一闪的星星是什么星呢？

一、人类认识的宇宙

古人用空间和时间来表达宇宙的内涵，认为宇宙是空间和时间的总和，是天地万物的总称。《淮南子·原道训》曰：“横四维而含阴阳，纮宇宙而章三光。”高诱注：“四方上下曰宇，古往今来曰宙，以喻天地。”现代天文学家通过各种观测手段，认识到宇宙是由各种形态的物质组成的，是在不断运动和发展变化的。

（一）天体

我们用肉眼或借助于望远镜可以看到星光闪烁的恒星、移动不定的行星、圆缺多变的月球，还有轮廓模糊的星云、一闪即逝的流星、拖着长尾的彗星，以及其他星际物质等。所有这些，统称天体。宇宙中最基本的天体是恒星和星云。天气晴好的夜晚，天空中镶嵌着的无数光点多数都是恒星。太阳是距离地球最近的一颗恒星，地球是围绕太阳运行的一颗行星，而月球是围绕地球运行的一颗卫星。不同于这些自然天体，人类向太空发射并在其中运行的宇宙飞船、人造卫星、空间实验室、月球探测器、行星探测器等则被称为人造天体。

恒星是由炽热的气体组成的球状或类球状天体，能自行发出光和热，质量庞大。恒星并非静止不动，只是距离我们太遥远，肉眼很难发现它们在天上的位置变化，因此古人认为它们的位置恒定，称之为恒星。实际上恒星始终在不断地运动。

各个星体之间广阔的空间，称为星际空间。星云是由星际空间的气体和尘埃组成的云雾状天体，主要成分是氢。星云的密度小，体积和质量都很大。一个普通星云的半径一般在 10 光年[①]以上，质量至少相当于上千个太阳。

行星是指本身不发光，沿着固定的近圆形轨道围绕恒星运行的球状天体。

---

① 光年是一种计量天体距离的单位，即光在真空中沿直线传播一年所经过的距离。1 光年约等于 94 605 亿千米。

流星体是指运行于星际空间的大大小小的尘埃粒和固体块。当它们临近地球时，受地球引力作用或其他作用进入地球大气层，与大气摩擦生热而燃烧发光，形成流星。少数没有烧尽的残体落到地面，称为陨星。其中，石质陨星称为陨石，铁质陨星称为陨铁。

图 1-2　天鹅星云

图 1-3　流星雨

彗星（图 1-5）是在扁长轨道上绕太阳运行的一种质量较小的天体，体积很大，密度很小，具有云雾状的外表。当彗星接近太阳时，彗核中的冰物质升华，形成云雾状的彗发。彗发中的气体和尘埃，通常在背向太阳的一面形成一条很长的扫帚状的彗尾。大部分彗星的运行轨道是扁长的椭圆形，它们绕太阳运行的周期差别很大。哈雷彗星的公转周期约为 76 年。

图 1-4　吉林一号陨石

图 1-5　彗星

（二）天体系统

宇宙中的天体始终在不断地运动。运动着的天体在万有引力作用下相互吸引、相互绕转，构成不同层次的天体系统。

地球与围绕其公转的月球构成地月系，其中地球是中心天体。太阳与围绕其公转的地球、水星等八大行星，以及彗星、小行星、流星体等天体，构成太阳系，其中太阳是中心天体。太阳系与其他众多的天体系统构成银河系。在银河系以外，还有许多与银河系类似的天体系统，称为河外星系。银河系与河外星系合起来称为总星系，它是目前人类能观测到的宇宙部分。随着科技的发展，人类所认识的宇宙范围也将不断扩大。

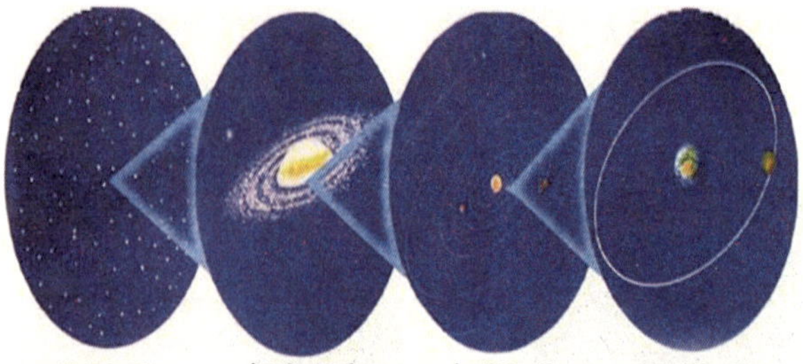

图 1-6　天体系统层次

活动

读图 1-7，思考北斗七星形状变化说明了什么问题。

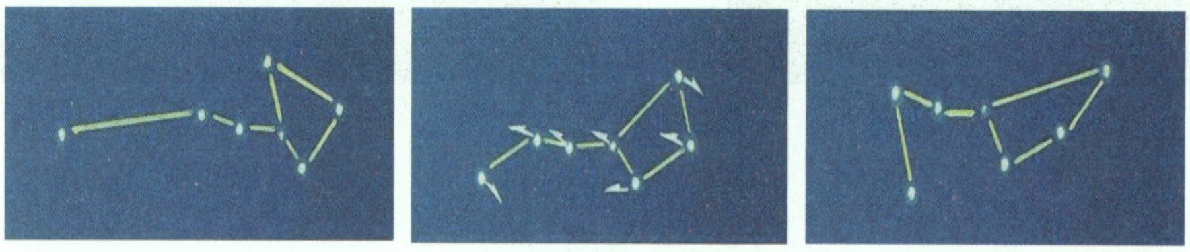

图 1-7　北斗七星形状变化图

二、宇宙中的太阳

太阳是一个炽热的气体球，主要成分是氢和氦，其质量占太阳系总质量的 99.86%。太阳虽然只是宇宙中的一颗普通恒星，但是对于地球来说十分重要。没有太阳，地球上就没有生命，同时地球上的许多自然现象也与太阳息息相关。太阳系（图 1-8）中围绕太阳公转的八大行星由近及远分别是水星、金星、地球、火星、木星、土星、天王星、海王星。火星和木星轨道之间有小行星带。

图 1-8　太阳系示意图

（一）太阳辐射能

太阳通过其内部的核聚变反应产生能量，这些能量以电磁波的形式源源不断地向四周辐射，称为太阳辐射。太阳辐射的能量，称为太阳辐射能。

太阳与地球之间的距离不是一个固定值，利用金星凌日①测出的日地平均距离大约为1.496亿千米（天文学上称为1天文单位），太阳光到达地球的时间约为8分钟。虽然太阳辐射能只有约二十二亿分之一到达地球，但其对地球和人类的影响是巨大的。太阳辐射能是维持地球表面温度，促进地球表面大气、水、生物等物质不断运动和变化的主要动力，是影响地理环境形成和变化的重要因素。太阳辐射能是人类生活和生产所需能量的主要来源。如人们使用的太阳能汽车、太阳能热水器、太阳灶等，都直接利用太阳辐射能；又如人们使用的煤炭和石油，其能量也来自太阳辐射能。

（二）太阳结构与太阳活动

1. 太阳结构

太阳大气层共分三层，由内至外分别为光球层、色球层和日冕层。

光球层为太阳大气层的最里层，平时人们肉眼所见到的太阳光几乎都来自光球层。光球层的暗黑斑点温度比周围区域低，显得相对较暗，称为太阳黑子（图1-9）。观察发现，太阳黑子有时多有时少，变化周期平均为11年。

色球层为太阳大气层的中间层，有时会突然出现一块增大、增亮的斑块，称为耀斑（图1-10）。耀斑爆发从开始到高潮仅需几分钟到几十分钟，虽然时间短暂，但释放出的能量巨大，相当于100亿颗百万吨级氢弹爆炸所产生的能量。在日全食时，太阳的周围镶着一个红色的环圈，上面跳动着鲜红的火舌，这种火舌状物体叫作日珥（图1-11）。日珥是在色球层上发生的一种非常强烈的太阳活动，但位置在日冕层。

日冕层是太阳大气层的最外层，温度极高，达100万℃，但光亮最弱，其粒子数密度为10^{15}个/米^3。在高温下，这些粒子运动速度极快，以至不断有粒子挣脱太阳的引力束缚，射向太阳的外围，从而形成太阳风。日冕层有大片不规则的暗黑区域，称为日冕洞（图1-12）。日冕洞是太阳风的风源，因为粒子流是从日冕洞中喷射出来的。

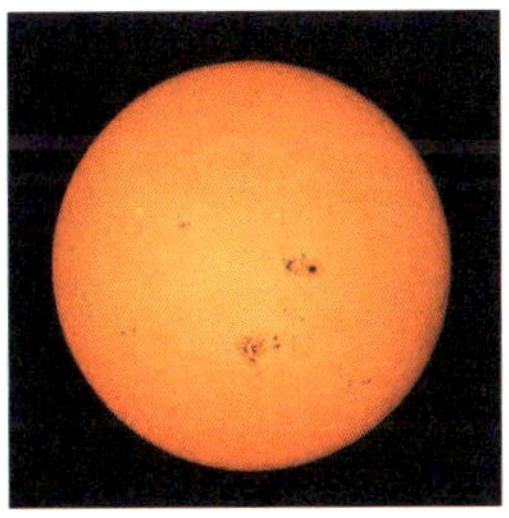

图1-9　太阳黑子

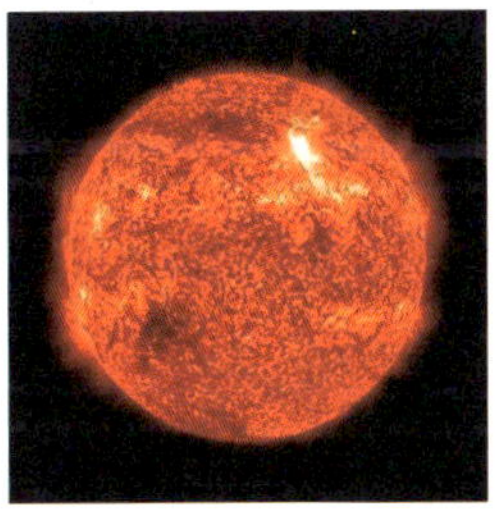

图1-10　耀斑

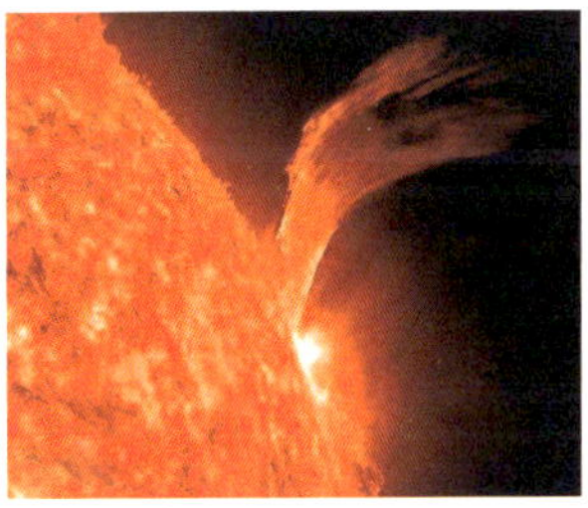

图1-11　日珥

图1-12　日冕洞

① 金星凌日：太阳、金星、地球刚好在一条直线上。

2. 太阳活动

太阳大气层常有变化，有时甚至是剧烈的变化，这些变化统称太阳活动。太阳黑子和耀斑是太阳活动的重要标志。太阳活动对地球和人类的影响是多方面的。

首先，太阳活动对地球电离层①有影响。当太阳活动增强时，其发出的强烈射电会扰动地球上空的电离层，进而使地面的广播和无线电通信受到影响，甚至会出现中断。其次，太阳活动对地球磁场有影响。当太阳活动频繁时，其抛出的带电粒子流会使地球磁场受到扰动，产生“磁暴”现象，进而使磁针剧烈颤动，不能正确指示方向。最后，太阳活动对地球气候有影响。从统计资料分析，太阳活动与地球气候变化之间存在相关关系。例如，世界许多地区降水量的年际变化与太阳黑子的 11 年周期变化有一定的相关性。

活动

读图 1-13，分析不同纬度带的年平均降水量与太阳黑子相对数之间有什么样的相关性。此图说明太阳活动对地球的什么有影响？除此之外，太阳活动对地球的影响还表现在哪些方面？

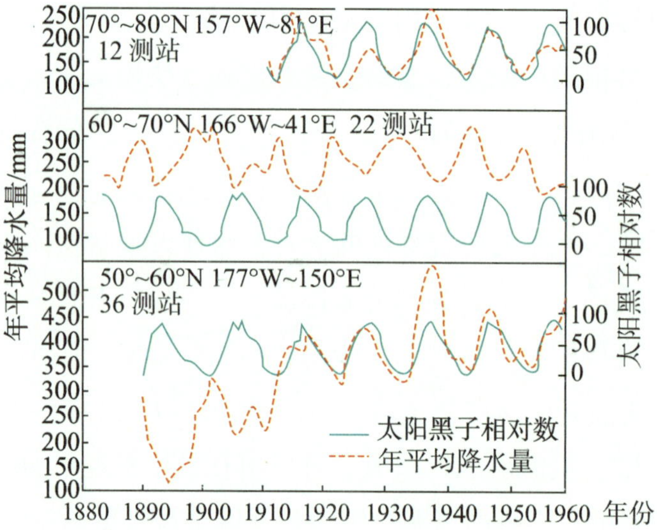

图 1-13　年平均降水量与太阳黑子相对数的相关性

三、宇宙中的地球

地球是一个两极略扁、赤道略鼓的椭球体，赤道半径约为 6 378.2 千米。在太阳系八大行星中，地球的质量、体积和平均密度等与水星、金星和火星类似，同属于类地行

① 电离层是地球大气的一个重要层区，离地面的高度为 60～1 000 千米，是离我们最近的等离子体。等离子体是宇宙空间物质构成的主要形态。

星。八大行星绕日公转具有同向性（公转方向相同，都是自西向东）、近圆性（公转轨道接近圆形）和共面性（公转轨道面几乎在同一个平面上）等特征（表 1-1），所以说地球是太阳系中的一颗普通行星。

表 1-1　八大行星的物理性质

行星	与太阳的距离（日地平均距离为 1 天文单位）	质量（地球为 1 个单位）	体积（地球为 1 个单位）	公转周期/a	自转周期/d	表面大气平均温度/℃
水星	0.39	0.06	0.06	0.24	58.79	167
金星	0.72	0.82	0.86	0.62	243.69	464
地球	1.00	1.00	1.00	1.00	1.00	15
火星	1.52	0.11	0.15	1.88	1.03	-65
木星	5.20	317.83	1 321.33	11.86	0.42	-110
土星	9.54	95.16	763.59	29.46	0.45	-140
天王星	19.19	14.54	63.08	84.01	0.72	-195
海王星	30.07	17.15	57.74	164.79	0.67	-200

注：根据美国国家航空航天局的数据计算整理。

地球又是太阳系中的一颗特殊行星。它是目前已知的太阳系中唯一存在生命的天体。那么，地球上为什么会存在生命呢？这与地球所处的宇宙环境及其自身条件有着密切的关系。

从地球所处的宇宙环境来看，在太阳诞生到地球上出现生命这段时间内，太阳没有发生剧烈变化，使地球所处的光热条件一直相对稳定，从而生命的演化过程没有中断；太阳系中，地球与其他行星绕日公转同向、近圆、共面，大、小行星各行其道，互不干扰，使地球所处的宇宙环境相对安全稳定。

从地球自身条件来看，首先，地球与太阳的距离适当，使地球表面的温度适中，平均温度保持在 15 ℃左右，有利于液态水的存在和生命的产生与发展。其次，地球的质量和体积适中，其引力可以使地球上空的气体聚集在一起，形成大气层。地球大气经过漫长的演化，形成了适合生物呼吸的条件。最后，地球内部的放射性元素衰变致热和原始地球重力收缩，使地球内部温度升高，结晶水汽化。地球内部的物质运动加速了水汽从地球内部逸出的过程，随着地球表面温度的下降，水汽经过凝结形成降水，落到地面低洼处，就形成了原始大洋。原始大洋就是地球最初生命的摇篮。

知识窗

月相及其变化

“人有悲欢离合，月有阴晴圆缺。”由于月球绕着地球转，地球绕着太阳转，地球、月球、太阳三者的位置在不断地变化，所以在地球上看到的月球被太阳照亮的部分也在不断地变化。月球被太阳照亮的部分称为月相，月球的这种阴晴圆缺的变化称为“月相变化”。月相变化主要包括月球在天空中位置的变化和形状的变化。那么，月相有什么样的变化规律呢？

月相变化是周期性的，月相变化周期是29.53天，大约是一个月（称为一个朔望月）。月相变化的顺序是：新月—蛾眉月—上弦月—凸月—满月—凸月—下弦月—蛾眉月—新月。每月都如此循环。

活动

读图1-14，分析每种月相大概是在农历哪一天发生的。

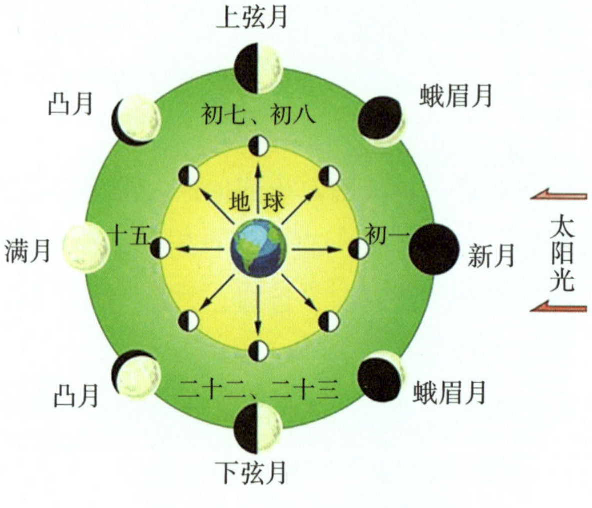

图1-14 月相变化示意图

第二节 人类对宇宙的探索

人类对宇宙的探索经历了哪些过程？宇宙中有可供开发的资源吗？目前的宇宙环境是什么样的？我们又该如何保护宇宙环境呢？

一、人类探索宇宙的历程

人类探索宇宙的脚步从未停止过。古代受到技术手段的限制，人们只能凭借肉眼观察宇宙，至今许多国家还保留着古代的宇宙观察遗址及各种观察资料等。

图 1-15　河南登封观星台

（一）宇宙观

人们对宇宙的认识并非只是“天圆地方”，随着时代的发展，人们对宇宙的认识也在不断地发展变化。

1. 盖天说

中国古代的殷末周初，人们认为“天圆如张盖，地方如棋局”，地球是一块平坦、四方的土地，天空仿佛一个圆形的屋顶，覆盖着整个地球，即所谓“天地相接，融为一体”。随着时间的推移，人们发现天地并不相接，虽然天覆盖着地，但由于地是方的，因此地的四个角无法被天覆盖，地的四个角上可能有八根柱子支撑着整个天。盖天说（图 1-16）的观点见《晋书・天文志》。我国北朝民歌“敕勒川，阴山下。天似穹庐，笼盖四野。天苍苍，野茫茫，风吹草低见牛羊”反映的就是盖天说的观点。盖天说认为宇宙是有限的。

图 1-16　盖天说

2. 浑天说

浑天说（图 1-17）始于我国战国时期，其观点是天上的恒星全部位于一个“天球”上，日月星辰则附着在“天球”上并不停地运转着。我国古代科学家张衡（图 1-18）在《浑仪注》中说“天之包地，犹壳之裹黄”，认为天并不是一个半球体，而是一个完整的圆球，宇宙就像鸡蛋壳，地球就像鸡蛋黄。古人还根据浑天说制造出了一种天体仪器——浑天仪（图 1-19），根据浑天仪可以制作出较为精确的历法，对于祭祀和农业生产都具有重大意义。

图 1-17　浑天说

图 1-18　张衡（78—139）

图 1-19　浑天仪

3. 宣夜说

盖天说和浑天说，都将天体看作一个实体。宣夜说的观点见《庄子・逍遥游》。宣夜说认为天体不是一个实体，整个天地都是由大气构成的，并且是无限的，日月星辰则依托气体在宇宙中漂浮运行，各自遵循着自己的轨道，有规律、有秩序地不停运转着。宣夜说一直处于发展之中，最终成型于晋代，见《晋书・天文志》。宣夜说最可贵的思想就是鲜明地表达了宇宙是无限的。

4. 地心说

地心说最初由古希腊学者欧多克斯提出，后经亚里士多德、托勒密进一步发展而建立起来和逐步完善。托勒密认为，人类居住的地球是静止不动的，处于宇宙的中心，天体绕着它运转。到了中世纪，欧洲的宗教神学认为地心说符合教义，并以此作为上帝创造世界的理论支柱，将它抬升到神圣不可侵犯的高度。地心说在欧洲占据统治地位长达 1 400 年之久。

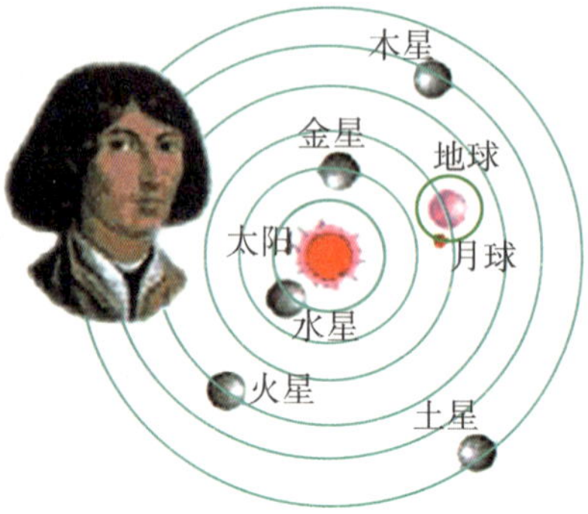

图 1-20　哥白尼的日心说

5. 日心说

17 世纪以来，天文望远镜等仪器的相继出现，扩展了人类探索宇宙的范围。近代欧洲科学家哥白尼、布鲁诺、伽利略、开普勒等人在科学观测的基础上建立了日心说体系，开创并发展了科学的宇宙观。哥白尼的日心说（图 1-20）有力地打破了长期以来居于宗教统治地位的地心说，实现了天文学的根本变革。日心说认为太阳是宇宙的中心，而不是地球。地球是球形的，在不停地运动，24 小时自转一周，而太阳是静止的，且在宇宙中心，地球及其他行星一起绕着太阳运转，月球则绕着地球运转。

布鲁诺对于日心说的传播和发展起到了推动作用，他积极支持哥白尼的日心说，并发展了“宇宙无限说”。1609 年伽利略使用天文望远镜（图 1-21）发现了一些可以支持日心说的新的天文现象之后，日心说才开始真正引起人们的关注。开普勒以椭圆形轨道取代圆形轨道修正了日心说之后，日心说才在与地心说的竞争中取得真正的胜利。

图 1-21　伽利略望远镜（复制品）

（二）宇宙探索

1957 年，苏联用火箭把第一颗人造地球卫星送上了天，开创了从太空观测宇宙的新时代。1969 年，美国宇航员首次登陆月球，实现了在没有地球大气干扰的情况下对宇宙环境的直接探测。此后，各种人造卫星、宇宙飞船、空间站等先后进入太空，极大地丰富了人类关于宇宙的知识。

2003 年，中国首次载人航天飞行取得圆满成功，使中国成为继俄罗斯和美国之后世界上第三个自主发展载人航天技术的国家，提升了中国航天大国的地位。

对宇宙的探索，不仅使人类进一步了解了宇宙，还影响和改变着人们的生活，比如人们利用卫星进行军事侦察、资源探测、地面导航，以及气象观测和空间通信等，从中获得许多实际利益。

当前，人类对宇宙的认识已经从空间探索阶段逐步进入空间开发利用的新阶段。此外，红色的火星，如同夜空中一颗熠熠发光的红宝石，自古以来就受到人类的关注，天文望远镜的问世更使火星的观察研究如火如荼。50 多年前美国的“水手号”探测器发回照片，尽管火星的荒芜贫瘠已经一览无遗，却依然没能让人们寻找火星生命的热忱熄灭。火星轨道器、着陆器和探测车的相继造访，更加坚定了人们一探究竟的决心。今天我们知道，数十亿年前的火星曾经是海洋的世界，有过大量的水，迄今火星两极及地表之下仍可能存在水。因此，火星上是否存在生命依然悬而未决。2020 年 7 月 23 日，执行我国首次火星探测任务的“天问一号”探测器在海南文昌航天发射场发射成功并顺利入轨。2021 年 4 月 24 日，我国首辆火星车被命名为“祝融号”；5 月 15 日，科研团队根据“祝融号”火星车发回的遥测信号确认，“天问一号”着陆巡视器成功着陆于火星乌托邦平原南部预选着陆区，我国首次火星探测任务着陆火星取得圆满成功；5 月 17 日，“天问一号”环绕器与“祝融号”火星车已建立器间通信链路，第一次通过环绕器传回火星车遥测数据。“天问一号”任务不但是我国首次火星探测任务，也标志着我国行星探测计划的“问天之旅”已经迈出第一步，深空探测正挺进更深远的宇宙。

活动

21世纪以来，许多国家都计划组织力量登月，谈谈你对此有何看法。

二、宇宙资源的开发

宇宙中蕴藏着丰富的资源。利用宇宙空间，人造地球卫星可以快速、大量地收集地球的信息；同时，宇宙空间具有高真空、强辐射和失重的特点，在这样特殊的环境中，人类可以在空间站中进行各种在地面实验室中无法操作的实验，如研究失重对植物生长发育的影响。太阳辐射能是地球的重要能量来源，但其绝大部分不能透过大气层到达地球。如何最大限度地利用太阳辐射能，是摆在科学家面前的研究课题。科学家对宇航员从月球带回地球的月岩进行了分析，发现月岩中含有地壳里的全部元素和60种左右的矿物，还含有地球上几乎没有的氦-3，它是核聚变反应堆的理想燃料；另外，火星和木星轨道之间的小行星也有不少富含矿产。随着航天技术的不断发展，开发利用月球和小行星上的矿产资源在未来将会变成现实。

知识窗

空间实验室

空间实验室（图1-22）又称太空实验室，是一种可长期自主在轨飞行，供宇航员中短期驻留，并可开展一定规模空间应用的载人航天器。苏联、美国和欧洲航天局已于20世纪七八十年代率先研制出空间实验室。中国空间实验室的雏形“天宫一号”于2011年9月29日发射升空。中国首个真正意义上的空间实验室——“天宫二号”于2016年9月15日成功发射，承担了空间站技术验证、空间应用科学实验、航天医学实验等任务，为后续空间站的建设打下了坚实的基础。

图1-22　空间实验室

据央视网报道，中国载人航天工程办公室于2023年8月18日召开了载人航天工程空间应用与发展情况介绍会。目前，国家太空实验室已正式运行，空间应用有序展开，收获阶段性应用成果。截至目前，中国空间站已安排在轨实施了110个空间科学研究与应用项目，涉及空间生命科学与人体研究、微重力物理和空间新技术领域，获得原始实验数据近 100 TB，下行了近 300 个实验样品，部分项目已取得阶段性应用成果。

三、宇宙环境的保护

人类向宇宙发射的各种航天器，虽然作用巨大，但难免会产生空间垃圾，如报废的卫星、火箭爆炸产生的碎片等。空间垃圾大约以每年 10%的速度增加，而且体积越来越大。这些空间垃圾不仅给航天事业带来了巨大的隐患，还污染了宇宙空间。目前，航天科学家们已经开始研究限制空间垃圾的产生及消除空间垃圾的办法。例如，将停止工作的卫星推进到其他轨道上，以免同正常工作的卫星发生碰撞；研制空间碎片主动清理飞行器清理空间碎片；等等。

第三节 地球的运动

地球的自转和公转是地球两种最基本的运动形式，那么什么是地球的自转和公转呢？它们分别又有什么特征和意义呢？

一、地球的自转

地球绕其自转轴的旋转运动称为地球的自转。自转轴简称地轴，其北端始终指向北极星附近。地球自转的方向是自西向东，自转一周所需时间为 23 小时 56 分 4 秒，称为一个恒星日。地球自转的角速度除南北极点为零以外，其他地点都相同，约为 15°/时；地球自转的线速度则因各地纬度的不同而有差别。

由于地球本身不发光也不透明，所以在同一时间，地球只能被太阳照亮一半，被照亮的半球为白天，称为昼半球；没被照亮的半球为黑夜，称为夜半球。因为地球在不停地自转，所以昼夜也就不断地交替。昼夜交替的周期为 24 小时，称为一个太阳日。它是人类生活起居的基本计时单位；同时，还使地球的增温和降温不至于太剧烈，保证了地球上生命的生存和繁衍。

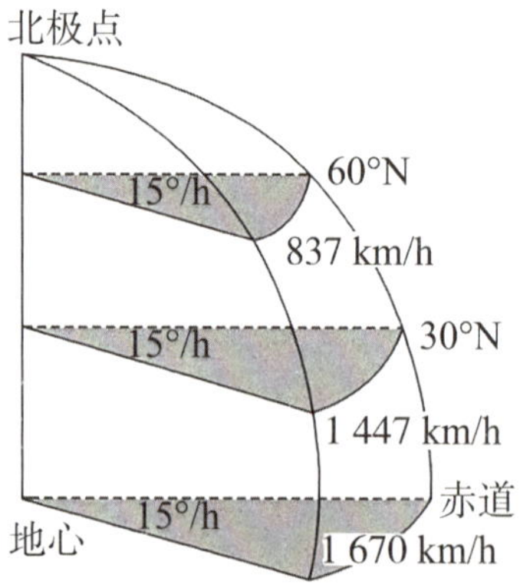

图 1-23 地球自转的角速度和线速度

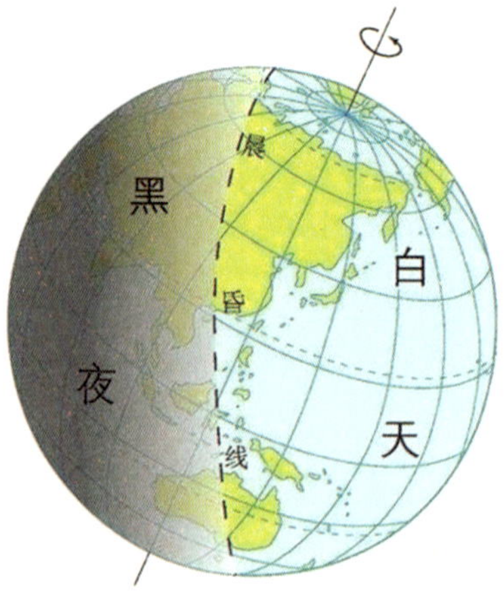

图 1-24 昼半球和夜半球

活动

借助于地球仪和手电筒等道具，演示地球自转，并解释“自西向东”的含义。

由于地球的自转，地球上相对位置偏东的地方比偏西的地方先看到日出，于是不同经度的地方就存在时间上的差异。这种因经度不同而出现的不同时刻，称为地方时。经度每隔 15°，地方时相差 1 小时。由于地方时使用起来很不方便，1884 年，国际上按照统一标准划分时区，实行分区计时。全球共划分出 24 个时区，每个时区以其中央经线的地方时作为区时，相邻两个时区的区时相差 1 小时。实际上，一些国家为了使用方便，所采用的时间与理论上的区时并不一致。例如，中国领土跨 5 个时区，为了方便不同地区人们交流和联系，全国统一采用北京所在东八区的区时（东经 120°的地方时），称为北京时间。

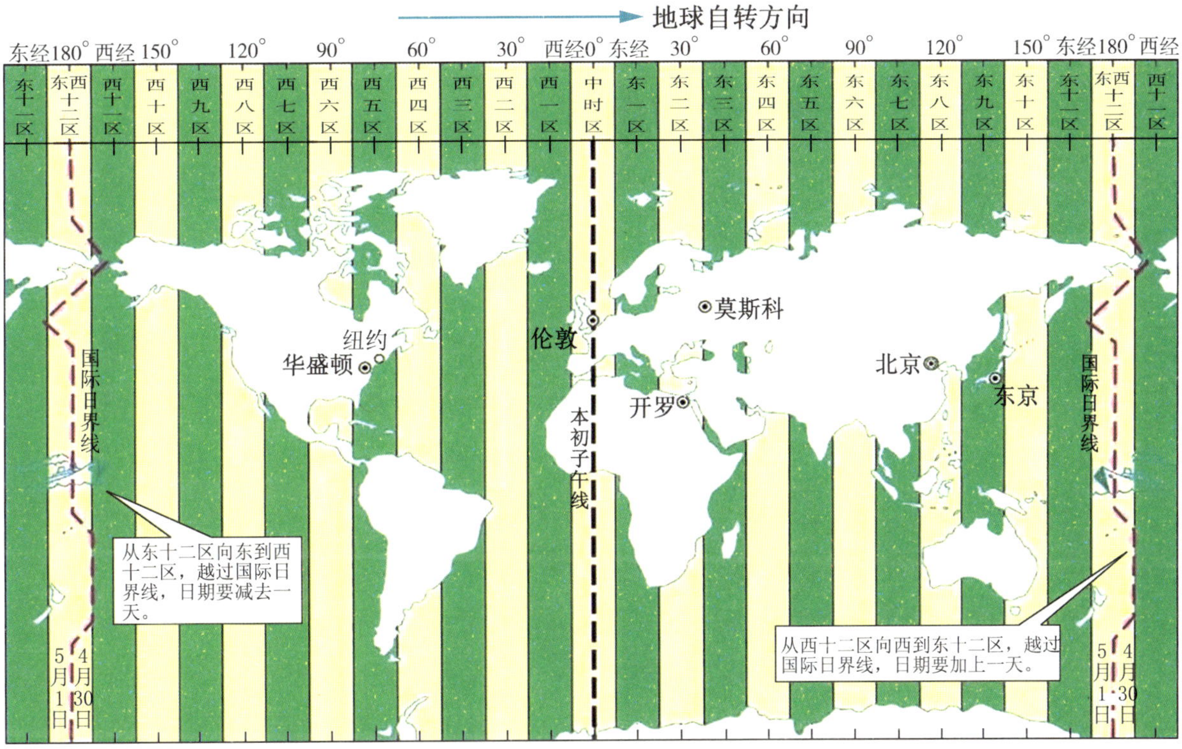

图 1-25　世界的时区

活动

查算各地经度或时区，计算并说明北京与莫斯科、东京、伦敦和纽约的时差。

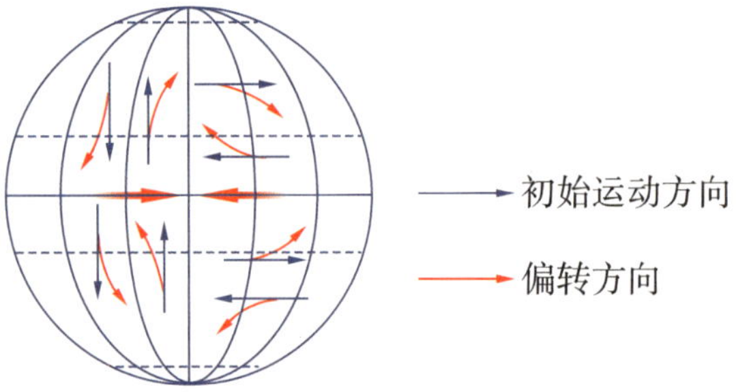

图 1-26　地表物体水平运动方向的偏转

地球的自转使地球上沿着地表做水平运动的物体，无论朝哪个方向运动，都会发生偏转，北半球向右偏，南半球向左偏。这种现象在气流和水流的水平运动中尤为明显。例如，北半球平直的河道，右岸更易受到水流的冲刷。这种因地球自转使沿着地表做水平运动的物体运动方向发生偏转的力，称为地转偏向力。

活动

长江口水道被河口沙坝分为南北两支，请判断在地转偏向力的作用下，哪一支的水道更容易淤塞。

二、地球的公转

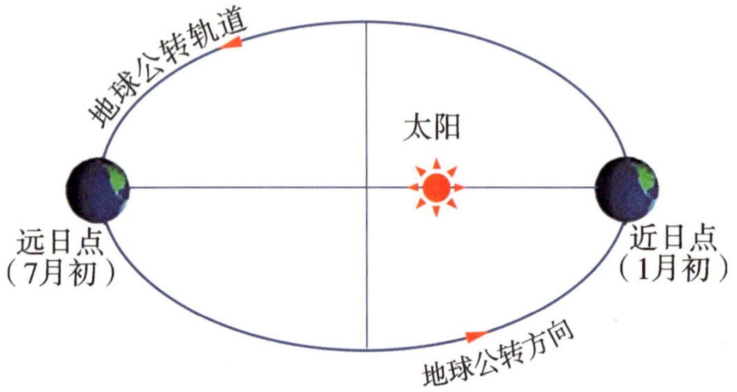

图 1-27　地球的公转

地球围绕太阳的旋转运动叫作公转，公转轨道称为黄道，是一个近似正圆的椭圆，太阳位于椭圆的一个焦点上。地球公转的方向是自西向东，公转一周所需时间为 365 天 6 小时 9 分 10 秒，称为一个恒星年。地球公转到近日点时速度较快，公转到远日点时速度较慢，平均角速度约为 1°/天，平均线速度约为 30 千米/时。

地球的公转轨道平面称为黄道平面，过地心并与地轴垂直的平面称为赤道平面。由于地球斜着身子绕日公转，因此，黄道平面与赤道平面之间存在夹角，称为黄赤交角，目前约为 23°26′。黄赤交角的存在，使得太阳直射点在南北回归线之间做往返移动。从春分日到夏至日，太阳直射点从赤道北移至北回归线；从夏至日到冬至日，太阳直射点从北回归线南移至南回归线（春分日和秋分日，太阳直射点在赤道上）；从冬至日到次年春分日，太阳直射点从南回归线北移至赤道。太阳直射点如此周而复始地往返运动，称为太阳直射点的回归运动，其周期为 365 天 5 小时 48 分 46 秒，称为一个回归年。

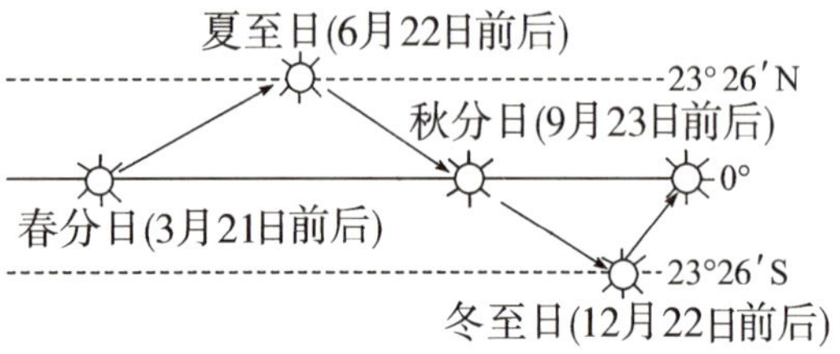

图 1-28　太阳直射点的回归运动

太阳光线与地平面之间的夹角，称为太阳高度角，简称太阳高度。正午太阳高度在一日内最大。太阳直射点的移动使正午太阳高度随着纬度和季节的变化而有规律地变化。就纬度变化来说，地球各地的正午太阳高度在同一时刻由太阳直射点所在的纬度向南北两侧递减。夏至日，太阳直射北回归线，正午太阳高度由北回归线向南北两侧递减；冬至日，太阳直射南回归线，正午太阳高度由南回归线向南北两侧递减；春分日和秋分日，太阳直射赤道，正午太阳高度由赤道向南北两侧递减。就季节变化来说，夏至日，北回归线及其以北各地正午太阳高度达到一年中的最大值，南半球各地达到一年中的最小值；冬至日，南回归线及其以南各地正午太阳高度达到一年中的最大值，北半球各地达到一年中的最小值。

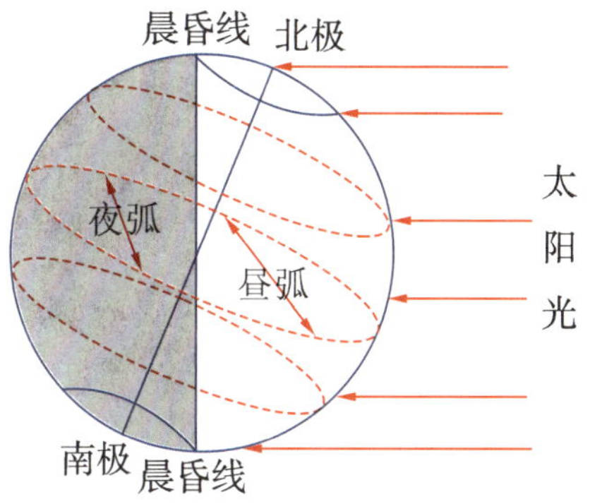

图 1-29　昼弧和夜弧

地球昼半球和夜半球的分界线（圈），叫作晨昏线（圈）。晨昏线（圈）把所经过的纬线圈分割成昼弧和夜弧。由于黄赤交角的存在，除春分日和秋分日，晨昏线（圈）通过两极并平分所有纬线圈以外，其他时间，除赤道和极昼、极夜地区以外，所有纬线圈都被分割成不等长的昼弧和夜弧两部分。地球自转一周，如果所经历的昼弧长、夜弧短，则昼长夜短；反之，则昼短夜长。

活动

作图分析北京、上海、广州、哈尔滨的昼夜长短随季节变化的情况。你的家乡昼夜长短又是怎样变化的呢？

太阳直射点的移动，引起了正午太阳高度和昼夜长短的变化，使得地表接受的太阳辐射能出现明显的周年变化和纬度分异，从而形成四季和五带。从天文角度来看，夏季是一年中正午太阳高度最大、白昼最长、地表获得太阳辐射能最多的季节；冬季是一年中正午太阳高度最小、白昼最短、地表获得太阳辐射能最少的季节；春秋两季是冬夏两季的过渡季节。北温带的很多国家把 3 月、4 月、5 月三个月划为春季，6 月、7 月、8 月三个月划为夏季，9 月、10 月、11 月三个月划为秋季，12 月、1 月、2 月三个月划为冬季。我国把二十四节气中的立春、立夏、立秋、立冬分别作为四季的开始。

根据各纬度地带获得的太阳辐射能的多少，把地球表面划分为五个热量带，即热带、南温带、北温带、南寒带和北寒带。热带位于南北回归线之间，有太阳直射的机会，接受的太阳辐射能最多。南温带位于南回归线与南极圈之间，北温带位于北回归线与北极圈之间，南北温带受热适中，四季明显。南寒带位于南极圈与南极点之间，北寒带位于北极圈与北极点之间，南北寒带正午太阳高度低，有极昼、极夜现象。

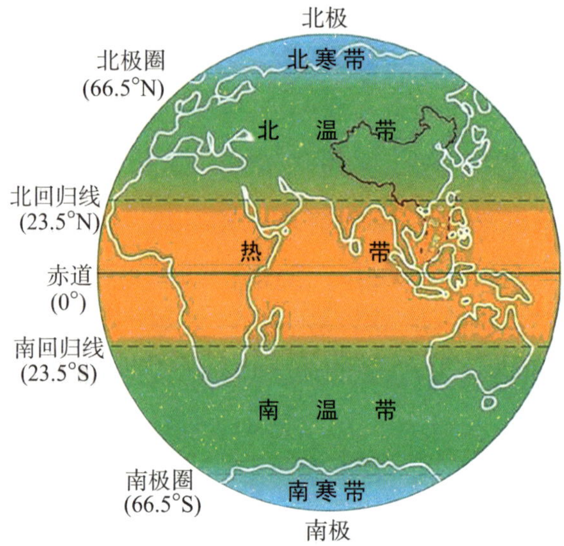

图 1-30　地球上的五带

知识窗

二十四节气歌

春雨惊春清谷天，夏满芒夏暑相连，
秋处露秋寒霜降，冬雪雪冬小大寒。
每月两节不变更，最多相差一两天，
上半年来六、廿一，下半年是八、廿三。

拓展活动

读第 7 页表 1-1 并查阅资料，比较地球与其他行星的环境。思考：为什么地球上会存在生命？火星上有生命存在的可能吗？为什么？

主题 2　地球是怎样形成的？

——地球的形成与演化

【教学目标】

◎ 1. 了解地球形成与演化的主要过程和特征。

◎ 2. 了解地球的圈层结构及其特点。

◎ 3. 理解岩石圈运动及其对人类活动的影响。

【课时建议】

◎ 2—4 课时

【情境】

◎ 研究发现，地球是目前太阳系中唯一适合人类生存的星球。

图 2-1　太空中的地球

【问题】

◎ 地球是何时形成的？又是怎么演化成今天的状况的？

第一节

地球的形成与演化

人类对地球形成与演化的探索从未停止过，对地球形成与演化过程的认识也在不断深入。

一、地球的形成

地球起源于大约 46 亿年前，原始太阳星云在加速旋转中分化出原始地球。原始地球内部物质升温达到熔融状态时，铁、镍等元素迅速向地心集中，形成地核。随着温度逐渐降低，内部物质出现分异，密度小的物质逐渐上浮至地球表层，冷却后形成地幔与地壳。

广泛发生的火山喷发释放出水蒸气和二氧化碳等气体，形成原始大气圈。原始地球不断散热，灼热的表面逐渐冷却下来，从地面上“跑”到天空中的水汽凝结成雨点，又降落到地面，形成原始海洋。此时的地表起伏不大，几乎全部被海洋覆盖，海洋中酝酿着地球上的原始生命。

图 2-2　地球形成早期示意图

二、地球的演化

地球的演化过程具有明显的阶段性，呈现出螺旋式发展的特点。

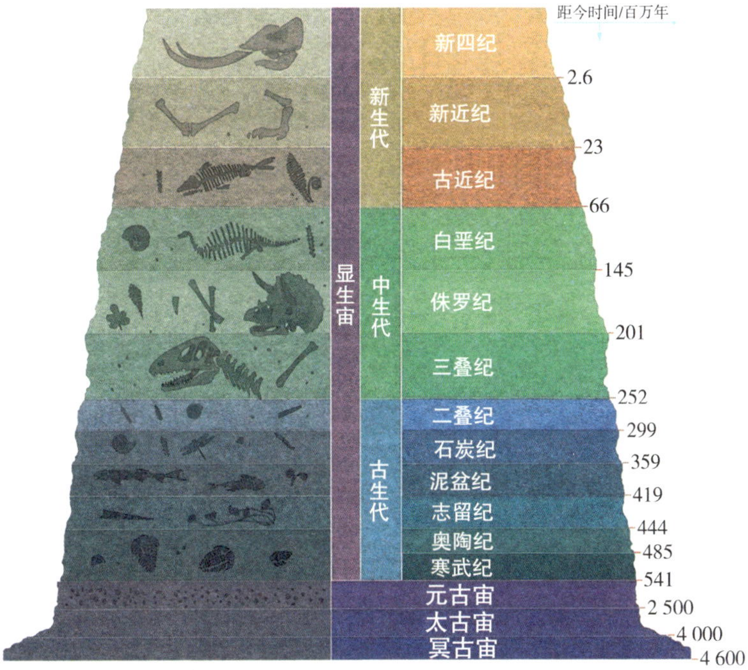

图 2-3 化石记录的地球生物演化过程示意图

知识窗

新地质年代歌①

新生古新第四纪，六千万年喜山期。
中生白垩侏叠三，燕山印支两亿年。
古生寒奥志留泥，石炭二叠加海西。
冥古太古元古宙，生命孕育诞生期。

（一）生物演化

地球上的生物演化表现出由低级到高级、由简单到复杂的特点。大约在 38.5 亿年前，海洋中出现了最原始的细胞，其结构与现代细菌很相似。距今约 32 亿年前，原始海洋中出现了细菌和简单藻类等单细胞生物。距今 18 亿~13 亿年，有细胞核的真核生物——绿藻等出现了。距今约 10 亿年前，多细胞生物出现了。

直到 5.4 亿年前的古生代，地球上出现了生命大爆发。距今 5 亿~1.3 亿年，是无脊椎动物的全盛时期，三叶虫、笔石、鹦鹉螺等大量出现。距今 3 亿多年前，脊椎动物——鱼类大量生存在海洋中。随着陆地蕨类植物的发展，海洋脊椎动物逐渐向两栖动物发展，这是动物演化史上的一次重要飞跃。

---

① 加里东、海西、印支、燕山、喜山分别代表古生代、中生代和新生代的几次主要的地质构造运动。

图 2-4　古生代（志留纪）海洋环境复原图

图 2-5　最古老的两栖动物——鱼石螈复原图

距今 2.5 亿~0.7 亿年的中生代，生物进化的主要场所由水域转移到了陆地，裸子植物繁茂，爬行动物出现了。恐龙在地球上至少生存了 1.6 亿年，一度成为统治地球的主人。

图 2-6　恐爪龙

图 2-7　始祖鸟、鸽子、似鸟龙的骨骼化石比较

中生代后期，爬行动物的一支进化成鸟类，最早的鸟类是始祖鸟。爬行动物的另一支进化成哺乳动物。

6 600 万年前，进入新生代，哺乳动物和被子植物成为陆地的主角。距今 300 万~200 万年，人类的诞生标志着地球开始了人类历史的伟大时代。

知识窗

恐龙是怎么灭绝的？

在世界许多地方中生代末期的地层中，科学家发现铱元素含量异常，这成为小行星撞击地球假说的证据。因为铱元素在地球表面并不常见，而陨石中铱元素含量较高。科学家认为，小行星撞击地球后，大量富含铱的尘埃颗粒散发到大气层中，降落到地面形成富含铱的尘土层，最后形成的地层中铱元素含量就会异常高。

图 2-8 尤卡坦半岛陨石坑形成示意图

在美洲尤卡坦半岛的北部海岸，地质学家发现了一个部分淹没在海水中的陨石坑，直径为 180～200 千米。经测定，该中生代地层中的铱元素含量高出相邻岩层平均值的 30 倍左右。

他们认为，这是中生代小行星毁灭性撞击地球最可能发生的地点。小行星撞击地球并发生爆炸，造成超级火山喷发，大量烟尘弥漫在天空中，使得太阳光难以到达地表，植物无法进行光合作用，大气中氧气的含量变得极低。这导致了许多动植物死亡，使整个生态系统陷入危机。先是食草类恐龙因缺乏食物来源而大量死亡，接着是食肉类恐龙因没有食物来源而大量死亡。

关于恐龙灭绝的原因，目前仍存在争议，但普遍认同的是，恐龙灭绝是多种因素共同作用的结果。

做个比喻，如果把地球漫长的地质年代“压缩”到一年 12 个月内，那么 1 月地球形成，2 月地壳凝结，3 月原始海洋产生，4 月最初的生命出现，恐龙直到 12 月中旬主宰一切，最早的灵长类动物在 12 月下旬出现，人在这一年的最后一天才开始出现。

（二）海陆变迁

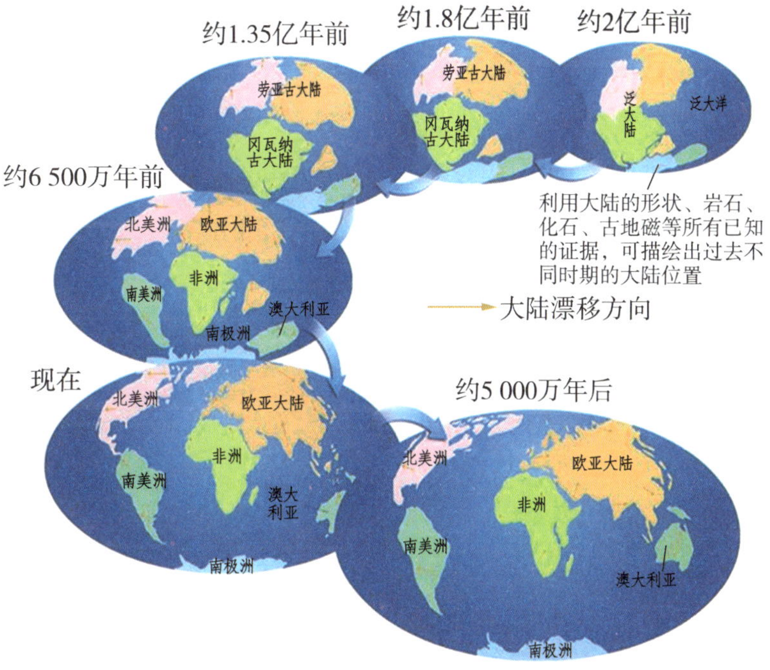

图 2-9 2.5 亿年以来海陆变迁示意图

大约 40 亿年前，地球在形成初期是一片广阔海洋，岩浆活动剧烈，火山喷发频繁。到了距今 5.4 亿年的古生代，地壳运动剧烈，海陆格局多次变迁，最后形成联合古陆。到了距今 2.5 亿年的中生代，联合古陆开始解体，大陆向现在的位置漂移。

知识窗

大陆漂移说

1912 年，德国地球物理学家魏格纳提出了大陆漂移说。他根据当时掌握的资料，从地质、地形、古生物、古气候和大地测量等方面，对该学说进行了论证。他认为，古生代后期，全球只有一个联合古陆，称为“泛大陆”，围绕在泛大陆周围的是泛大洋。到了中生代，由于潮汐摩擦和从两极向赤道方向的挤压力，泛大陆开始分裂。较轻的花岗岩质大陆在较重的玄武岩质地幔上漂移，逐渐形成现在的海陆格局。

新生代发生了规模巨大的造山运动，现在世界上的许多高山就是在这次运动中形成的，如我国的青藏高原、喜马拉雅山脉等。由此奠定了现代地貌格局及海陆分布的基础。

（三）气候变化

地球自诞生以来，历经多次气候冷暖干湿交替。冰期来临时，气候变冷，陆地上冰川覆盖面积增大，海面下降。两个冰期之间是间冰期，气候转暖，万物复苏，海水淹没低洼的地方。冰期和间冰期有不同的时间尺度，大冰期的时间尺度为亿年，冰期与间冰期的时间尺度为十万年，小冰期的时间尺度为千年。现在地球处于第四纪大冰期，50 万年来出现了 5 次冰期，每次冰期平均持续 7 万多年，而每次间冰期平均持续 2 万多年。目前地球处于 1.1 万年前开始的间冰期。

全球气候变化影响到生物的演化和分布。例如，古生代陆地面积不断扩大，气候温和，蕨类植物繁盛，中生代裸子植物分布广泛，这也成为地质历史上两个重要的造煤时期。

活动

煤是地质历史上的陆地植物在沼泽中大量沉积而成的。在冰雪覆盖的南极洲，人们发现了丰富的煤炭。请你推测煤形成时南极洲的地理环境。

第二节 地球的圈层结构与岩石圈组成

地球具有明显的圈层结构，大体可分为外部圈层和内部圈层，各圈层之间有着密切的联系。

一、地球的内部圈层

通过对地震波的研究，科学家获得了关于地球内部的信息。他们根据地震波在地球内部传播速度的变化，发现了莫霍界面与古登堡界面，从而把地球内部划分为地壳、地幔和地核三个部分。

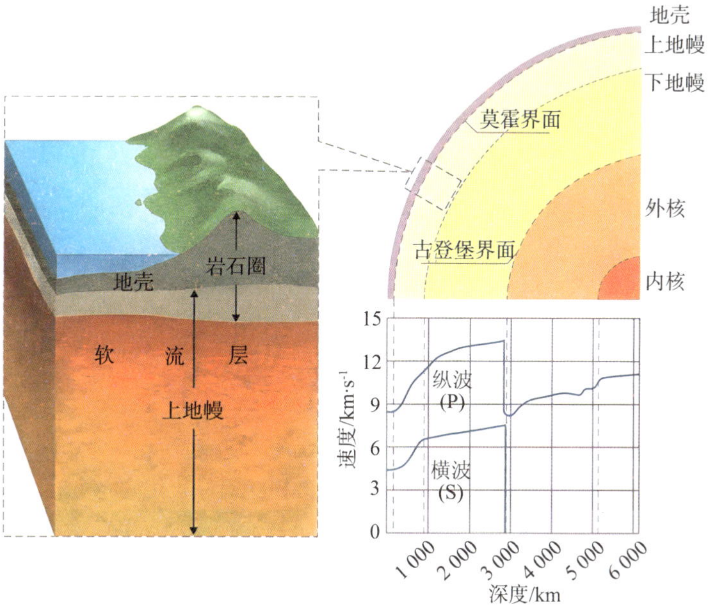

图 2-10　地震波在地球内部的传播速度与地球内部圈层结构示意图

活动

结合图 2-10，思考在莫霍界面与古登堡界面处，地震波的传播速度分别发生了怎样的变化，并说明地球内部物质相态发生了哪些变化。

（一）地壳

地壳是地面以下至莫霍界面以上的部分，是由坚硬的岩石组成的一层薄薄的固体外壳。地壳的厚度变化较大，大陆地壳较厚，平均厚度为 35 千米，如我国的青藏高原最厚处达 70 千米以上；大洋地壳较薄，平均厚度为 7 千米。整个地壳平均厚度为 17 千米。

（二）地幔

地幔是莫霍界面以下至古登堡界面以上的部分，压力随深度增加，温度也随深度缓慢上升。地幔分为上地幔和下地幔。上地幔上部存在一个软流层，一般被认为是岩浆的主要发源地。

（三）地核

地核是古登堡界面包围的部分，主要由极高温度和高压状态下的铁、镍等元素组成。地核分为外核和内核两层。外核为液态，内核是一个密度极大的固体金属球。

二、地球的外部圈层

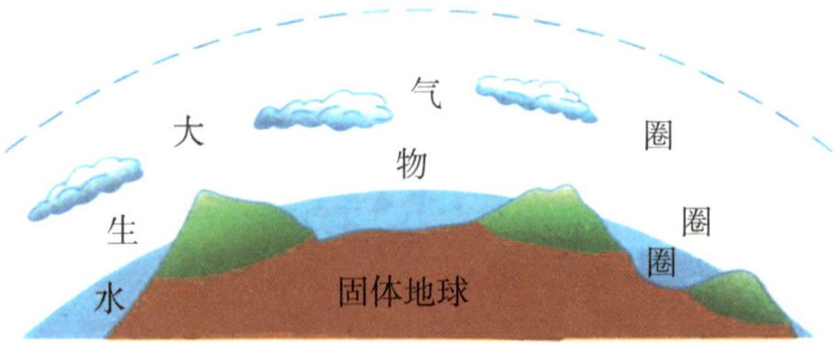

图 2-11　地球外部圈层示意图

地球固体表面以上由大气、水体和生物组成，可划分为大气圈、水圈和生物圈，构成地球的外部圈层。这三个外部圈层既互相渗透，也互相重叠。

（一）大气圈

大气圈是包围在地球外部的厚厚的大气层。近地面大气密度大，随着高度增加，大气密度迅速减小。大气圈对于地球意义重大，既能让太阳照射地球，又能拦截绝大多数飞向地球的流星体，吸收大量紫外线和来自宇宙空间的高能带电粒子流，从而保护地球生命免受外来因素的干扰。

（二）水圈

水圈是地球上所有水的总称，是由各种状态的水构成的连续而不规则的圈层。水圈的物质运动和循环直接或间接地影响地球上各种环境条件的变化。液态水是地球生命存在的重要条件之一。

（三）生物圈

地球上所有生物及其生存环境构成生物圈，其范围包括大气圈的下部、水圈的全部和岩石圈的上部。生物圈的核心部分集中在地面以上 100 米到水面以下 200 米的范围内。空气、水、光照、土壤和岩石为生命活动提供了一切必要的条件。

三、岩石圈的组成

地壳是岩石圈的一部分，而岩石圈包含地壳和上地幔的顶部。岩石圈是由坚硬的岩石构成的，组成岩石的物质基础是矿物。就组成岩石的元素质量百分比来看，最多的是氧、硅、铝、铁、钙、钠、钾、镁，其他元素含量都小于 1%。

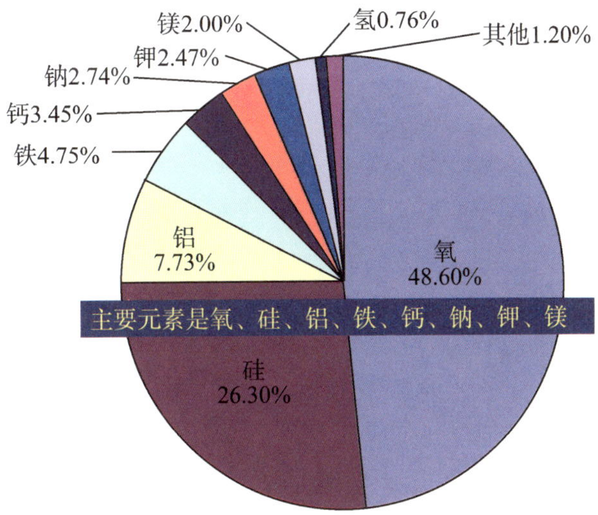

图 2-12　地壳中元素质量百分比示意图

大气圈、水圈、生物圈与岩石圈相互联系、相互渗透，共同构成人类赖以生存和发展的自然环境。

第三节 岩石圈运动及其对人类的影响

岩石圈不断地运动，改变着人类赖以生存的地表环境。

一、岩石圈运动

岩石圈覆盖在软流层上，随着岩浆的流动而发生运动。由于运动的方向和力是不均匀的，因此岩石圈被撕裂形成了板块。

全球岩石圈被划分为亚欧板块、太平洋板块、美洲板块、非洲板块、印度洋板块和南极洲板块六大板块。只有太平洋板块几乎完全在海洋底部，其余板块既有大陆也有海洋。

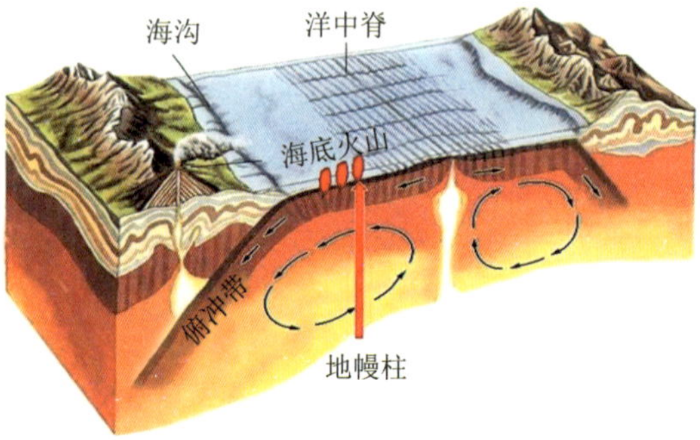

图 2-13　板块运动示意图

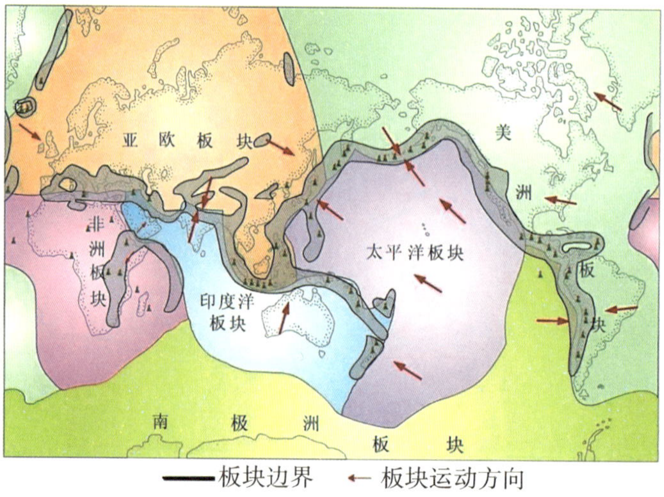

图 2-14　全球板块分布示意图

组成岩石圈的板块是在不断运动的。板块之间的挤压碰撞运动形成高大山系、岛弧、海沟等。板块之间的张裂分离运动形成裂谷、海洋、海岭等。板块内部地壳运动比较稳定，板块交界处地壳运动比较活跃。这些海岭、海沟、高大的褶皱山脉和大断裂带等成为岩石圈板块之间的分界线。板块交界处多火山、地震。

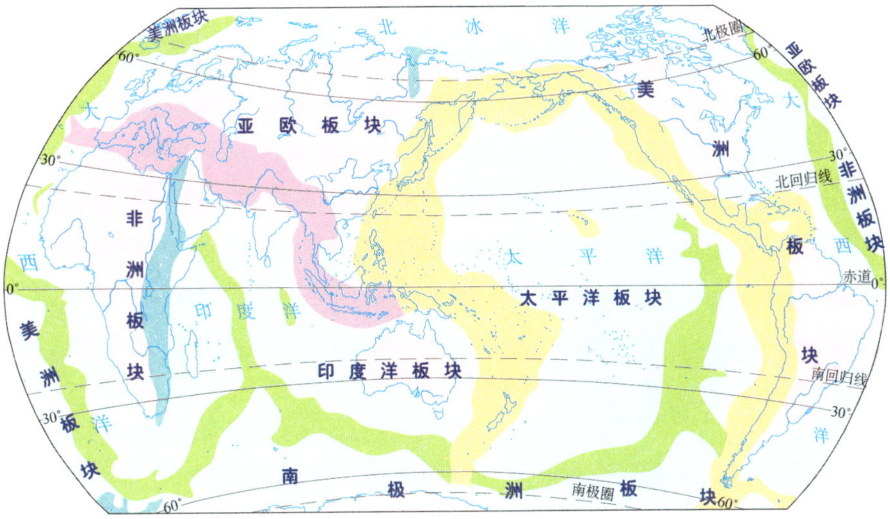

图 2-15 世界火山地震带分布示意图

活动

结合图 2-14 和图 2-15，思考世界上哪些地方的火山、地震风险大。

知识窗

青藏高原是怎样形成的？

青藏高原位于亚欧板块与印度洋板块之间，这两大板块不断挤压碰撞使青藏高原持续抬升，最终成为世界上最高的高原。

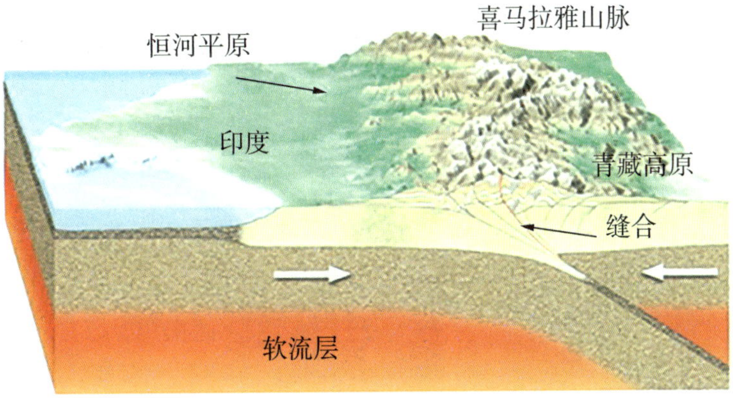

图 2-16 青藏高原形成示意图

二、岩石圈运动对人类生存环境的影响

（一）岩石圈运动对地表形态的影响

岩石圈运动塑造了千姿百态的地貌景观。地壳的水平运动和垂直运动使岩层发生大规模的隆起和凹陷，引起地势的起伏变化和海陆变迁，奠定了地表形态的基本格局，板块边缘常常形成高大山系、高原和火山、大陆裂谷等，海洋中常常分布有岛弧、海沟、大洋中脊等。多种多样的地貌景观，为人类开展各种经济活动提供了重要场所，如为旅游活动的开展提供了丰富的景观资源。

（二）岩石圈运动对地球气候和环境的影响

岩石圈运动使全球海陆分布格局发生重要变化，从而导致地球上的气候与环境发生变化。例如，随着海陆分布格局的改变，大洋环流形式发生变化，海洋对气候的调节作用变得显著，因此气候类型更加多样。这对生物的分布也产生了影响，生物多样性增加。

岩石圈运动使全球地面起伏发生重要变化，从而导致地球上的气候与环境发生变化。例如，青藏高原持续抬升，不仅使这一地区的气候发生变化，而且还造成其周围地区更大范围的气候发生显著变化，进而导致生态环境与生物分布的变化。

（三）岩石圈运动对矿产形成与分布的影响

岩石圈运动形成了丰富的矿产资源，为人类生存提供了必备的物质条件。这些矿产资源对于人类社会和经济的发展具有重要意义。此外，岩石圈运动还会引起地质构造的变化，从而影响石油、天然气等化石能源的形成和分布。因此，深入研究岩石圈运动对地质资源的影响，可以为未来地质资源的开采和利用提供重要的参考。

拓展活动

自贡恐龙博物馆是国家地质公园、全国科普教育基地，是人们了解和研究过去历史的重要科研基地。图 2-17 为该博物馆内的恐龙化石。请查阅资料，完成下列任务：

1. 说明恐龙生活时代的气候和环境与现在的差异。

2. 分析恐龙生活时代自贡的古地理环境。

图 2-17　自贡恐龙博物馆的恐龙化石

主题 3　大气运动对人类生活有哪些影响？

——大气运动与天气、气候

【教学目标】

◎ 1. 了解大气圈的组成与分层结构。

◎ 2. 理解大气运动的原因。

◎ 3. 了解常见的天气、气候类型及主要的气象灾害。

◎ 4. 能够正确利用天气预报结果和气候分异规律，合理安排日常出行与旅游等。

【课时建议】

◎ 2—4 课时

【情境】

◎ 我们乘坐飞机外出，有时在机场还是细雨蒙蒙，起飞后不久却是晴空万里、阳光普照。

图 3-1　差异怎么这么大？

【问题】

◎ 你知道出现这种变化的原因吗？

第一节 大气圈的组成与分层

地球表面包围的气体层，称为大气圈。

一、大气圈的组成

大气圈是由多种气体组成的混合物，其中低层大气的组成除干洁空气以外，还包括少量的水汽和固体杂质。氮和氧是大气的主要成分，两者约占干洁空气体积的 99%，故又称地球大气为“氮氧大气”。另外，氩约占 0.934%、二氧化碳约占 0.034%。

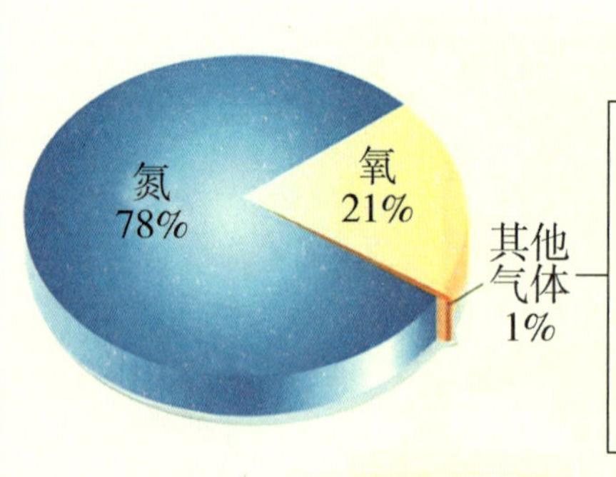

成分	体积占比/%
氩	0.934
二氧化碳	0.0341
氖	1.8×10^{-3}
氦	5.24×10^{-4}
甲烷	1.5×10^{-4}
氪	1.14×10^{-4}
氢	5.0×10^{-5}

图 3-2 干洁空气的主要成分（25 千米以下）

氮是大气中含量最高的成分，是地球生物体内蛋白质的重要组成部分。氧是大气中含量次高的成分，是人类和其他动物维持生命活动必需的物质。二氧化碳在大气中的含量很低，却起着非常重要的作用，是绿色植物进行光合作用的原料，也是调节地表温度的重要气体。

臭氧在大气中的含量虽然不高，但是其作用不可忽视。臭氧是一种强氧化剂，过度吸入对人体有害。但是，臭氧能够强烈吸收太阳辐射中的紫外线，保护地球上的人类和其他动植物免遭过量紫外线的伤害。

水汽是大气的重要成分之一。大气中一定含量的水汽，不仅可以提高人类生活的舒适度，而且还是天气变化的必要条件。

大气中的尘埃，可以反射太阳辐射，降低地面温度；可以作为凝结核，促进云雨的形成。但是，尘埃也会影响人的呼吸系统，给人的健康带来一定的损害。

二、大气圈的分层

根据大气在垂直方向上的温度、密度及运动状况的差异，可将大气圈分为对流层、平流层和高层大气。

对流层是贴近地面的大气最低层，约占整个大气质量的 3/4，集中了几乎全部的水汽与固体杂质。对流层的气温随高度的增加而下降，其气温的垂直变化决定了该层空气对流运动显著。风、云、雨、雾、雪等天气现象大多发生在这一层，因此对流层与人类生活、生产的关系最为密切。对流层的厚度随纬度和季节的变化而变化，低纬度地区大于高纬度地区，夏季大于冬季。对流层的厚度一般为 8~17 千米，平均为 12 千米左右。

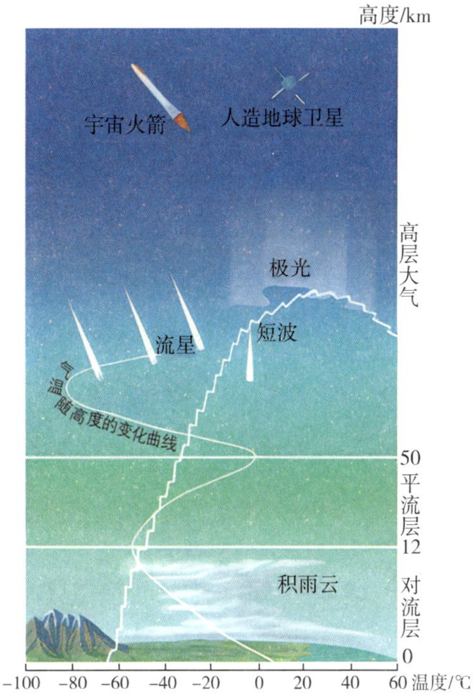

图 3-3　大气圈的垂直分层示意图

活动

在对流层，气温随高度的增加而下降。一般来说，气温的垂直递减率大约为 0.65 ℃/100 米。

1. 请根据表 3-1 中提供的高度差，计算这些山地山顶与山麓的温度差。
2. 结合图 3-4，说明夏天人们喜欢到山上避暑的原因。

表 3-1　计算一些避暑胜地 7 月的上下温度差

山地	山顶与山麓的高度差/m	山顶与山麓的温度差/℃
泰山	1 300~1 500	
庐山	1 000~1 400	
黄山	1 500~1 700	
天目山	1 100~1 500	
神农架	2 200~2 700	
峨眉山	2 500~2 600	
梵净山	1 400~2 100	

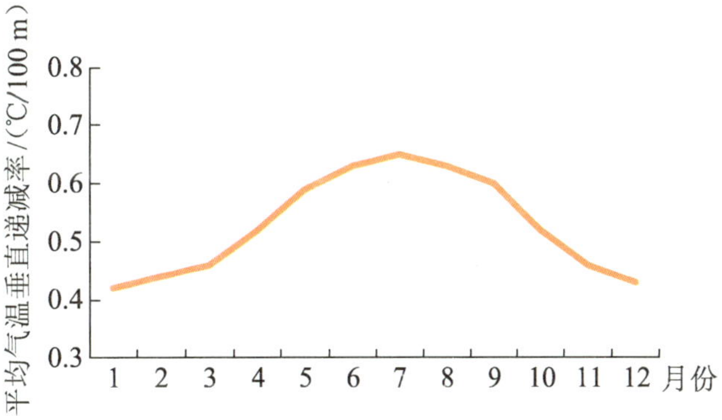

图 3-4　我国不同月份平均气温垂直递减率

平流层位于对流层之上，其顶部距离地面约 50 千米，厚度约 40 千米。平流层因大气中的臭氧吸收大量紫外线而增温，因此平流层的气温随高度的增加而上升，呈现出下冷上暖的特征。平流层中空气对流很弱，以水平运动为主。

平流层臭氧含量较高，在20~40千米的高度形成峰值，故又称臭氧层。臭氧层能够吸收对人类和其他动植物有伤害作用的紫外线，故被誉为“地球生命的保护伞”。

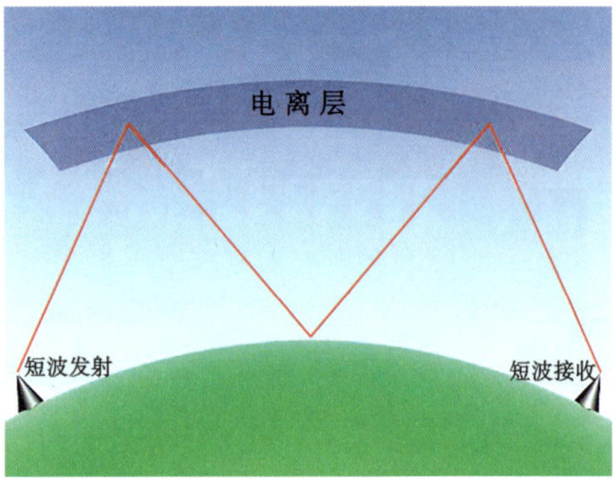

图 3-5　无线电短波远距离传播示意图

平流层能见度高（水汽、悬浮固体颗粒等极少）、气流稳定，并且很少有飞鸟出现，是航空的理想空域。

高层大气空气密度很小。在80~500千米的高空有若干电离层，空气处于高度电离状态，能反射无线电短波，对无线电通信有重要作用。

太阳活动强烈或出现雷电现象时，会扰动电离层，影响地面无线电传播，导致通信质量下降，甚至出现通信中断现象。

知识窗

高山反应

一般来说，大多数人到了海拔较高地区都会因缺氧而出现高山反应。症状是头痛、头晕、恶心、呼吸困难、心跳加快等。不同的人因体质不同而反应不一。大多数人在海拔2 000米以下没有反应或反应不明显，到了海拔3 000米或4 000米以上，高山反应逐步显现出来。这是因为随着海拔的增加，空气变得越来越稀薄，氧气的含量也越来越少。

如何应对高山反应呢？

1. 在进入高山（高原）之前，应进行严格的身体检查，如发现心、肺、脑、肝、肾方面的疾病，或者存在严重贫血或严重高血压，则不能盲目进入。健康人进入高山（高原）地区，最好也要循序渐进，在海拔2 000多米的地方适当停留，以逐步适应缺氧环境。

图 3-6　登山

2. 初入高山（高原）者应减少体力活动，严禁剧烈运动。登山的速度不宜太快，最好步调平稳，使运动节奏与呼吸相协调。

3. 进入高山（高原），应注意保暖，以防急性上呼吸道感染。感冒患者最好不要进入高海拔地区，否则易引起肺气肿等疾病。

4. 初入高山（高原）时，禁止饮酒，尽量不要冲泡热水澡。

第二节 热力环流与大气运动

大气在不停地运动，风就是大气运动的一种直接反映。那么，什么力量在驱动大气运动呢？

一、大气受热

太阳辐射是地球表面最主要的能量来源。进入地球大气层的太阳辐射，有一部分被大气直接吸收。大气对太阳辐射的吸收具有选择性。臭氧和氧原子主要吸收太阳辐射中波长较短的紫外线，水汽和二氧化碳主要吸收太阳辐射中波长较长的红外线，而太阳辐射中的可见光被吸收得很少。因此，大气直接吸收的太阳辐射只占大气层顶太阳辐射的21%左右，27%左右的太阳辐射被云和大气反射，最终52%左右的太阳辐射可透过大气层到达地面。

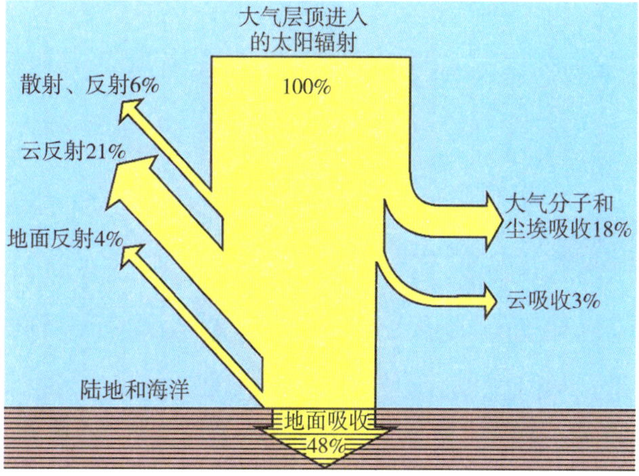

图 3-7 地面接收的太阳辐射

地面吸收太阳辐射而增温，同时向外辐射热量。由实验可知，物体的温度越高，辐射的波长越短，反之则越长。由于地表的温度比太阳低得多，所以地面辐射与太阳辐射相比，波长长得多，其能量主要集中在红外波段。因此，相对于太阳辐射来说，地面辐射为长波辐射。地面放出的长波辐射除少部分透过大气返回宇宙空间以外，绝大部分（75%~95%）被对流层大气中的水汽和二氧化碳吸收，使大气增温。所以，地面放出的长波辐射是低层大气主要的热量来源。

大气在增温的同时，向外放出长波辐射，其中一部分朝向地面，因辐射方向与地面辐射相反，故被称为大气逆辐射。大气逆辐射把热量还给地面，在一定程度上补偿了地面辐射损失的热量，对地面起到了保温作用。例如，多云的夜晚气温不会太低，人造烟雾可减轻霜冻对农作物的伤害，都与大气逆辐射的保温作用有关。

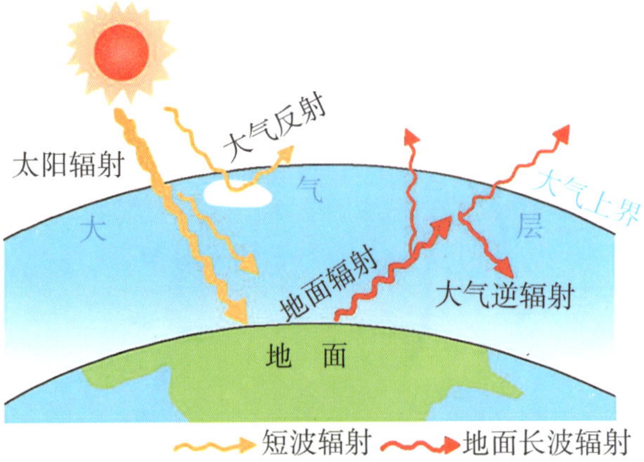

图 3-8　大气受热过程示意图

图 3-9　温暖的封闭阳台

活动

寒冬季节的晴天，当你走进门窗关闭的封闭阳台时，你会感到异常温暖。

1. 用温度计测量封闭阳台和室外的温度，算出它们的温度差。

2. 结合图 3-8 和图 3-9，说明封闭阳台温度较高的原因。

3. 思考并说明中纬度地区的植物园采取什么措施可以使热带植物安全越冬。

二、热力环流

晴朗的夏天，到过海边的人常有这样的体验：白天一般会有来自海洋的习习凉风，晚上由陆地吹向海洋的风更使人感到凉爽。这种有规律交替变化的风是怎么形成的呢？

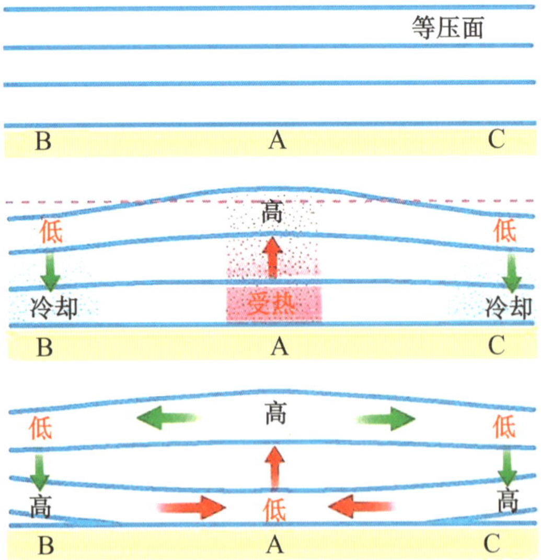

图 3-10　冷热不均引起的热力环流示意图

如图 3-10 所示，当 A 地接受热量多，B、C 两地接受热量少时，A 地近地面空气膨胀上升，到高空聚积，使上空空气密度增大，形成高气压；B、C 两地空气收缩下沉，上空空气密度减小，形成低气压。于是，空气从气压高的 A 地上空向气压低的 B、C 两地上空扩散。

在近地面，A 地空气上升向外流出后，空气密度减小，形成低气压；B、C 两地因有下沉气流，空气密度增大，形成高气压。这样近地面的空气从 B、C 两地流向 A 地，以补充 A 地上升流出的空气，从而形成热力环流。

活动

1. 根据图 3-10，填写表 3-2。

表 3-2　热力环流变化

近地面温度	近地面气压	空气垂直运动方向	上空气压	近地面气流
高				由周边流入
低				

2. 运用大气热力环流原理，解释图 3-11 中的现象产生的原因。

图 3-11　海陆风形成示意图

3. 如图 3-12 所示，城市中心区气温明显高于郊区，形成这种现象的原因有哪些？城郊之间近地面空气如何流动？请画出城郊之间近地面空气流动示意图。

图 3-12　某城市夏季 7 月近地面气温分布图

知识窗

山谷风

山谷风是出现在山地及其周边地区的、具有日周期的地方性风。研究发现，山谷风在近地面拥有4个局地环流组分，即日间由山谷向山坡运动的上坡风（upslope wind）和由周边地区沿山谷汇入山地的谷风（valley wind），以及夜间由山坡向山谷运动的下坡风（downslope wind）和由山地向周边地区运动的山风（mountain wind）。

图 3-13　山谷风示意图

山谷风的成因主要为昼夜交替过程中山坡–山谷和山地–平原间的气温差。气温差带来了近地面大气的密度差和气压差，气压梯度力推动气流由高压（低温）区域向低压（高温）区域运动。此外，夜间下坡风和山风的运动也受到重力和摩擦力的影响。

图 3-14　上坡风与下坡风形成示意图

三、大气的水平运动

地表受热不均，导致同一水平面上产生气压差异。水平方向上单位距离间的气压差叫作水平气压梯度。水平面上存在气压梯度就产生了水平气压梯度力，它促使大气由高气压区流向低气压区，从而形成空气的水平运动，即风。

水平气压梯度力（图 3-15）垂直于等压线，并指向低气压区。在高空，风基本不受地面摩擦力的影响，风向主要取决于水平气压梯度力和地转偏向力，在这两个力的共同作用下，风向逐渐偏离水平气压梯度力的方向，在北半球向右偏，在南半球向左偏，最终可偏至平行于等压线。

在近地面，风还要受到地面摩擦力的作用。在水平气压梯度力、地转偏向力和地面摩擦力的共同作用下，风向总是与等压线斜交。

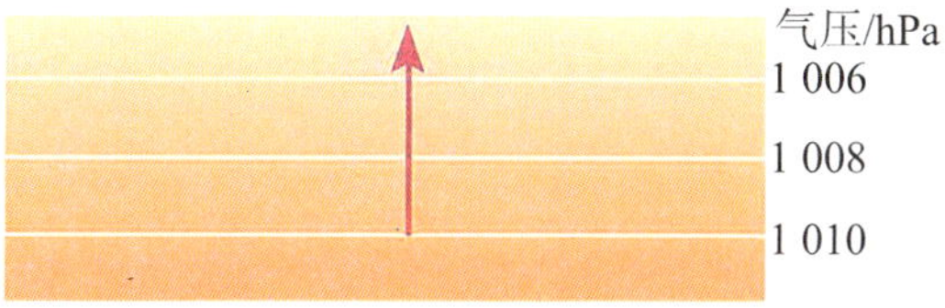

图 3-15　水平气压梯度力

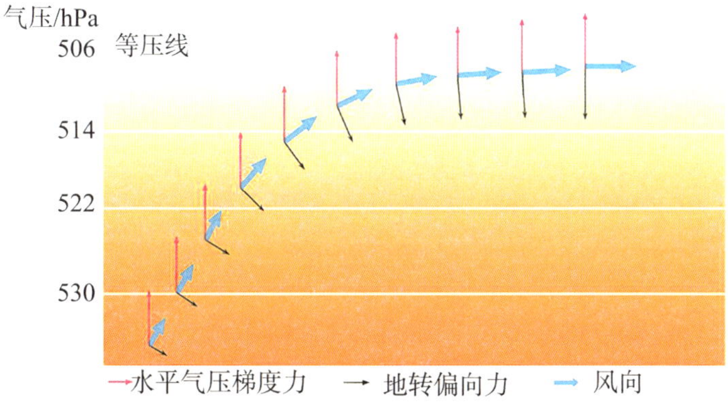

图 3-16　北半球高空的风

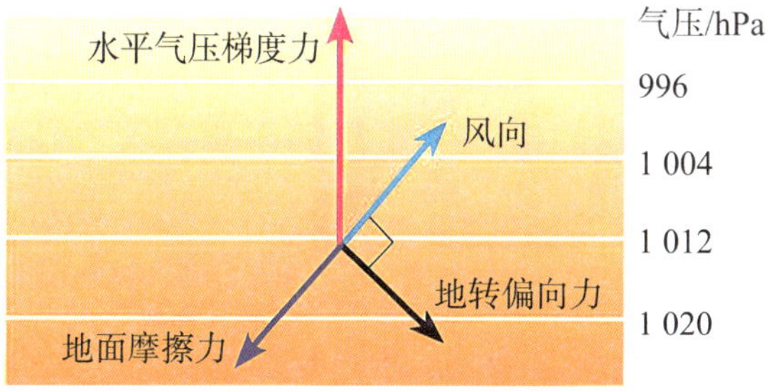

图 3-17　北半球近地面的风

活动

1. 说出图 3-15 中，在只考虑水平气压梯度力的情况下，风向与等压线之间的关系。

2. 分别说出图 3-16 和图 3-17 中，风向与等压线之间的关系，指出两图中风向不同的原因。

3. 试分析南半球近地面和高空的风向，并作图示意。

第三节 天气、气候与气象灾害

大气与人类生活和生产密切相关。除大气成分和分层外，天气、气候也与人类关系密切。

一、天气

我们出门前通常都要看看天气情况，出差前一般也会看看出差地的天气预报。天气是指某一地区、某一时刻、某一条件下的大气物理状况。常见的天气现象包括风、云、雨、露、霜、雹、雾、雪等，天气预报中常见的描述天气状况的词有“晴”“多云”“阴”“阵雨”“大风”“雾”等。

（一）露和霜

日落后，地面开始冷却，近地面空气也随之冷却，温度降低。当气温降低到露点以下时，水汽即凝附于地面或地面物体上。气温如在0℃以上，水汽凝结成液态水，就是露（图3-18）；气温如在0℃以下，水汽凝结成固态冰晶，就是霜（图3-19）。

图3-18 露

图3-19 霜

（二）云和雾

云和雾是发生在大气中的凝结现象。云是高空水汽凝结现象，雾则是低空近地层水汽凝结现象。两者的区别在于：雾的下层与地面相连，而云的下界是不与地面相连的（山区除外）。

空气受各种因素影响抬升，上升到凝结高度时，就会形成云。此时，气温如在0℃以上，水汽凝结成水滴；气温如在0℃以下，水汽一般凝华成冰晶。云有各式各样的外貌特征。例如，晴空中飘浮的分散白色云块是积云；高空絮状、羽毛状云是卷云；云层遮天蔽日，不见边际是层云；高耸的黑云压顶是积雨云；等等。

雾是悬浮在近地面空气层中的微小水滴。当空气中水滴显著增多时，大气呈现混浊状态，俗称起雾。雾通常出现在夜间和早晨，其分布以沿海居多，向内陆减少，高纬度地区多于低纬度地区。雾对植物的生长是有利的，它可以增加土壤水分，减少植物蒸腾。研究发现，有些山区或河谷的茶叶质量较高，与秋冬季节多雾有关。雾对交通有较大的影响。

知识窗

雾的几种成因

雾（图3-20）的成因很多，其中最常见的有以下几种。

辐射雾：夜间地面辐射冷却作用使近地面空气变冷而形成的雾，称为辐射雾。这类雾常见于晴朗、微风、近地面水汽充沛的早晨，多发生在大陆上的秋冬季节，山谷盆地和高原上尤为常见。

图3-20　雾

平流雾：暖湿空气移动到较冷的下垫面上形成的雾，称为平流雾。在沿海地区，暖湿的空气流到较冷的海面上，形成平流雾。在海洋上，寒、暖流的交汇，也容易产生平流雾。

蒸发雾：冷空气移动到暖水面上形成的雾，称为蒸发雾。冬季的冷气流与暖水面相接触，容易形成蒸发雾。例如，深秋或初冬的早晨，河面、湖面上常见到一片轻烟，称为河、湖烟雾。山地中河谷的早晨，山坡上的冷空气下沉到河谷，与河流暖水面相接触形成河谷烟雾，这在秋冬季节最为常见。

上坡雾：潮湿空气沿山坡上升使水汽凝结而产生的雾，称为上坡雾。

（三）雨、雪、雹

从大气中落到地面的液态或固态的水，称为降水。雨、雪、霰、雹等，都是降水现象。

在云的形成和发展阶段，云滴因水汽凝结或凝华而增大，以及因大小云滴之间发生冲并而合并增大，当云滴增大到能克服空气的阻力和上升气流的顶托时，它就开始降落，形成降水。液态降水称为雨，固态降水称为雪或雹。雹往往是在强对流天气下形成的。

活动

探究强对流天气

强对流天气（图 3-21）是指发生突然、移动迅速、天气剧烈、破坏力极强的灾害性天气，主要有冰雹、雷暴大风（包括龙卷风）、短时强降水等。

造成强对流天气的根本原因是空气强烈的垂直运动。最典型的就是夏季午后的强对流天气：白天天气晴好，太阳辐射强，近地面气温迅速升高，致使大气处于不稳定状态。近地面的空气受热后膨胀，在浮力作用下上升。当空气上升到一定高度时，由于气温下降，空气中的水汽凝结成水滴。水滴在下降过程中，如果遇到更强烈的上升气流，会继续被携升。如此反复，小水滴逐渐变成大水滴，直至高空气流再也无力承托，最终降落成雨。当对流特别强烈时，有时还会形成冰雹。

图 3-21　强对流天气示意图

1. 说一说强对流天气一般分布在世界上的哪些地区。
2. 我国的北方也有强对流天气，说明其出现的季节。
3. 强对流天气一般持续时间较短，分析其原因。

二、气候

气候是指一个地区大气的长期平均状况。根据世界气象组织（WMO）的规定，一个标准气候统计时段为 30 年。气候要素主要包括气温、降水、风和光照等。

气温分布具有一定的规律性。由于受到太阳辐射从赤道向两极逐步减少的影响，气温从赤道向两极逐渐降低。依据温度，可将全球划分为热带、亚热带、温带和寒带，见表 3-3。气温除受到纬度的影响以外，还受到海拔的影响。一般情况下，随着海拔的升高，气温逐渐降低。当然，气温还受到洋流的影响，暖洋流经过的地区气温往往偏高，冷洋流经过的地区气温往往偏低。

表 3-3　地表温度带划分

温度带	最冷月均温/℃	最热月均温/℃
热带	>15	>25
亚热带	>0	>18
温带	<0（温带海洋性气候除外）	>18（温带海洋性气候除外）
寒带	<0	<10

降水分布受到地理纬度、海陆位置、大气环流和地形等因素的影响。从降水量的纬度分布来看，全球可划分为四个降水带。赤道多雨带，赤道及其两侧地带是全球降水量最多的地带，年降水量至少有 1 500 毫米，一般为 2 000～3 000 毫米。副热带少雨带，这一地带受副热带高压控制，以下沉气流为主，是全球降水量稀少带，尤以大陆西岸和内部更少，年降水量一般不足 500 毫米，不少地方只有 100～300 毫米，是全球荒漠相对集中分布的地带。中纬多雨带，年降水量比副热带少雨带多，一般在 500～1 000 毫米，多雨的原因是锋面、气旋活动比较频繁。高纬少雨带，这一地带因纬度高，全年气温很低，蒸发微弱，故降水量偏少，年降水量一般不超过 300 毫米。

受到海陆分布的影响，降水量一般从海岸向内陆逐渐减少。

根据降水量的变化，可将气候划分为湿润气候（年降水量在 800 毫米以上）、半湿润气候（年降水量在 400～800 毫米）、半干旱气候（年降水量在 200～400 毫米）和干旱气候（年降水量在 200 毫米以下）。

活动

读图 3-22，完成下列任务：

1. 说明 1 月与 7 月降水分布的主要差异。

2. 查阅资料，分析形成这种差异的主要原因。

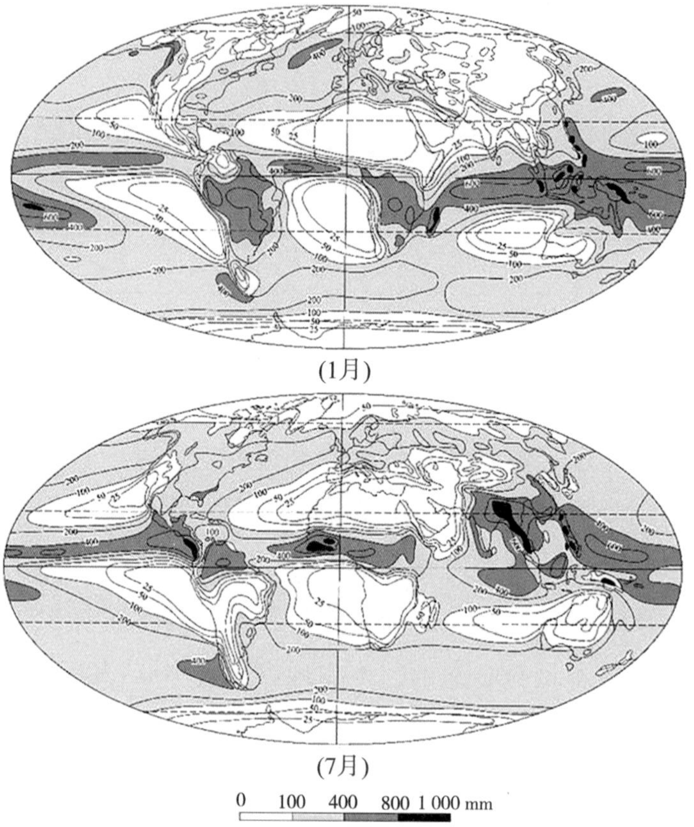

图 3-22 地表 1 月与 7 月平均降水量分布示意图

知识窗

气候的主要类型

气候的类型划分有多种不同的方案。其中一种划分方案如下：

热带雨林气候：全年高温多雨；

热带草原气候：全年高温，分干湿两季；

热带沙漠气候：全年高温少雨；

热带季风气候：全年高温，有旱季和雨季之分；

亚热带季风气候和季风湿润性气候：夏季高温多雨，冬季低温少雨；

地中海气候：冬季温和多雨，夏季炎热少雨；

温带海洋性气候：冬暖夏凉，年温差小，年降水量季节分布均匀；

温带大陆性气候：降水较少，冬季严寒，夏季酷热，年温差大；

温带季风气候：夏季高温多雨，冬季寒冷干燥；

山地气候：从山麓到山顶垂直变化；

极地苔原气候：冬长而冷，夏短而凉；

极地冰原气候：全年严寒。

（资料来源：中国天气网）

活动

1. 根据对温度带的划分方案（热带、亚热带、温带和寒带），以及根据降水量对气候类型的划分方案（湿润气候、半湿润气候、半干旱气候和干旱气候），尝试将两者结合起来划分气候类型。可以组合成哪些气候类型？实际上可能存在的有哪些？哪几个组合实际上不存在，为什么？

2. 根据图 3-23，比较上海和罗马的气候，说明它们的异同点；比较孟买、上海和北京的气候，说明它们的异同点；比较阿斯旺和东方站的气候，说明它们的异同点；比较伊基托斯、巴马科、孟买和阿斯旺的气候，说明它们的异同点。

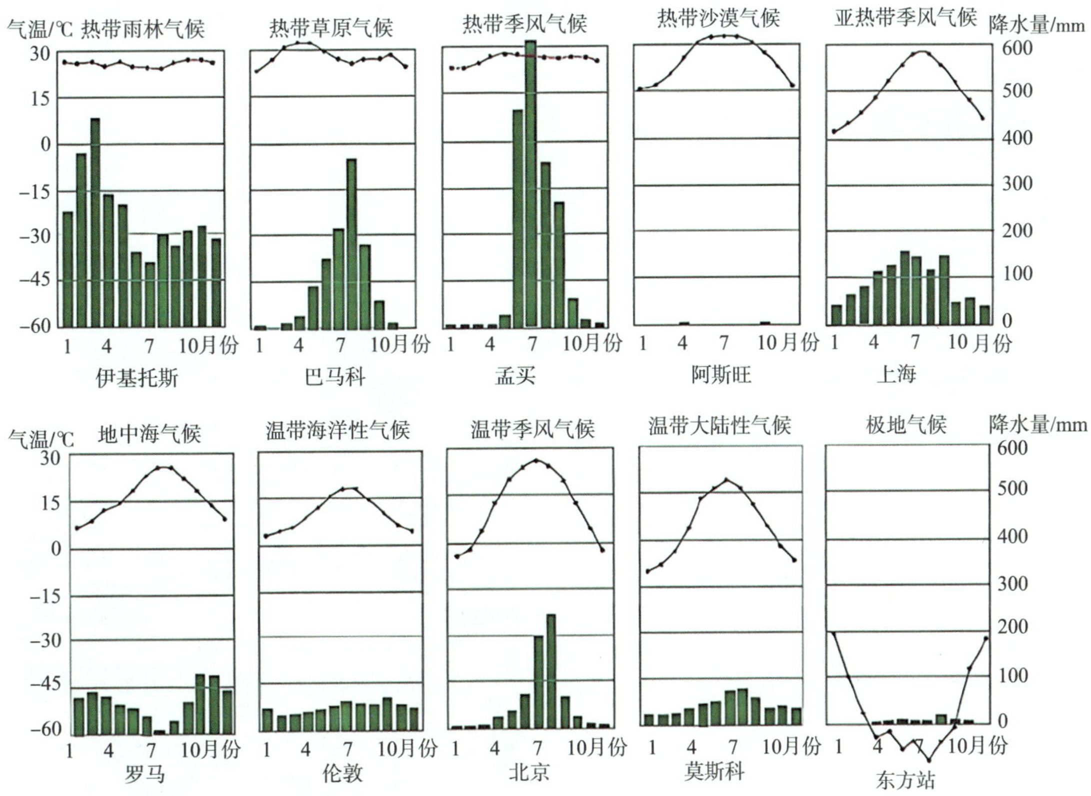

图 3-23　几个有代表性地点的降水量和气温变化特征

三、气象灾害

气象灾害是指大气运动和演变对人类生命财产和国民经济及国防建设等造成的直接或间接损害，如台风、暴雨、暴雪、冰雹、雷电、雾、霾、干旱等。气象灾害具有种类繁多、发生频率高、分布范围广等特点，还能诱发滑坡、泥石流、风暴潮等次生灾害。

图 3-24　长期干旱使土地大片龟裂

（一）干旱灾害

干旱是长时间降水异常偏少造成的空气干燥、土壤缺水的现象。当干旱持续时间较长，影响到人类的生产和生活时，就导致了干旱灾害，简称旱灾。非洲是旱灾最严重的地区，亚洲、大洋洲的内陆地区也是旱灾多发区。

干旱直接引发水资源短缺，造成人畜饮水困难，严重时可能影响经济发展乃至社会稳定。干旱严重影响农业生产，导致农作物减产甚至绝收，也会影响牧草的正常生长，加剧草场退化和荒漠化。此外，干旱还会诱发沙尘暴、火灾、蝗灾等次生灾害。

知识窗

我国冬小麦产区的旱灾

2009年，我国冬小麦遭受严重旱灾。据国家防汛抗旱总指挥部统计，截至2009年2月4日，河北、山西、安徽、江苏、河南、山东、陕西、甘肃等8省冬麦区受旱面积总计达1.39亿亩，约占上述8省冬小麦播种面积的46%，其中重旱4 389万亩。全国作物受旱面积达1.46亿亩，其中作物干枯98万亩，有398万人、195万头大牲畜因旱发生饮水困难。

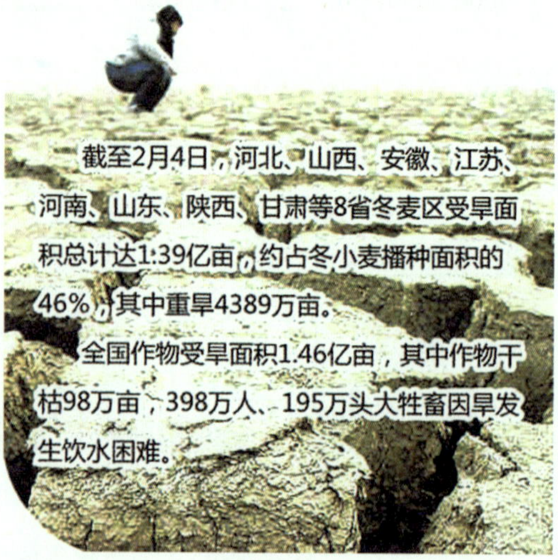

图 3-25　我国冬小麦产区的旱灾

活动

根据知识窗提供的资料，完成下列任务：

1. 查找相关资料，说明本次旱灾形成的原因。
2. 请为减少旱灾带来的损失献计献策。

（二）暴雨灾害

暴雨灾害是指连续性降水或短时强降水，导致江河洪水泛滥或积水淹没低洼区域，造成人们生命、财产等损失的灾害。我国东部季风区是世界上暴雨灾害较为频繁且损失严重的地区之一。

知识窗

河南暴雨灾害

图 3-26　暴雨后的郑州东站

2021 年 7 月 20 日 8 时至 7 月 21 日 6 时，河南中北部出现大暴雨，郑州、新乡、开封、周口、焦作等地部分地区出现特大暴雨（降雨量达 250~350 毫米），郑州城区局部地区降雨量达 500~657 毫米；上述部分地区最大小时降雨量达 50~100 毫米，郑州城区局部地区最大小时降雨量达 120~201.9 毫米（20 日 16—17 时）；郑州、新乡、开封、周口、洛阳等地共有 10 个国家级气象观测站日降雨量突破有气象记录以来的历史极值。

活动

根据知识窗提供的资料，完成下列任务：

1. 查找相关资料，说明本次暴雨灾害形成的原因。
2. 讨论如何减少暴雨灾害带来的损失。

（三）台风灾害

台风是在热带、副热带洋面上形成并强烈发展的大气旋涡。其中心最大风力在 12 级或 12 级以上。西北太平洋和西印度群岛附近区域，是世界著名的台风（飓风）频发地区。

台风常引起狂风、暴雨等极端天气现象和风暴潮等灾害，导致人民生命财产的巨大损失。狂风能够拔起大树、刮倒房屋、使交通瘫痪、破坏通信设施等；暴雨则会引发洪涝、滑坡、泥石流等灾害；风暴潮侵蚀海岸，毁坏海堤，危害近海养殖场，甚至造成海水倒灌等。

我国深受台风影响。影响我国的台风主要来自西南太平洋的菲律宾群岛附近，主要危害区在东南沿海地区。夏秋两季是台风多发季节。

图 3-27　2023 年 7 月 27 日台风“杜苏芮”气象云图

知识窗

台风的利与弊

一谈到台风，人们就如谈虎色变。因为台风往往会给沿海地区带来巨大的灾害：掀翻渔船、损坏房屋、摧毁海堤、破坏树木，引发风暴潮、滑坡、泥石流，造成海水倒灌、土地盐碱化和洪涝灾害等。然而，台风也给人类带来了益处。

第一，随着全球人口激增和工农业发展，人类社会对淡水的需求量日益增大，加上陆地上有限的淡水资源分布不均匀，世界性水荒日趋严重。而台风这一热带风暴为人们带来了丰沛的淡水。台风给中国沿海、日本海沿岸、印度、东南亚和美国东南部带来大量的雨水，这些雨水占这些地区总降水量的 1/4 以上，对改善这些地区的淡水供应和生态环境都有十分重要的意义。

第二，靠近赤道的热带、亚热带地区接受日照时间最长，干热难忍。台风可以短时间驱散这些地区的热量，起到降温的效果。

第三，台风最高时速可达 200 千米以上，其能量相当于 400 颗 2 000 吨级氢弹爆炸时所产生的能量。台风可以将低纬度地区积累的热量带到较高纬度地区，缓解那里的寒冷，促使地球保持着热量平衡。

第四，能量巨大的台风在形成及运动时，借助于闪电等作用，可以击碎水分子长链，形成具有活性的短链水分子。而地球上的生物在吸入这些短链水分子后，可增添生命的活力，从而使地球生态持久发展下去。

第五，人们还意识到，台风还能增加捕鱼产量。每当台风袭击时翻江倒海，将江海底部的营养物质卷上来，鱼饵增多，吸引鱼群在水面附近聚集，渔获量自然提高。

（四）寒潮灾害

寒潮是强冷空气快速侵入造成的大范围剧烈降温（24 小时内降温 8℃或以上，同时该日最低气温降至 4℃或以下）现象，寒潮天气还伴有大风、雨雪、霜冻等过程。

中高纬度地区的深秋至第二年的初春，是寒潮多发时段。有些强大的寒潮，甚至可以影响到低纬度地区。

剧烈的降温往往使农作物遭受冻害；寒潮带来的大风、强降雪、冻雨等会损毁草场，威胁畜牧业，还可能阻断交通，破坏输电和通信设施等。

图 3-28　蔬菜受寒潮冻害

图 3-29　冻雨威胁电网

冬半年是我国寒潮多发时段。发源于蒙古、西伯利亚一带的强冷空气，是影响我国的寒潮来源。影响我国的寒潮，往往是从亚欧大陆深处不断东移南下，影响我国大部分地区（青藏高原等地除外）。

拓展活动

根据图 3-30，查阅相关省（区、市）的人口、面积、农作物面积等资料，完成下列任务：

1. 说明台风灾害的空间分布特征，分析其形成原因。
2. 海南、福建比浙江更靠近台风发源地，分析它们的灾损值小于浙江的原因。
3. 黑龙江距离台风发源地很远，为什么灾损值并不小？

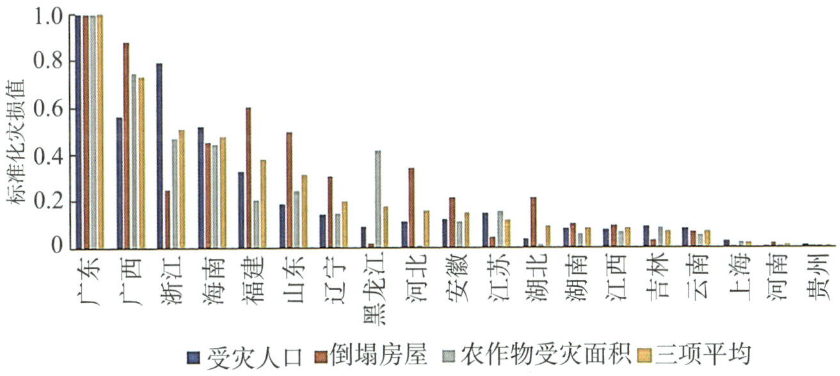

图 3-30　2011—2016 年我国部分省（区、市）累计台风受灾标准化灾损值

主题 4　江河湖海是怎么联系在一起的？

——水圈、水循环与流域系统

【教学目标】

◎ 1. 了解水圈的组成和水的分布特征，培养学生科学用水、珍惜水资源的意识。

◎ 2. 理解水循环和水的转化过程，了解不同类型水更新的周期和相互之间的联系。

◎ 3. 了解流域、水系的概念、类型和特征，理解自然和人为因素对流域径流和水土流失的影响。

【课时建议】

◎ 2—4 课时

【情境】

◎ “君不见黄河之水天上来，奔流到海不复回”（李白《将进酒》），“百川东到海，何时复西归？”（汉乐府《长歌行》）。这些优美的诗句，勾画出天与地、河流与海洋的壮阔画面，也提出了一些需要回答的问题。

【问题】

◎ 黄河之水真的回不来了吗？众多河流一直在不断流向大海，源源不断的河水来自哪里？

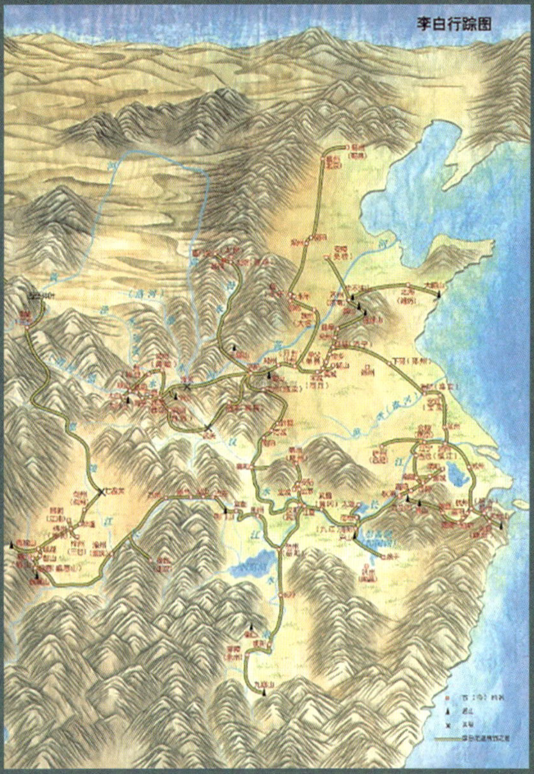

图 4-1　李白的行踪和黄河、淮河、长江入海图

第一节 水圈

地球表层水体构成的一个有机联系的整体叫作水圈。水圈的质量虽然只占地球质量的万分之四，但是它在人类赖以生存的地表环境的形成和演化过程中起着不可替代的作用。

一、水圈的组成

海水是水圈的主体，约占地球水体总储量的96.5%。陆地淡水仅占2.5%左右，而且绝大多数又以冰川的形式存在于极地和高纬度、高海拔地区。目前，可供人类直接利用的淡水很有限，因此节约用水和保护水资源已成为当务之急。

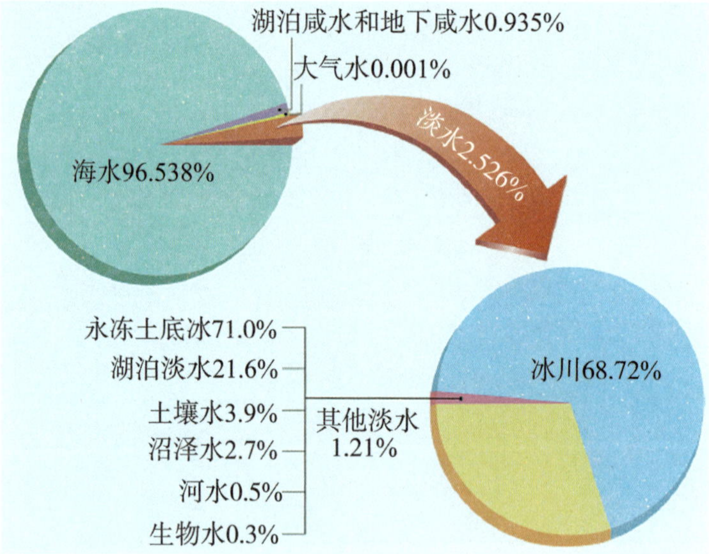

图4-2 地球水体的存在形式及所占比例

若从相态角度来考察，液态水占绝大多数，气态水最少；若从垂向分布来看，地表水占绝大多数，地下水和大气水所占比例则较小。

知识窗

海水的运动

图 4-3　波浪

海水处于不停的运动之中，海水运动主要包括波浪、潮汐和洋流等形式。海水运动不仅输送水，而且输送物质和能量，它促进了海洋生态系统的物质循环，并影响着全球的气候和天气。

海面因受风力作用等影响而发生的周期性的波状起伏运动叫作波浪（图 4-3）。风速越大，风浪也越大。波浪对港口建筑、航运、船只停泊等都有一定影响。波浪有利于污染物的扩散和水质净化，但也会导致污染物的重新悬浮和污染范围的扩大。波浪也可用来发电。

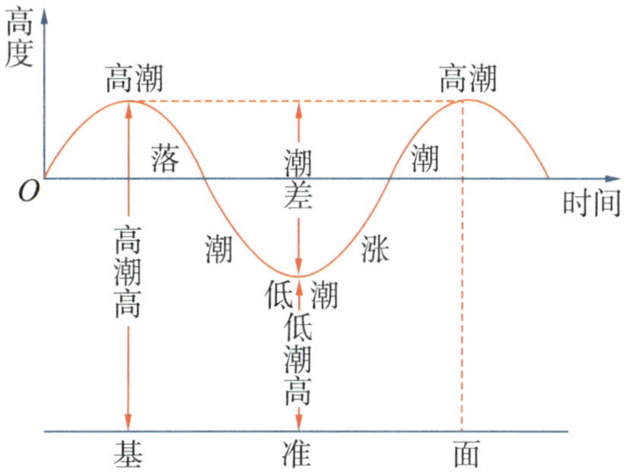

图 4-4　潮汐示意图

潮汐是由月球和太阳的引力引起的海面周期性升降运动。在海面涨落的每一周期内，当水位涨到最高位置时，叫高潮；当水位降到最低位置时，叫低潮。相邻的高潮与低潮的水位差，叫潮差。从低潮到高潮过程中，水位逐渐上升，叫涨潮；从高潮到低潮过程中，水位逐渐下降，叫落潮。潮汐现象对河流和海上航运会产生重要影响。大型船舶可趁涨潮进出河流和港口。潮汐也可用来发电，包括我国在内的许多国家已经建成不少潮汐电站。

海水常年较稳定地沿一定方向做大规模的流动叫作洋流。世界上绝大多数表层洋流是在盛行风吹拂下形成的。洋流分为暖流和寒流。水温比流经海区水温高的洋流叫暖流，寒流则相反。洋流会影响海上航行：顺洋流航行可节约燃料，寒暖流相遇往往会形成海雾，对海上航行不利。洋流对海洋生物资源和渔场分布有一定影响，世界著名渔场主要分布于寒暖流交汇和海水上翻的海区。洋流还会对流经海域附近的气候产生一定影响，暖流具有增温增湿的作用，寒流具有降温减湿的作用。洋流还会把近海的污染物带到其他海域，有利于污染物的扩散和水质净化速度的加快，但同时也会导致污染范围的扩大。

活动

查阅世界表层洋流分布图，分析日本福岛核污水排放后可能的移动方向。

活动

分析海水密度随纬度变化的特征及其成因

单位体积海水的质量称为海水密度，其单位是克/厘米³ 或千克/米³。

不同海区、不同深度、不同时间，海水密度可能不同。海水密度的大小及其变化，主要与海水的盐度、温度、压力及其变化有关。一般来说，盐度越大，海水密度越大；压力越大，海水密度也越大。在冰点温度（35‰盐度的海水冰点温度为-1.91 ℃）以上，温度越高，海水密度越小。随着深度增加，压力增大，故深层海水密度一般比浅层海水密度大。对于表层海水来说，密度主要受盐度和温度的影响。波罗的海的盐度最低，海水密度也最小；红海的盐度最高，海水密度也最大。一般来说，在大河的入海口，海水的盐度较低，密度也较小，但也可能因为河水裹挟泥沙，海水密度增大。

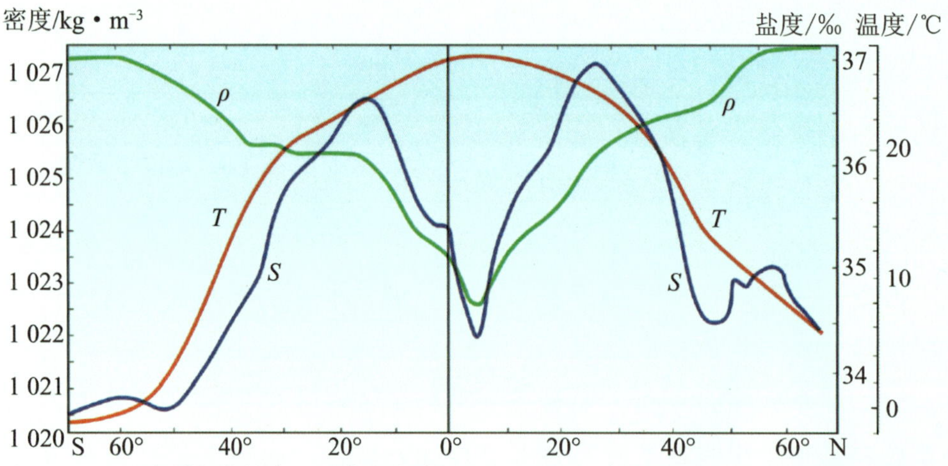

注：S、T、ρ分别代表盐度、温度和密度。

图 4-5　8 月大西洋表层海水温度、盐度、密度随纬度的变化

1. 读图 4-5，说出大西洋海水温度、盐度和密度随纬度变化的特征。
2. 分析大西洋海水密度随纬度变化特征的形成原因。

二、水的分布

（一）海洋的分布特征

因为海水是地球上水的主体，所以海洋的分布特征反映了水的分布的主要特征。如果从各个纬度带的海洋面积来看，海洋主要集中分布在北纬 30°~南纬 60°，南半球高纬度地区及北半球中高纬度地区海洋面积相对较小。

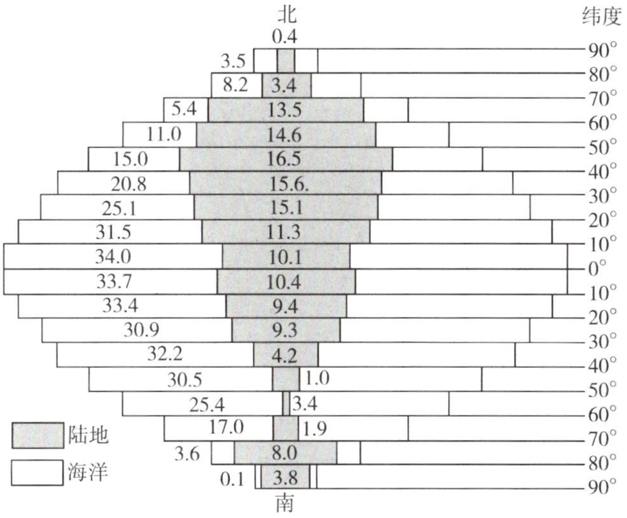

图 4-6　海洋与陆地分布随纬度的变化（单位：百万 km^2）

如果从各个半球的海洋面积占比来看，南半球大于北半球，西半球大于东半球，水半球大于陆半球，见表 4-1。

表 4-1　各个半球海洋面积占比

半球	海洋面积占比/%	半球	海洋面积占比/%
北半球	60.7	南半球	80.9
东半球	62.0	西半球	80.0
陆半球	53.0	水半球	89.0

（二）水资源的分布特征

从广义上讲，水资源是指水圈中水的总体。但是，由于含有较高盐分的海水、分布在高寒地区的冰雪水及埋藏较深的地下水还无法很便利地被开发利用，所以通常所说的水资源主要是指能为人类生产、生活所直接或便捷利用的陆表淡水资源和埋藏较浅的地下淡水资源。一般采用地表径流量和部分参与水循环的地下径流量来衡量水资源的数量。

我国水资源总量并不少，2018 年为 27 462.5 亿立方米，但人均、亩均水资源量较少。我国人均地表水资源量约为世界平均水平的 1/4，从这个意义上说，我国水资源并不富裕（表 4-2）。我国水资源的地区分布很不均匀，与人口、耕地的分布不相适应。从全国来说，南方水多、地少，北方水少、地多，造成了南方水资源有余、北方水资源短缺的局面。北方人均水资源量为 938 立方米，而南方人均水资源量为 4 130 立方米。北方亩均水资源量为 454 立方米，而南方亩均水资源量为 4 134 立方米。与北方相比，南方人均水资源量约为北方的 4.4 倍，亩均水资源量约为北方的 9.1 倍。

表 4-2　世界部分国家年径流量、人均占有水量比较表（1996 年）

国家	年径流量/亿 m^3	人口/亿人	人均占有水量/m^3
巴西	51 912	1.20	43 260
加拿大	31 220	0.24	130 083
美国	29 702	2.20	13 501
日本	5 470	1.10	4 973
印度尼西亚	28 100	1.40	20 071
印度	17 800	6.70	2 657
埃及	1 000	0.41	2 439
中国	27 115	12.00	2 260
全世界	470 000	43.30	10 855

活动

读表 4-2 并查阅资料，结合前面所学的气候知识及所了解的各个国家的地理状况，完成下列任务：

1. 分析并说明中国人均占有水量最低的原因。

2. 巴西的面积比美国和中国都小，分析并说明其年径流量比美国和中国大的原因。

水资源在自然界中具有明显的地区分布差异和时间分配不均的特征。由于地理环境和大气环流条件的差异，某些地区降水量超过蒸发量，水分出现盈余，称为富水地区；而某些地区蒸发量超过降水量，水分出现亏损，称为贫水地区。我国水资源在区域上分布不均匀。总的来说，东南多，西北少；沿海多，内陆少。在同一区域，不同时间分布差异很大，一般夏季多、冬季少。

活动

1. 如何解决我国北方缺水的问题？
2. 如何解决水资源季节分配不均的问题？

知识窗

绿水和蓝水

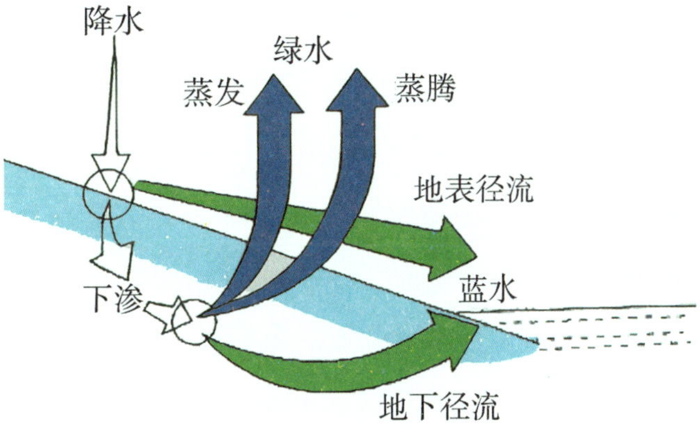

图 4-7　蓝水和绿水

考虑到干旱缺水的非洲农业与粮食安全，瑞典科学家马林·法尔肯马克（Malin Falkenmark）1993 年在联合国粮食及农业组织（FAO）召开的大会上，针对雨养农业和粮食安全提出了“蓝水”和“绿水”的概念。2005 年，在德国波恩举行的全球水系统计划科学指导委员会（GWSP-SSC）会议上，法尔肯马克再次阐述了“绿水”的内涵及意义。法尔肯马克认为，在某一流域中，水资源可分为“蓝水”和“绿水”两部分，绿水（气态水、土壤水）循环供给陆生生态系统，主要是绿色植物、作物等；蓝水（液态水）循环供给水生生态系统和人类用水需求。刘昌明认为，“绿水”是分子状态的水和受分子力约束的水分，包括气态水、土壤颗粒表面分子吸附及其空隙束缚的水，在流域水循环中是由降水转化而来的，转化的动力主要是热力作用和植物根系吸水作用；“蓝水”是重力赋存和受重力作用而流动的液态水，主要是指由降水派生和补给的地表水和地下水，是水利工程开发的主要水源。“蓝水”和“绿水”的研究，对于水资源的管理十分重要。“绿水”概念的提出打破了传统意义上仅把“蓝水”作为水资源的思维定式，拓展了水资源的范畴。

随着人均用水量的不断提高和世界人口的不断增长，以及人类对水资源的不合理利用与对水体的污染等，一些地区出现了水资源不足的现象。根据联合国发布的《2023年联合国世界水发展报告》，全球有 10%的人口生活在高度或严重缺水的国家。

三、水圈与人类

（一）生命体的基本成分

水是生命体的基本成分。例如，生物体内的含水量，哺乳动物约 65%，鱼类约 75%，藻类约 95%，水母则高达 95%~98%。人类为了维持生命，必须喝水和从食物中得到必要的水分。一个成年人体内水的总量占总体重的 65%~70%，这些水主要存在于血液、淋巴、细胞中，但其相当一部分（约 34%）携带着溶解的、生命所必需的化学物质在人体内部运动。没有哪种营养物质能像水一样广泛地参与人体功能。人体的每一个器官都含有极其丰富的水，肾脏的含水量为 83%，心脏为 80%，大脑为 75%，肝脏为 68%，就连骨骼也含有 22% 的水分。人体中的生物液体，唾液、胃液、尿中水分占 95%~99%。

水是生命协调过程中不可或缺的物质，新陈代谢、光合作用等都离不开水。生物可以通过水从外界汲取养分，获得生存和运动所需的能量，也可以通过水排泄掉体内代谢的废物和散发多余的热量，达到养分、水分与体温的平衡。当一个人吸收的水量比维持平衡的水量少 1%~2%时，便会感到口渴；达到 5%时，轻则出现皮肤折皱，重则神志不清；达到 14%~15%时，人的生命就难以维持。因此，一般人几天不吃东西尚可，若几天不喝水，就会危及生命。灾害救援的黄金 72 小时就是根据这个原理来确定的。

（二）生命的摇篮

生命起源于海洋，海洋是地球上生命的摇篮。在地球生物形成的漫长过程中，各种各样的元素溶解于海洋之中，在宇宙射线照射和闪电等作用下形成了最初的蛋白质，从而开启了地球上漫长的生命旅程。厚厚的水体又像一个“保护罩”，使娇弱的原始生命不致被宇宙射线和太阳紫外线杀伤。就是在这样的“摇篮”里，经历了数十亿年的漫长过程，从单细胞到多细胞、从无脊椎到脊椎、从水生到陆生、从海洋到陆地，逐渐形成了几乎占据地球表面每一个角落的生物世界。

（三）文明的起源

自古以来，水与人类的生存和栖息密切相关，人们总是逐水而迁、择水而居。四大文明古国都诞生和成长于大河流域，这些流域的命运也直接决定着这些古代文明的历史演进和发展。非洲的尼罗河孕育了古埃及文明，西亚的幼发拉底河与底格里斯河孕育了古巴比伦文明，印度的恒河孕育了古印度文明，我国的黄河和长江孕育了源远流长的中华文明。世界上几乎所有的国家和民族都把自己国土上流淌的河流比作自己的母亲，正是这些河流培育了那里的生命、城市和文明，成为不同文化的发祥地。

水是人类社会生存和进步的物质源泉，从以水利灌溉为主体的农业文明到以水电应用为标志的工业文明，再到以江海湖沼保护为标志的生态文明，水始终是影响人类文明发生、发展和变革的重要因素。

（四）水灾和水荒

水过多会造成洪涝灾害，连续的高强度降水和快速的冰雪融化是造成洪涝灾害的主要原因。人类活动导致的河道缩窄、湖泊面积减小，以及植被破坏导致的水土流失，不仅会导致洪峰流量的增大，还会导致河流泄洪能力和湖泊蓄洪能力的下降，从而加重洪涝灾害。地下水的过度开采引发的地面沉降，也会进一步加重洪涝灾害的影响。

我国位于亚洲季风区，降水和径流的年内分配很不均匀、年际变化大，这是造成洪涝和干旱灾害频发的主要原因。从图 4-8 不难看出，我国洪涝灾害最为严重的是华东和华中地区；干旱灾害最为严重的是华北和华东地区，其次是华中和东北地区。

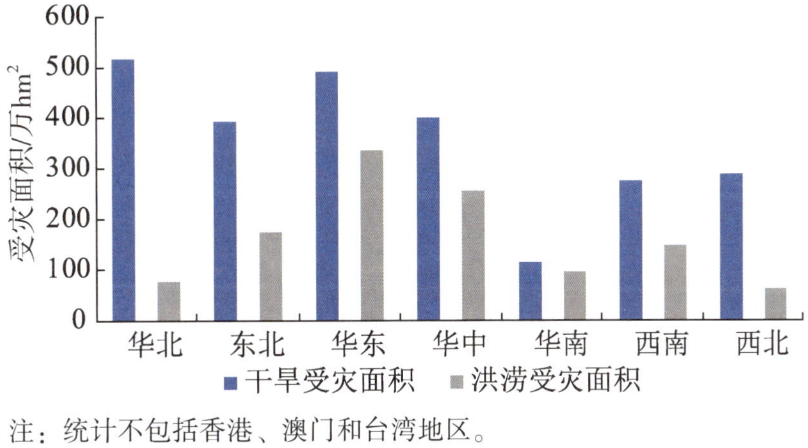

图 4-8　1978—2010 年全国各区域旱涝灾害受灾面积统计图

由于人类活动对水资源的污染，有时也会出现水质性缺水问题。

第二节 水循环

地表的水处于不停的循环往复的运动之中。

一、水循环概述

水循环是指自然界的水在地球表层通过蒸发、降水、径流等环节连续不断、周而复始地运动的过程。水循环按其发生的空间范围，分为海上小循环、陆上小循环和海陆间大循环。

海上小循环是指海洋表面蒸发的水汽，在海洋上空成云致雨，直接降落到海面上的循环过程。陆上小循环是指陆地表面蒸发和植物蒸腾的水汽，在陆地上空成云致雨，直接降落到地面上的循环过程。

海洋表面蒸发的水汽，随着气流运动被输送到陆地上空，在一定条件下形成降水，降落到地面上的水，或沿地面流动形成地表径流，或渗入地下形成地下径流，最后又返回海洋。水的这种循环运动，称为海陆间大循环。

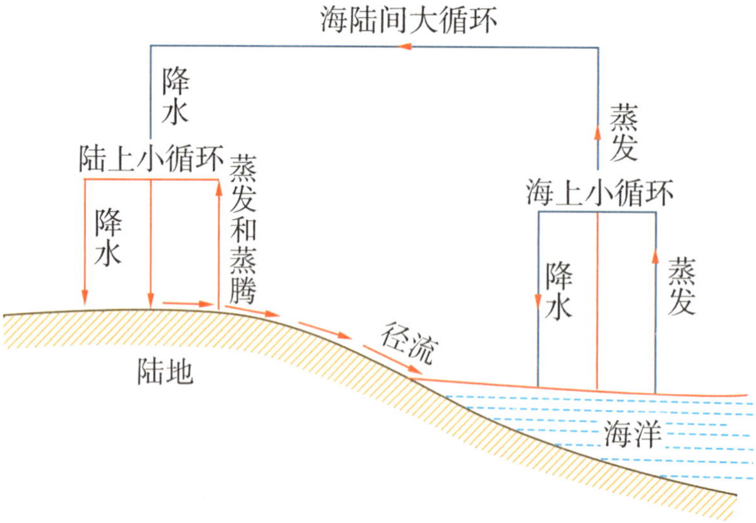

图 4-9　水循环示意图

活动

读图 4-9，完成下列任务：

1. 陆上小循环除蒸发和降水以外，还有哪些环节？
2. 将表 4-3 中所列人类活动对水循环的影响填入对应的空格中。

表 4-3　人类活动对水循环的影响

人类活动	对水循环的影响
修建水库	
平整土地	
人工降雨	
植树造林	
跨流域调水	

二、水循环的意义

水循环对地表环境的形成和演化具有重要意义，对人类的生产和生活也产生了不可忽视的影响。

水循环使地表不同区域的水体相互联系、相互转化，使水体得以更新。不同形式的水体循环更新周期不同。大气水、河流水等水循环更新速度较快，海水、冰川和深层地下水等水循环更新速度较慢。地球水体的平均循环更新周期见表 4-4。

表 4-4　地球水体的平均循环更新周期

水体	平均循环更新周期	水体	平均循环更新周期
极地冰川	10 000 年	沼泽	5 年
永冻带地下冰	9 700 年	土壤水	1 年
世界大洋	2 650 年	河流水	16 天
高山冰川	1 600 年	大气水	8 天
深层地下水	1 400 年	生物水	几小时
湖泊	17 年		

水循环促进了水圈、大气圈和生物圈之间的能量交换，对地表温度具有一定的调节作用。蒸发、蒸腾有利于减缓地面或植物温度升高的速度和幅度，降水则可降低地面和近地面大气的温度。

水在循环过程中，还不断进行着势能和动能的转换，由此产生了流水侵蚀作用，改变着地表形态。此外，水本身又是一种很好的溶剂，在和岩石、土壤的接触过程中不断溶解和带走其中的一些矿物，促进了地球表层区域之间、圈层之间的物质迁移。

图 4-10　流水对地面的侵蚀作用

活动

1. 根据水循环的原理，说明河流的水来自哪里。
2. 分析黄河和长江的水多长时间循环更新一次，并说明理由。

三、影响水循环的因素

影响水循环的因素包括自然因素和人为因素。自然因素主要包括气候、地形和下垫面等。气候决定了降水和蒸发的多少和时空分布；地形不仅决定了径流的方向和速度，还在一定程度上对降水产生影响；下垫面的组成与结构不仅会影响下渗和径流，还会影响降水和蒸发。人为因素主要包括各种人类活动，不仅可以改变降水、蒸发过程，还可以改变径流的时空分布和过程。跨流域调水工程改变了径流的方向；水库、大坝建设工程改变了流域的产流和汇流过程，改变了一些河段的流速、流向和流量；河流护岸工程限制了河流的流路；海洋工程不仅可以改变潮流、波浪作用的形式，还可以改变潮流、波浪作用的强度和范围；地膜覆盖、灌溉、绿化等可以改变一定区域范围内水循环的路径和速度；人类生产和生活排出的污染物对水质产生了不可忽视的影响；温室效应导致的全球变暖不仅可以改变区域的水循环，还可以并且正在改变全球的水循环。

知识窗

水量平衡

水量平衡方程是水循环的数学表达式。对于任何一个区域，可列出以下水量平衡方程：

$$I-Q=\Delta S$$

其中，I 为某区域一定时段内水的收入项，Q 为该区域该时段内水的支出项，ΔS 为该时段内区域蓄水变化量。

如果将全球海洋视为一个完整的研究对象，全球海洋水量平衡方程为

$$P_{海}+R-E_{海}=\Delta S_{海}$$

其中，$P_{海}$ 为海面降水量，R 为入海径流量，$E_{海}$ 为海面蒸发量，$\Delta S_{海}$ 为海洋蓄水变化量。由于多年平均状态下 $\Delta S \to 0$，所以上式可改写为

$$P_{海}+R-E_{海}=0$$

相应地，全球陆地水量平衡方程可以写成 $P_{陆}-R-E_{陆}=0$。

活动

1. 根据表 4-5 提供的数据，计算平均每年由海洋输移到陆地上的水的数量。

2. 假如一个面积为 10 000 平方千米的流域，多年平均年降水量和年蒸发量分别为 1 200 毫米和 800 毫米，请计算并分析这个流域一年的径流总量。如果这个流域人们生活和生产用水为每年大约 10 亿立方米，请分析一下该流域的水够不够用。

表 4-5　全球水量平衡表

地球表面	面积	降水量		蒸发量		入海径流量	
	万 km^2	mm	km^3	mm	km^3	mm	km^3
全球	51 000	1 130	577 000	1 130	577 000	—	—
海洋	36 100	1 270	458 000	1 400	505 000	130	47 000
陆地	14 900	800	119 000	485	72 000	315	47 000

第三节 流域系统

古代文明往往发源于大河流域，河流、流域与人类社会发展息息相关。

一、河流

地表沿天然槽谷运动形成的水流称为河流。河流在地表水循环过程中起着上接大气水，下承地下水，最后连接海水的作用。在地球的水体中，河流的水面面积和水量都很小，但它与人类的关系最为密切。最终流入海洋的河流叫作外流河，没有流入海洋的河流叫作内流河。

（一）河流水的来源

河流的水来自哪里呢？河流水的来源叫作河流补给。河流补给可分为雨水补给、冰雪融水补给、湖泊与沼泽水补给及地下水补给（图 4-11）。

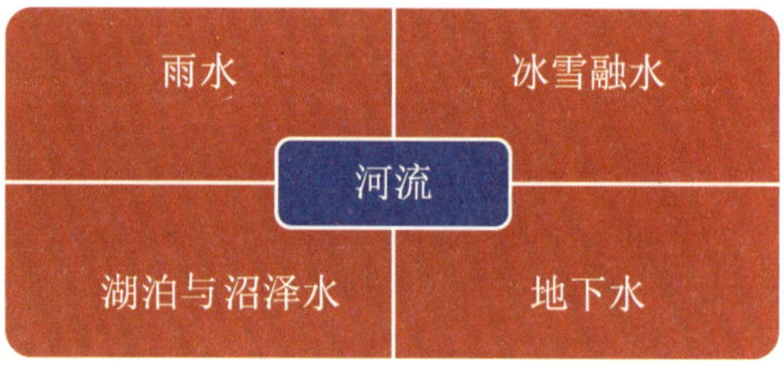

图 4-11　河流的补给来源

雨水补给的河流，其流量往往与流域降雨量正相关。冰雪融水补给的河流，其流量往往与流域温度正相关。湖泊与沼泽水补给的河流，其流量的季节变化幅度相对较小。湖泊、沼泽接纳大气降水和地表水，并暂时储存起来，然后慢慢地补给河流，对河流水量起着调节作用。地下水补给的河流，其流量的季节变化幅度更小。当然，一条河流的补给来源往往不是单一的，对于流域自然条件复杂的大河流来说更是如此。

（二）河川径流的变化

河川径流量一般是指河流出口断面的流量或某一时段内的河水总量。径流的年内变化影响到河流对工农业的供水和通航时间的长短。径流在年内的分配是不均匀的。以雨水补给为主的河流，径流的年内分配取决于降雨和蒸发的年内变化；冰雪融水及季节性积雪融水补给的河流，年内气温的变化与径流的季节分配关系密切；流域内有湖泊、水库调蓄或其他人类活动影响的，径流的年内变化更为复杂。

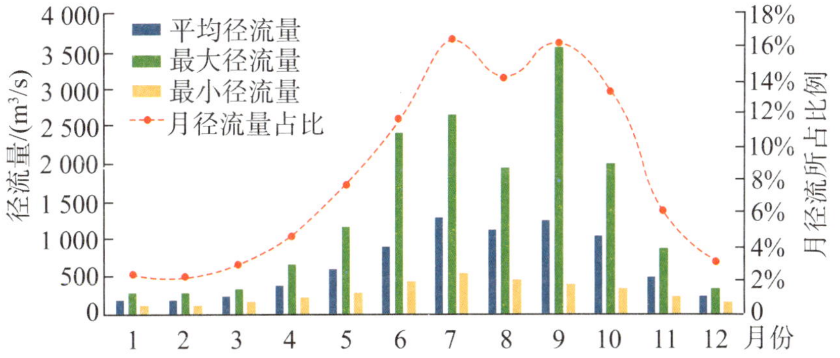

图 4-12　黄河上游唐乃亥水文站径流年内分布

活动

查找资料，分析黄河上游月均降水量、月均温度与月均径流量的关系，说明黄河上游唐乃亥水文站径流的主要补给来源。

（三）河床的纵剖面

一条河流从河源到河口，河床最低点的连线称为河床纵剖面线。多数河流的河床纵剖面线宏观上看是一条下凹形曲线，微观上看是坡折的曲线。一般情况下，河流上游，纵比降较大，流速较快，水能比较丰富，是水能开发的重点河段；河流中下游，纵比降较小，流速较慢，但河道较宽、河水较深，比较适合航运。

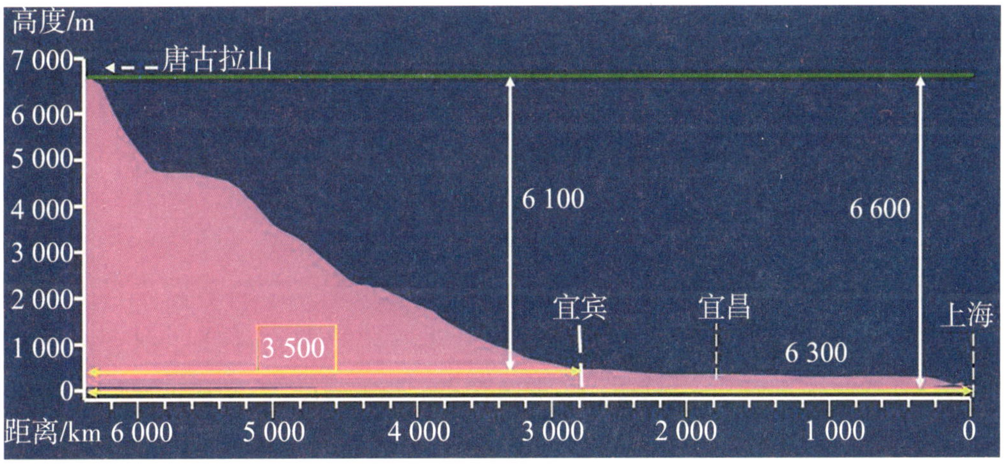

图 4-13　长江干流纵剖面线示意图

活动

1. 查找资料，说明长江干流水力发电站的分布特征及其成因。
2. 查找资料，说明长江干流著名港口的分布特征及其成因。

知识窗

都江堰水利工程

都江堰水利工程是战国时期秦国蜀郡太守李冰及其子率众于公元前256年修建的一个以无坝引水为特征的大型水利工程，位于四川成都平原西部都江堰市西侧的岷江上，是中国现存的最古老且依旧在发挥作用的水利工程。

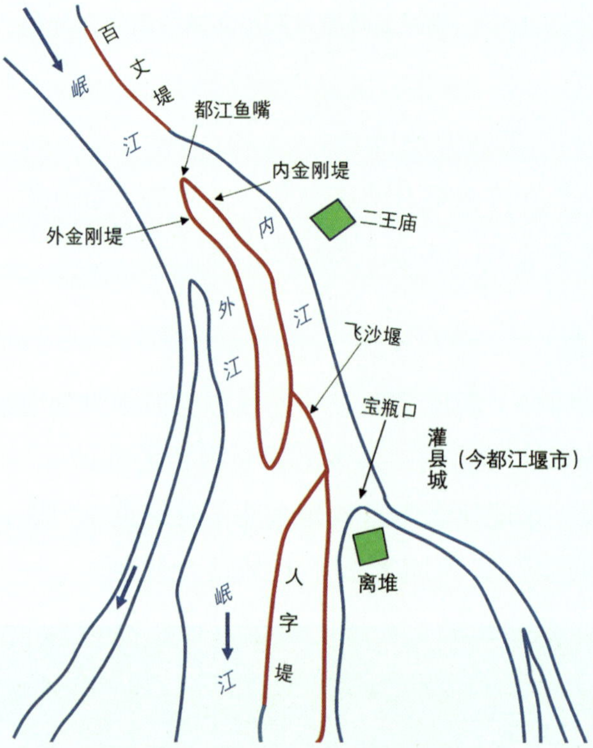

图 4-14　都江堰水利工程示意图

“鱼嘴”是都江堰的分水工程，位于岷江江心，把岷江分成内、外二江。西边的叫外江，位于弯道的凸岸，主要用于排洪和排沙；东边的叫内江，位于弯道的凹岸，主要用于引水灌溉。“鱼嘴”能把含沙量大的水流导向外江，把含沙量小的水流导向内江。“宝瓶口”设置在内江，不仅能够控制引出的水的流量，还能够降低引出的水的含沙量。

二、水系

大小不一、规模不等的河流彼此相连形成的网络系统称为水系。

（一）水系的分级

将汇集的水流注入海洋或内陆湖泊的河流叫作干流。注入干流的河流为支流，支流可分成许多级别。直接汇入干流的河流为干流的一级支流，直接汇入一级支流的河流为干流的二级支流，其余的依此类推。当然，还有另外一种划分方法，就是源头最小的河流为一级河流，两条一级河流汇合形成二级河流，两条二级河流汇合形成三级河流，依此类推（图 4-15）。

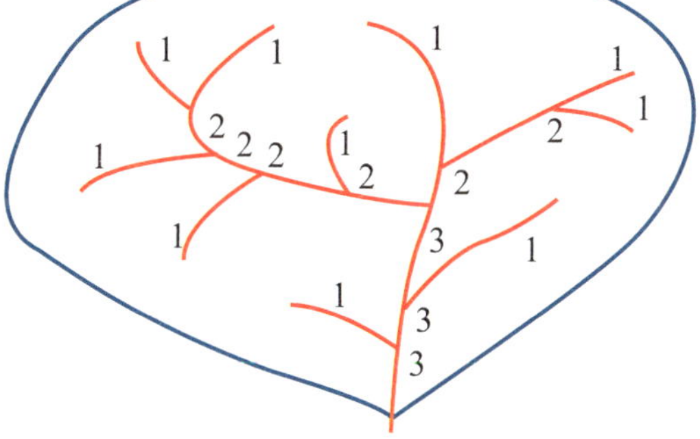

图 4-15　河流分级示意图

（二）水系的类型

水系的类型主要由水系所在地区的岩性及地质构造决定。最常见的树枝状水系是由无规则的干流和支流连接而成的，其形状就好像一棵树的树枝［图 4-16（a）］。这种类型的水系多发育在岩性比较单一且呈水平状的岩层中。放射状水系是指许多河流发源于同一处，如火山锥所在地［图 4-16（b）］。格子状水系是沿两组相互垂直的断裂或节理发育的呈格子状的水系［图 4-16（c）］。环状-放射状水系多发源于穹窿构造所在地，沿穹窿构造的环状和放射状裂隙发育［图 4-16（d）］。当然还有一些其他的类型，如扇状、羽毛状、网状等。

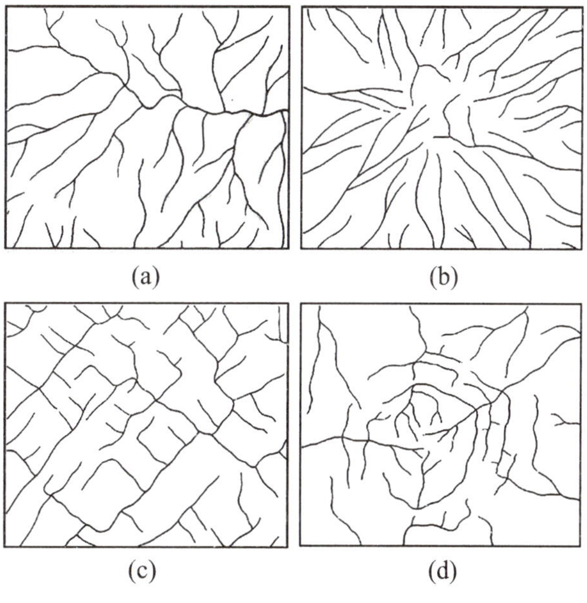

图 4-16　主要的水系类型

（三）水系的特征

不同级别的河流之间具有一定的数量关系，或者说具有一定的规律或特征。一是随着河流级别的提高，河流的长度在增加。如图 4-17 所示，二级河流的平均长度比一级河流长，三级河流的平均长度比二级河流长，依此类推。二是随着河流级别的提高，河流的数量在减少。如二级河流的数量少于一级河流，三级河流的数量少于二级河流，等等。

活动

读图 4-17，完成下列任务：

1. 说出一、二级河流的数量，计算它们之间的比例关系。

2. 估算一、二级河流的平均长度（提示：二级河流的长度包括最长的一级河流的长度），计算它们之间的比例关系。

图 4-17　某水系示意图

三、流域

雨水因高地或山岭地势不同分别汇集到两条不同的河流，这些高地或山岭的最高点或脊线起着分水的作用，是相邻两个流域的分界线，称为两个水系的分水线，这些高地或山岭称为分水岭。中国秦岭为一条大致沿东西向伸展的山脉，降落在秦岭以北的雨水流入黄河，降落在秦岭以南的雨水流入长江，因此秦岭为黄河水系与长江水系之间的分水岭，秦岭的山脊线为黄河水系与长江水系之间的分水线。每一条河流或每一个水系都从一定的陆地面积上获得补给水，分水线包围着的这一集水区就是河流或水系的流域。

流域可分为内流流域和外流流域。流域的水流入海洋的称为外流流域，否则称为内流流域。内流流域大多位于干旱的内陆区域。

（一）流域的特征

流域面积、流域长度、流域宽度、流域高差、流域形状等是流域重要的形态参数。流域面积直接影响着径流的形成过程和河流流量。除干燥地区外，一般流域面积越大，河流流量越多。若遭遇强降水，面积较小的流域相对于面积较大的流域，更容易发生洪涝灾害。

流域长度是指从流域出口断面到分水线的最大直线距离。与流域长度线正交方向上的分水线之间的最大直线距离为流域宽度。长宽比在一定程度上可以反映流域的形状，长宽比接近 1 表明流域形状接近圆形，长宽比远远大于 1 则表明流域为狭长形。

流域高差是指流域最高点与最低点的高度差。流域高差决定了流域的坡度和河流的纵比降，从而决定了流域总体的地貌发育过程和总体的水能储量。一般来说，流域高差越大，流域水能储量越大，地貌发育的阶段越明显。

单位流域面积上的河流长度叫作河网密度。河网密度与流域的气候、岩性、坡度、植被及其发展阶段有关。一般来说，气候比较湿润、植被覆盖度较小、坡度较小、岩性较软的流域的河网密度较大。

研究表明，流域形态参数之间存在一定的关系。一般来说，在同一流域，流域面积随着河流长度的增加而增大。随着流域面积的增大，流域趋向狭长形。

（二）流域的产流和汇流

降水落到地面，除下渗、蒸发等损失以外，其余则通过地表或地下汇入河网，并从流域出口断面流出，这种水流称为径流。根据水流形成过程和汇入途径的不同，可将径流分为地表径流、地下径流及壤中流。来自地表的称为地表径流，来自地下的称为地下径流，来自土壤的称为壤中流。

从降水到达地表到水流流经出口断面的整个过程为径流的形成过程。由于自然环境的复杂多样，大气降水到达地表后汇集到河流的情况各不相同。流域径流的形成通常有以下过程（图 4-18）。

图 4-18　流域径流的形成过程

1. 流域蓄渗过程

降水初期，除小部分降水（一般不超过 5%）落在河槽水面上直接形成径流以外，大部分降水并不立即产生径流，而消耗于植物截留、下渗、填洼与蒸发。降水被植物茎叶拦截的现象称为截留；流水或降落的雨水在低洼地方停蓄的过程称为填洼；水分从地表渗入土壤的过程称为下渗。在降水开始之后、径流产生之前，降水的损耗过程称为蓄渗阶段。

2. 坡面汇流过程

流域内满足了下渗和填洼后，降水在坡面上大范围流动的过程就会开始。降水在坡面上以片流、细沟流形式运动的现象称为坡面漫流。坡面漫流开始的时间在各处并不一致，首先在流域内透水性差的地方和坡面陡峻处开始，然后扩大范围直至全流域。在水分已经达到饱和的土壤中，一部分水在土壤中流动，便形成了壤中流。下渗到地下水面的水在地下含水层中运动，便形成了地下径流。

3. 河槽集流过程

各种径流经过坡面汇流注入河网后，在重力作用下逐渐从上游向下游流动，在运动过程中不断接纳各级支流的来水和旁侧入流的补给水，使水量不断增加。这一过程自坡面汇流注入河网开始，直至将最后汇入河网的水输送到出口断面为止。

（三）流域侵蚀与泥沙运动

流域侵蚀包括坡面侵蚀和沟谷侵蚀。坡面流水的侵蚀强度主要受降水性质、地形、坡面组成物质和植被等因素的影响。在一定的地形条件下，如果坡面组成物质疏松、植被稀疏、降水量多且强度大，坡面流水的侵蚀就强烈。

根据坡面侵蚀与堆积强度的变化，由坡顶至坡麓，一般可划分为三个坡面径流作用带。弱侵蚀带，位于坡面上部，接近分水岭的地段，地形和缓，集水量较小，坡面径流冲刷能力很弱。侵蚀带，位于坡面中部，坡度较大，坡面径流量因沿程补给（雨水）而增大，冲刷强烈，形成一系列与坡向一致的平行侵蚀纹沟。淤积带，位于坡麓，因坡度变小和流速降低而发生堆积。

沟谷侵蚀和泥沙运动在河流上、中、下游是不同的（图 4-19）。在上游，河谷大多呈狭窄的 V 形，谷坡陡峭，河床凹凸不平，河流的纵比降和流速大、流量小，以侵蚀作用为主，纵断面呈阶梯状，多急流险滩和瀑布。在中游，纵比降已较小，流水下切侵蚀已开始减少，河床位置比较稳定，侵蚀和堆积作用大致保持平衡，纵断面往往呈平滑下凹形。在下游，由于大部分支流都已经与干流汇合，河流的流速小而流量和泥沙含量大，加之河段进入地势平坦的平原后形成宽阔的 U 形河谷，淤积作用显著，多见沙滩和沙洲。

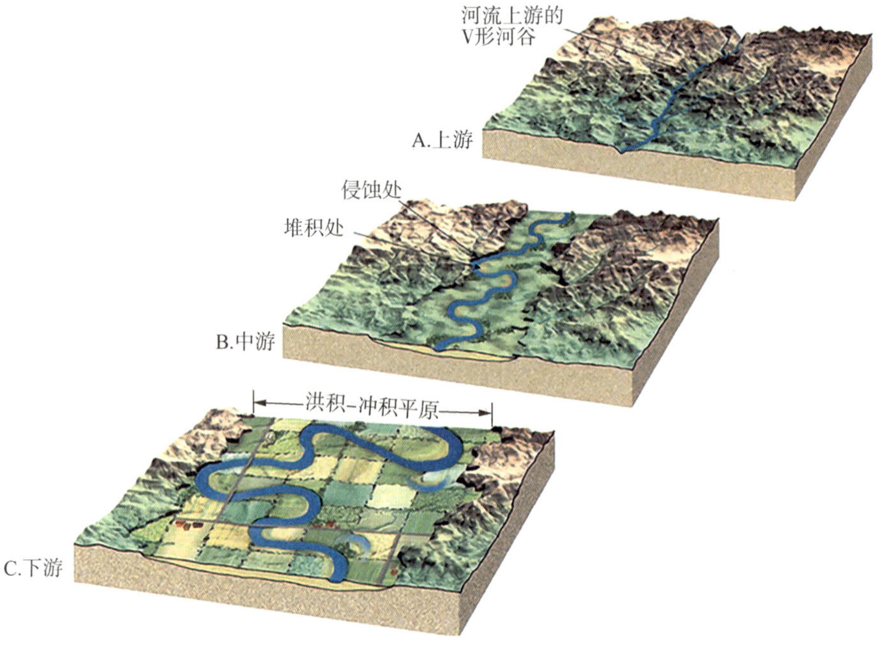

图 4-19　河流上、中、下游地貌特征

（四）人类对流域的影响

流域为人类的生产和生活提供了资源和环境，人类活动也对流域产生了不可忽视的影响。对流域植被的破坏，不仅会导致严重的水土流失，还会增加洪水发生的概率。大坝的建设，尽管可以在蓄洪、发电方面带来正面效益，但是也会带来诸如对生物迁徙的阻碍、对水沙运移的改变及对周边环境的影响等其他方面的后果。跨流域调水，尽管可以解决调入地区用水短缺问题，但是也会带来调出流域河口地区海岸侵蚀、海水入侵等问题。

活动

大坝建设对水循环过程的影响

建设大坝，在大型水库内拦蓄河水，既能防洪，又可灌溉，还能发电；水库还提高了不少河道的水位、便利了航运，并且扩大了水面、美化了景观，又增加了水源，促进了旅游业和城市的发展。但大坝的建设，也会产生一些负面影响。

1. 读图 4-20，说明戴维斯坝建设对科罗拉多河流量过程的影响。

2. 查阅相关资料，分析并说明戴维斯坝建设对科罗拉多河流域环境的可能影响。

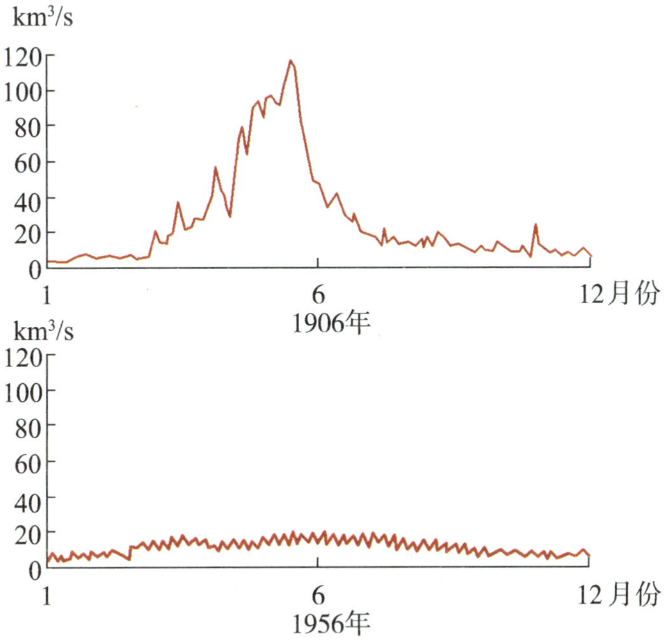

图 4-20　戴维斯坝建设前后科罗拉多河流量过程的变化

拓展活动

影响河流流量（流域径流量）的因素有很多，流域植被是其中一个重要的因素。读图 4-21，完成下列任务：

1. 分析并说明流域植被破坏对洪涝灾害发生频率和危害程度的影响。

2. 有人把森林比喻成“水库”，根据图 4-21，说明森林发挥了类似水库的哪些作用。

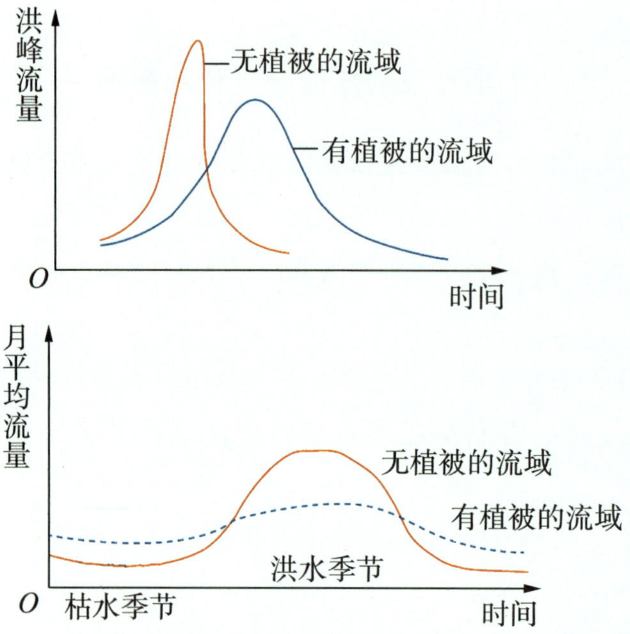

图 4-21 植被对河流流量（流域径流量）的影响

主题 5　到哪里欣赏不同的山水风光？

——地貌的成因与分布

【教学目标】

◎ 1. 理解影响地貌发育的主要因素。

◎ 2. 了解主要的地貌类型及其成因。

◎ 3. 知道到什么地方欣赏什么类型的山水风光。

【课时建议】

◎ 2—4 课时

【情境】

◎ 每到假期，人们通常都要策划外出旅行。很多人喜欢自然风光。有的人想去看水，有的人想去看山，有的人想去感受戈壁和沙漠，有的人则想去看雪山冰川。

图 5-1　不同类型的山水风光

【问题】

◎ 你能否针对他们不同的需求，给他们参谋一下到哪里去看他们想要看的山水风光？

第一节 影响地貌发育的主要因素

地貌是指地球表面的形态，是内外营力、地质构造、岩石性质、人类活动等多种因素相互作用的结果。

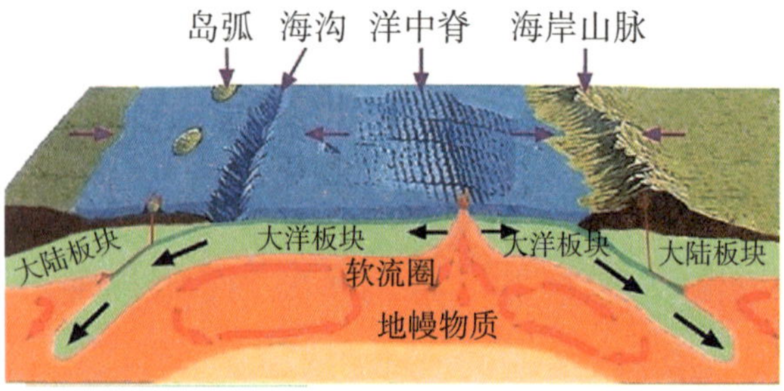

图 5-2　板块运动与大型地貌

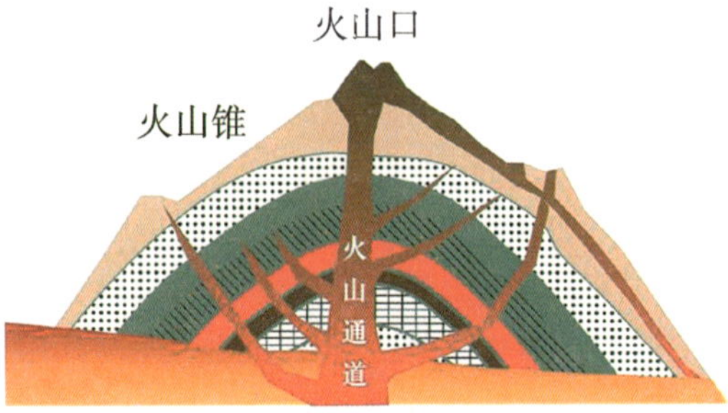

图 5-3　火山的结构

图 5-4　五大连池火山群

一、内外营力

（一）内营力作用

内营力是指地球内部产生的改变地表形态、岩石特征的力量。其能量来源主要包括地球运动旋转能和引力能，以及地球内部放射性元素衰变产生的热能等。内营力作用奠定了地表形态的基本格局，使地表变得高低起伏。塑造地貌的主要内营力作用是地壳运动，地壳运动的主要表现包括褶皱、断裂、火山喷发和地震等。

从宏观上看，所有大地貌单元，如大陆和海洋、山地和平原、高原和盆地，以至海洋中的海沟、海岭等，均为地壳运动形成的。全球地壳运动强烈地区，主要分布于板块的交界处。板块之间相互挤压，可以形成海岸山脉、岛弧链、深海沟等地貌；板块之间相互分离，则可以形成海岭、裂谷等地貌。地震是地壳运动的一种表现形式，地震可能导致地面的抬升、塌陷、开裂或变形，形成断层崖、地裂缝、滑坡等，还可能导致河流改道、海岸变形等。

火山喷发会形成火山锥、火山锥群、

熔岩高原等地貌。

知识窗

喜马拉雅山脉的形成

陆地板块之间相互挤压往往会引起岩石圈强烈变形而形成高大山脉，喜马拉雅山脉的形成与亚欧板块和印度洋板块之间的挤压有着密切的关系。

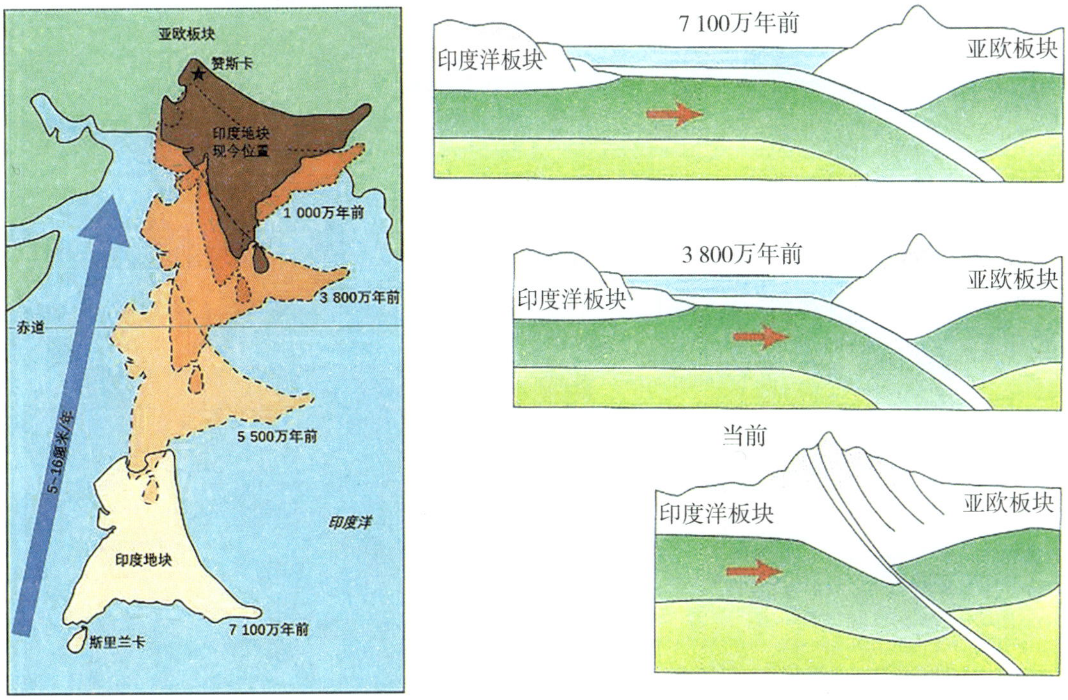

图 5-5　喜马拉雅山脉形成过程示意图

7 100 万年前，印度地块所在的印度洋板块开始以 5~16 厘米/年的速度向北移动，导致印度地块与亚欧板块之间的海域逐渐缩小。大约 1 000 万年前，印度地块与亚欧板块陆地部分相撞。随着印度洋板块继续北进，两者交接处的地壳强烈弯曲变形，甚至重叠，进而形成了高峻的喜马拉雅山脉。

（二）外营力作用

外营力是指地球外部产生的改变地表形态、地壳结构构造和地壳岩矿成分的力量。外营力作用的能量主要来自太阳能和重力势能。外营力作用包括风化、侵蚀、搬运、堆积等过程。外营力作用缓慢而持久地进行，可以削低高山、填平低谷，使地表趋于平缓。

风化作用是在太阳辐射、水、气体和生物等作用下，地表岩石发生化学分解或生物分解等而破碎崩解的过程。风化作用的结果是岩石变成松散的碎屑风化物。流水、风、冰川、海浪等对地表的破坏就是侵蚀作用。

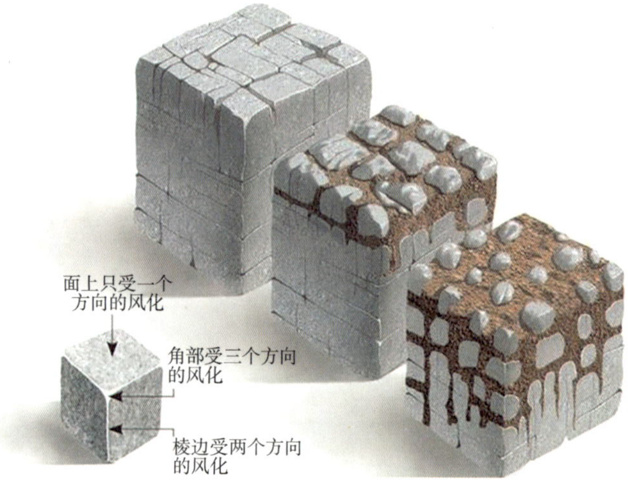

图 5-6 风化作用

风化或侵蚀的产物，经流水、风、冰川、海浪等搬运离开原来的位置，当流速减慢、风力减弱、冰川融化时，这些物质就会堆积下来形成堆积地貌（图 5-8）。

图 5-7 侵蚀作用形成的地貌

图 5-8 堆积地貌（河流三角洲）

二、地质构造

地质构造，主要包括褶皱、断层和节理。地貌的发育往往受到地质构造的影响和控制。

岩层受水平挤压发生弯曲，就形成褶皱。世界上大多数大型山脉都是褶皱山脉，如喜马拉雅山脉、阿尔卑斯山脉、科迪勒拉山脉等。岩层向上凸起的部分叫作背斜，向下凹陷的部分叫作向斜。一般是背斜成山，向斜成谷（图 5-9）。

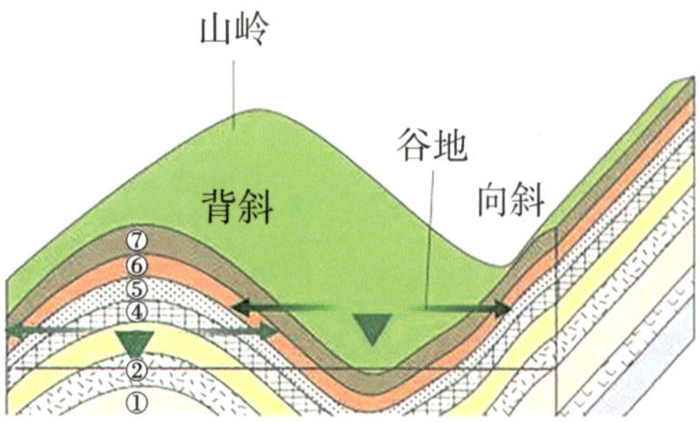

图 5-9 背斜山与向斜谷

当岩层受到的作用力超过其所能承受的限度时，就会发生断裂。断裂面两侧的岩石如果没有发生明显的位移，叫作节理；如果发生了明显的位移，就叫作断层。断层常常形成断块山、断层崖、沟谷等地貌。节理会影响岩石的风化和侵蚀，从而对地貌的发育产生影响。如峰林、峰丛、石柱、风蚀蘑菇、土林等的形成，往往与节理的作用有一定的关系。

图 5-10　断块山与断层崖

图 5-11　节理与石林

三、岩石性质

岩石的性质不同，会形成不同的地貌类型或特征。硬质岩石如石英砂岩、石英岩等，岩性坚硬，不易受侵蚀，常常形成向上凸出的正地貌，如山峰、岭脊、台地等；软质岩石如泥岩、页岩等，容易受侵蚀和破坏，常常形成向下凹入的负地貌，如沟谷、凹槽、洼地等。一些地貌的发育与某些特定的岩石有关，如丹霞地貌发育在红色砂砾岩上，喀斯特地貌主要发育在石灰岩上。岩石的性质不同，也会导致形成的地貌特征不同，如玄武岩上发育的石柱林（图 5-12）与石灰岩上发育的石林（图 5-13），其地貌特征差异很大。

图 5-12　玄武岩石柱林

图 5-13　石灰岩石林

四、人类活动

人类活动对地貌的影响越来越大。人类活动不仅改变了原来的地貌形态，还形成了一些人工地貌，如人工湖（水库、池塘等）、人工岛（图 5-14）、梯田（图 5-15）等。

图 5-14　人工岛（迪拜棕榈岛）

图 5-15　梯田（桂林龙胜）

活动

探究地形倒置的成因

多数情况下，是背斜成山、向斜成谷，但有时也会出现向斜成山、背斜成谷的现象，称为地形倒置。

请结合图 5-16，分析地形倒置形成的原因。

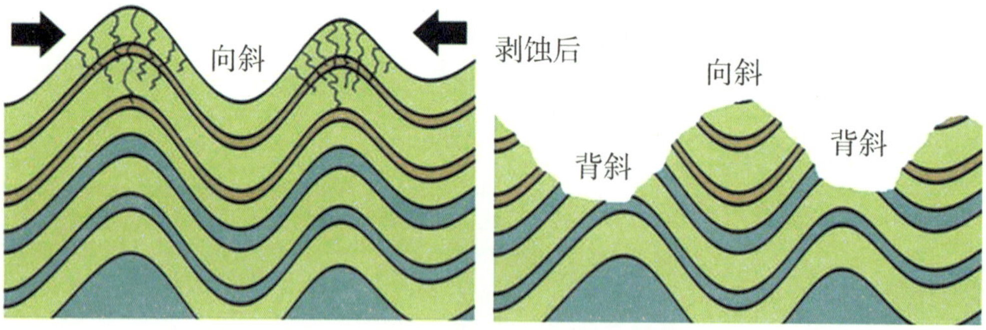

图 5-16　地形倒置形成的原因

第二节

主要地貌类型及其特征

地貌类型多样，通常可分为风成地貌、河流地貌、喀斯特地貌、海岸地貌、冰川地貌、冰缘地貌、黄土地貌、火山地貌等。不同的地貌具有不同的特征和成因。

一、风成地貌

风力作用于地表岩土而形成的地貌叫作风成地貌。风成地貌主要发育于气候干旱、半干旱地区，在我国主要分布在西北地区。风和风沙对地表物质进行吹蚀作用和磨蚀作用而形成的各种地貌叫作风蚀地貌，如风蚀蘑菇（图 5-17）、风蚀柱、风蚀洼地、风蚀残丘、风蚀雅丹（垄槽相间的地貌）（图 5-18）等。在一些地方，多种类型的风蚀地貌组合在一起，形似城堡，叫作风蚀城堡（图 5-19）。

图 5-17　风蚀蘑菇

图 5-18　风蚀雅丹

图 5-19　风蚀城堡

图 5-20　新月形沙丘

活动

风蚀蘑菇是孤立突起的岩石因下部遭受较强烈的风沙侵蚀而形成上部宽大、下部窄小的蘑菇状。请思考并说明在风蚀蘑菇地貌的形成过程中，为什么岩石的下部会遭受更加强烈的风沙侵蚀作用。

风积地貌是指被风和风沙流搬运的物质，在一定条件下堆积所形成的各种地貌。其中，沙丘是沙漠中最基本的风积地貌，新月形沙丘（图 5-20）是沙丘中常见的类型。

二、河流地貌

流水是塑造地貌最重要的外动力之一。河水在流动过程中，不仅侵蚀地面形成侵蚀地貌，主要是沟谷（图 5-21），还把侵蚀的物质经搬运后堆积起来，形成堆积地貌，主要有冲积扇（图 5-22）、冲积平原和三角洲（图 5-23）等。河流上游大多地处山区，落差大，水流急，河谷深切而狭窄。河流出山口常形成冲积扇（洪积扇），冲积平原常分布在河流中下游，河流入海口常形成三角洲。

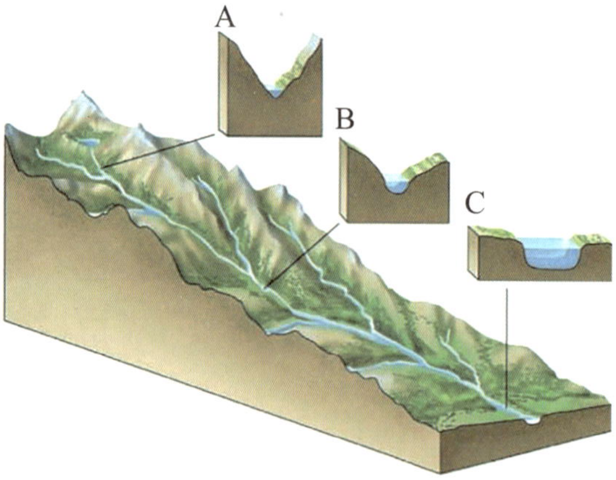

图 5-21　流水侵蚀形成的沟谷

图 5-22　冲积扇

图 5-23　三角洲

当然，河流地貌还包括阶地、河漫滩、江心洲、牛轭湖等。

知识窗

牛轭湖

河流流经平原地区，河曲发育。随着流水侧向侵蚀加剧，河流越来越弯曲，最后自然截弯取直。河水由取直部位径直流去，原来弯曲的河道被废弃，形成湖泊，因湖泊的形状恰似牛轭，故称牛轭湖。

图 5-24　曲流发展与牛轭湖形成

活动

读图 5-25，说出牛轭湖出现的位置，分析牛轭湖形成的过程，讲述这段河流演变的故事。

图 5-25　河曲与牛轭湖

三、喀斯特地貌

喀斯特地貌主要是溶解有二氧化碳的地表水和地下水对可溶性岩石进行侵蚀、溶蚀、淀积、堆积所形成的，广泛分布于石灰岩出露的地区。喀斯特地貌在我国分布很广，以西南地区的广西、云南、贵州等省（区）分布最为集中。岩石的可溶性和透水性、水的溶蚀力和流动性的强弱，决定了喀斯特地貌发育的程度。高温多雨的气候为喀斯特地貌的发育提供了有利条件。

喀斯特地貌分为地面喀斯特地貌和地下喀斯特地貌。地面喀斯特地貌的代表形态有石芽、溶沟、石林、落水洞、峰林、峰丛、钙化滩等。峰林是指高耸林立的石灰岩山峰成片分布，远望如林。多个喀斯特山峰有明显的基座相连就是峰丛。

地下喀斯特地貌的代表形态有溶洞及溶洞内的石钟乳、石笋、石柱（图 5-27）等。自溶洞顶部向下发育的由碳酸盐淀积形成的倒锥状堆积体叫石钟乳。从地面向上发育的像竹笋一样的堆积体叫石笋。当石笋和石钟乳连接在一起时，就形成了石柱。

图 5-26　峰林和峰丛

图 5-27　溶洞内的石钟乳、石笋与石柱

四、海岸地貌

海浪、潮流等作用海岸形成的各种地貌称为海岸地貌。由岩石构成的海岸受到海浪侵蚀作用，形成海蚀崖、海蚀穴、海蚀柱、海蚀拱桥、海蚀平台等海蚀地貌（图 5-28）。

侵蚀下来的泥沙在一定部位堆积下来，就形成海岸堆积地貌（图 5-29）。常见的海岸堆积地貌有沙滩、沙嘴、沙坝、连岛沙堤等。

图 5-28　海蚀地貌示意图

图 5-29　海岸堆积地貌示意图

五、冰川地貌

冰川是极地或高山地区多年存在并沿地面缓慢运动的天然冰体。世界上的冰川主要

分布在南极洲和格陵兰岛及中低纬度高海拔地区。我国的冰川主要分布在青藏高原内部和边缘的高山及新疆高山地区。

冰川对地球表面的侵蚀、搬运和堆积作用形成的地貌称为冰川地貌。冰川侵蚀作用形成的地貌叫作冰蚀地貌（图 5-30）。冰蚀地貌主要有冰斗、角峰、刃脊和 U 形谷等。冰川侵蚀地表形成的洼地积水便形成冰蚀湖，冰川谷被海水淹没则形成峡湾。亚欧大陆、北美大陆的很多地区留下了大量的冰蚀湖、峡湾等冰川地貌遗迹。

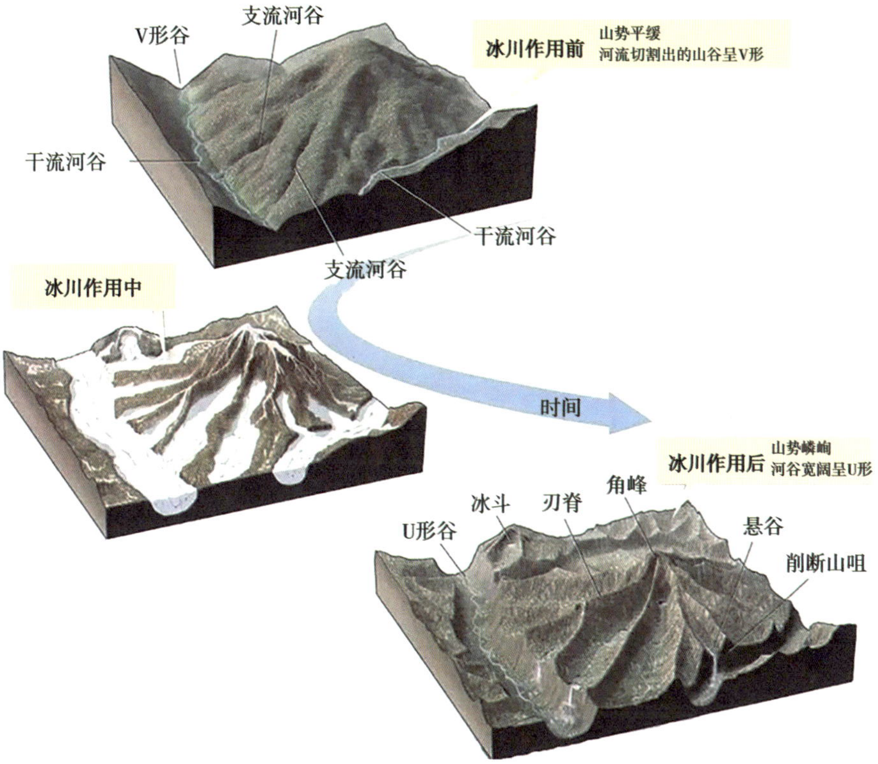

图 5-30　冰蚀地貌示意图

第三节 地貌格局与山水风光

地貌格局决定了山水风光特色。了解地貌格局和山水风光特色后，就可以合理规划我们的观光旅行。

一、我国的地貌格局与山水风光

我国位于亚欧大陆东南部，东临太平洋，西北深入亚洲腹地，西南与南亚次大陆接壤。我国陆地地貌最明显的特征是西高东低，山地多，平地少，地貌类型复杂多样且齐全。我国陆地的地貌按形态可分为山地、高原、丘陵、盆地、平原五大基本类型。在纵横交错的由山脉组成的网格状地貌骨架中，四大高原、四大盆地、三大平原镶嵌其间。我国陆地东部和南部有渤海、黄海、东海和南海环绕。

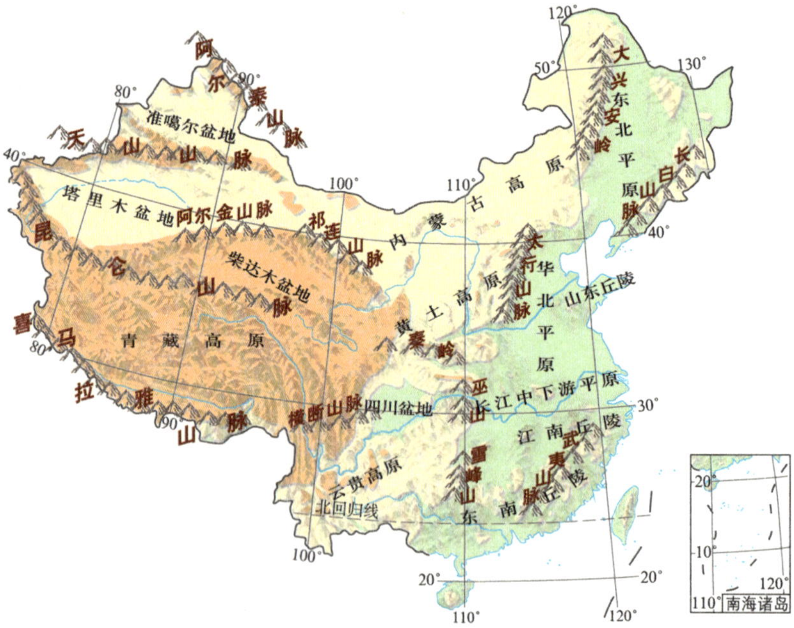

图 5-31　中国陆地的地貌格局

受内外营力、地质构造、岩石性质等因素区域差异的影响，我国陆地的地貌也具有一定的区域分布特征。风成地貌主要分布在西北干旱区，冰川地貌主要分布在西部高山高原地区，喀斯特地貌主要集中分布在西南地区，黄土地貌主要分布在黄土高原，海岸

图 5-32 青藏高原

图 5-33 雅鲁藏布大峡谷

地貌主要分布在东部和南部沿海。丹霞地貌的分布与红色河湖相地层的分布和出露有关，在我国主要分布在东南、西南和西北地区，以东南地区分布最多。冰缘地貌（冻土地貌）主要分布在冰川边缘或冻土分布的区域，在我国主要分布在西部高山高原和东北地区。火山地貌主要分布在两个带：东部带包括五大连池火山群、长白山火山、大同火山群、大屯火山群，以及海南雷琼和安徽、江苏等地区的火山；西部带包括腾冲火山群、新疆等地区的火山。

我国山水风光丰富多样，名山大川齐聚。从宏观上讲，既有世界上最高的高原——青藏高原（图 5-32），最高的山峰——珠穆朗玛峰，也有世界上纵向落差最大的河流——长江，还有世界上最大最深的峡谷——雅鲁藏布大峡谷（图 5-33），等等。

活动

分析我国的世界自然遗产与世界自然和文化双遗产分布地的地貌类型和景观特色

据统计，截止到 2020 年年底，我国具有世界自然遗产 14 处与世界自然和文化双遗产 4 处（表 5-1）。

表 5-1　我国的世界自然遗产与世界自然和文化双遗产名录

世界自然遗产名录	
九寨沟风景名胜区	武陵源风景名胜区
黄龙风景名胜区	云南三江并流保护区
四川大熊猫栖息地	三清山国家公园
中国南方喀斯特（云南、贵州、重庆、广西）	中国丹霞（贵州、福建、湖南、广东、江西、浙江）
澄江化石遗址	湖北神农架
青海可可西里	新疆天山
梵净山	中国黄（渤）海候鸟栖息地（第一期）
世界自然和文化双遗产名录	
泰山风景名胜区	黄山风景名胜区
峨眉山-乐山大佛风景名胜区	武夷山风景名胜区

1. 分析这 18 处世界遗产在区域上的分布特征。

2. 查阅资料，分析在这 18 处世界遗产地，可以看到什么地貌类型和特色景观。

二、江苏的地貌格局与山水风光

江苏地势低平，以平原为主体，北部和西部偏南分布有低山丘陵。尽管江苏面积不大，但是山水风光比较丰富，也颇具特色。有山地丘陵，有平原三角洲，有海岸海岛。山、河、湖、海、洞、泉兼而有之，是我国大江、大海、大河、大湖、大运河皆备的唯一省份。长江、淮河横贯东西，大运河穿越南北，还有黄河故道与废黄河口。全国“五大淡水湖”中的两个——太湖和洪泽湖位居江苏，还有阳澄湖、高邮湖、天目湖、石臼湖、玄武湖、瘦西湖等著名湖泊。尽管江苏没有很高的山，但是名山不少，如南京的紫金山、老山、栖霞山、牛首山，镇江的茅山、金山、焦山、北固山，连云港的花果山、云台山，徐州的云龙山，南通的狼山，苏州的穹窿山、天平山，无锡的惠山、灵山，等等。江苏的平原，水网密布，通江达海，一派鱼米之乡的景致。尽管江苏的喀斯特洞穴没有我国西南地区的那么大、那么壮观，但是名气也不小，如无锡宜兴的善卷洞、张公洞、灵谷洞，南京汤山的猿人洞，等等。另外，江苏也有火山和温泉，南京江宁方山和六合方山、桂子山、灵岩山等大小火山 20 多座，保存了火山喷发遗留的火山锥、火山口、玄武岩石柱林和火山碎屑岩等，南京的汤山温泉和连云港的东海温泉全国有名。

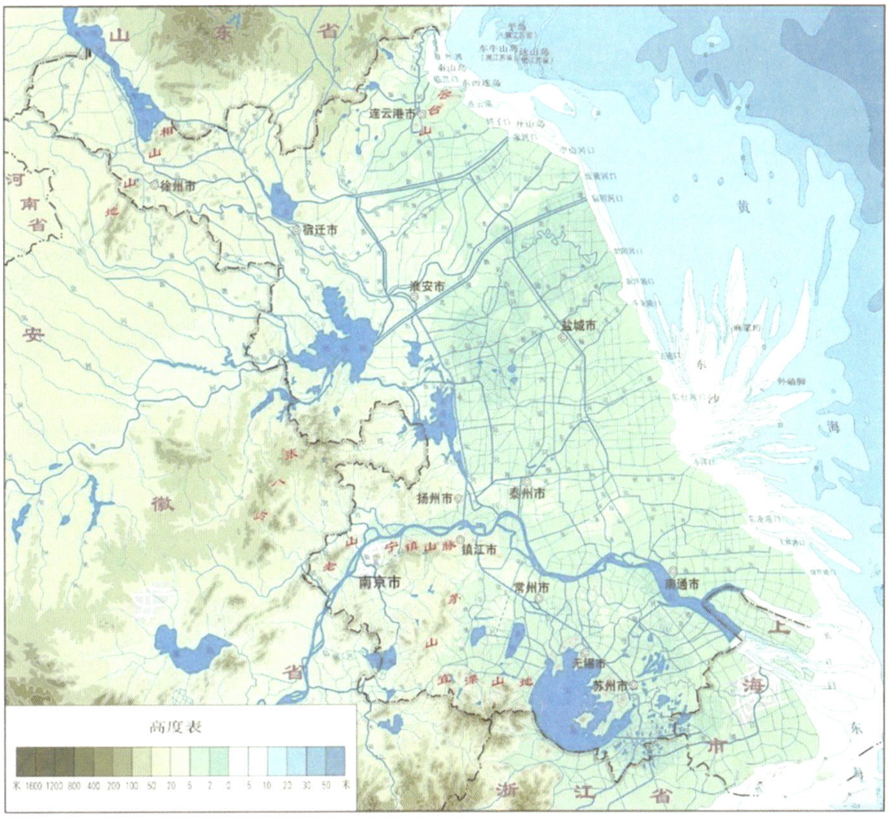

图 5-34　江苏的山河湖海

图 5-35　江苏里下河平原

江苏东临黄海，海岸线长954千米。海岸类型多样，侵蚀型海岸、堆积型海岸和平衡型海岸均有，淤泥质海岸、基岩海岸和沙砾质海岸齐聚。江苏沿海滩涂面积约占全国滩涂总面积的1/4，是海岸滩涂最丰富的省份。江苏海岛不多，只有26个，但重要性不同寻常，达山岛、麻菜珩、外磕脚为中国领海基点，连岛被评为中国“十大美丽海岛”之一。盐城黄海湿地是我国首处被列入世界自然遗产的滨海湿地、东半球第一块潮间带世界自然遗产，是全球数以百万计迁徙候鸟的停歇地、换羽地、越冬地和繁殖地，全球最大的丹顶鹤越冬地，还有世界上占地面积最大、野生麋鹿种群数量最多、拥有最大麋鹿基因库的麋鹿自然保护区——江苏省大丰麋鹿国家级自然保护区。

图5-36 盐城黄海湿地上的丹顶鹤（上）和麋鹿（下）

活动

根据下列不同的旅游需求，分别设计一条三天行程的江苏自然风光旅游路线。

1. 既想看山、看河，又想看丹顶鹤、麋鹿，观海滩的潮涨潮落，到滨海浴场游泳。

2. 既想看湖、看山、看河，又想泡温泉、看火山。

3. 既想看一看长江、淮河风光，又想看一看大运河风光及黄河故道。

知识窗

我国的一些自然美景

传统的名山有"五岳"，即东岳泰山、西岳华山、北岳恒山、南岳衡山、中岳嵩山。《中国国家地理》杂志曾经评出中国最美的十大名山，它们是西藏南迦巴瓦峰、四川贡嘎山、西藏珠穆朗玛峰、云南梅里雪山、安徽黄山、四川仙乃日（稻城三神山）、新疆乔戈里峰、西藏冈仁波齐峰、山东泰山、四川峨眉山。

传统意义上"五湖"是指我国的五大淡水湖，即洞庭湖、鄱阳湖、太湖、洪泽湖和巢湖。实际上，我国最大的湖泊是青海湖，景色秀丽的湖泊还有新疆赛里木湖、云南泸沽湖、西藏纳木错、四川九寨沟、云南抚仙湖、云南洱海、长白山天池等。当然，西湖、千岛湖等在人们心中的地位也是很高的。

我国最美的瀑布有藏布巴东瀑布群（西藏）、德天瀑布（广西）、黄河壶口瀑布（晋陕交界）、罗平九龙瀑布群（云南）、九寨沟诺日朗瀑布（四川）、黄果树瀑布（贵州），比较知名的瀑布还有庐山三叠泉瀑布等。

我国最美的沙漠有巴丹吉林沙漠腹地（内蒙古）、塔克拉玛干沙漠腹地（新疆塔里木盆地）、古尔班通古特沙漠（新疆准噶尔盆地）、鸣沙山月牙泉（甘肃敦煌）、沙坡头（宁夏）。

我国最美的草原有呼伦贝尔东部草原（内蒙古）、伊犁草原（新疆）、锡林郭勒草原（内蒙古）、川西高寒草原（四川）、那曲高寒草原（西藏）、祁连山草原（青海）。

我国最美的森林有天山雪岭云杉林（新疆）、长白山红松阔叶混交林（吉林）、尖峰岭热带雨林（海南）、白马雪山高山杜鹃林（云南）、波密岗乡林芝云杉林（西藏）、轮台胡杨林（新疆）、西双版纳热带雨林（云南）、荔波喀斯特森林（贵州）、大兴安岭兴安落叶松林（黑龙江、内蒙古）和蜀南竹海（四川）。

拓展活动

有人想利用黄金假期或年休假，去看一看国内一些平时见不到的自然风光。请你根据他们不同的需求，帮助他们设计一下旅游路线，时间为7天。

1. 沙漠、戈壁、雪山、盐湖。
2. 草地、沙漠、森林、湖泊。
3. 峡谷、瀑布、冰川、湖泊。
4. 火山、湖泊、森林、草原。
5. 海滩、海岛、热带雨林、红树林、珊瑚礁。
6. 丹霞、雅丹、冰川、湖泊。
7. 丹霞、峰林、喀斯特洞穴、海岸。
8. 黄土地貌、风成地貌、冰川地貌。

主题6 黑土地、黄土地、红土地，其植被和农作物有何差异？

——土壤、植被与农业地域

【教学目标】

◎ 1. 了解土壤的分布特征和影响土壤形成的主要因素。

◎ 2. 认识主要的植被类型，了解植被的分布规律。

◎ 3. 理解影响农业的区位因素，了解农业的地域类型及我国农作物的分布特征。

【课时建议】

◎ 2—4课时

【情境】

◎ “一方水土养一方人”，东北的黑土地、南方的红土地、中原的黄土地，为解决中国人的吃饭问题，做出了不可磨灭的贡献。

【问题】

◎ 黑土地、红土地、黄土地的颜色为什么不同？它们各自产出什么产品？谁的产量更大、质量更好？

图6-1 黄土地、黑土地、红土地及其上的植被

第一节 各地不同的土壤

北京中山公园内保留着明代所建的社稷坛，它是古代帝王祭祀土神、谷神的场所。坛上层铺垫着五种颜色的土（图 6-2）：东方为青色，南方为红色，西方为白色，北方为黑色，中央为黄色。实际上，这五种不同颜色的土是来自我国不同地方的五种土壤。

图 6-2　北京中山公园社稷坛上的“五色土”

那么，不同类型的土壤颜色为何不同？影响土壤形成的因素主要有哪些呢？

一、认识土壤

土壤是指陆地表面具有一定肥力、能够生长植物的疏松表层。

土壤为植物的光合作用提供并协调水分、养分、温度、空气等营养条件，是人类生存的物质基础。

（一）土壤的结构

土壤有一定的分层结构。发育成熟的土壤，从地面向下有明显的垂直差异，一般可分为腐殖质层、淋溶层、淀积层和成土母质层。

腐殖质层是土壤腐殖质积累而形成的暗色土层，呈灰黑色或黑色。淋溶层是淋溶作用使得物质迁移和损失的土层，有机质含量低，色泽较淡。淀积层常与淋溶层相伴存在，是土壤物质沉淀、积累的土层。成土母质层是土壤形成与发育的原始物质基础，是地表岩石经风化作用破碎形成的松散碎屑。

图 6-3　成熟土壤剖面示意图

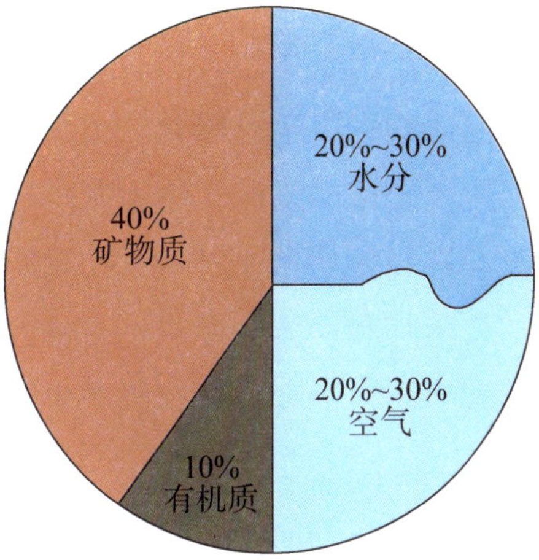

图 6-4　典型壤质土壤物质组成（体积百分比）

土壤剖面是指从地面垂直向下的土壤纵断面，由一些形态特征各异的、大致与地面平行展布的土层构成。土壤剖面反映土壤的发育程度：土层厚、层次多或分层明显，表明土壤发育程度高；土层薄、层次少或分层不明显，表明土壤发育程度低。另外，土壤的颜色、有机质含量等，可以在一定程度上反映环境因素对土壤形成过程的影响。

（二）土壤的物质组成

土壤由矿物质、有机质、水分和空气等物质组成。从其物质组成不难看出，土壤的形成至少受到成土母质、生物、水分、空气等因素的影响，是岩石圈、生物圈、水圈与大气圈相互作用的结果。

二、影响土壤形成的主要因素

土壤是在地球表面各种自然因素综合作用下产生的，影响土壤形成的自然因素主要包括成土母质、气候、生物、地形和时间等，人类活动在土壤形成过程中也起着重要作用。

（一）成土母质

土壤的发育起始于岩石的风化，坚硬的岩石在风化作用下形成疏松的成土母质。成土母质是土壤形成的物质基础，为土壤的形成提供最基本的矿物质和无机养分。成土母质是土壤的初始状态，在气候和生物的长期作用下，成土母质逐渐转变成可生长植物的土壤。在其他条件相同的情况下，不同的成土母质会引起土壤性状的差异。比如，基于花岗岩风化物发育的土壤含沙较多，基于石灰岩风化物发育的土壤黏土含量较高。

（二）气候

气候为土壤的形成提供水分和热量，直接或间接地影响着矿物质风化、物质迁移，以及植物、动物、微生物的活动，是土壤形成的动力因素。常年温暖、湿润的地区，岩石风化速度快，微生物活动旺盛，土壤形成比较快；常年干燥、寒冷的地区，岩石风化速度慢，微生物活动不旺盛，土壤形成比较慢。

（三）生物

生物是土壤形成的决定性因素，也是土壤形成过程中最活跃的因素，它为土壤提供有机物，从而改变土壤的结构，使土壤形成肥力。在生物因素中，植物起着最重要的作用。绿色植物有选择地吸收成土母质、水分和大气中的养分，通过光合作用制造有机质，然后以枯枝落叶和残体的形式将有机养分归还土壤。不同的植被类型，归还土壤的养分数量及形式不同，引起土壤有机质含量的不同。

（四）地形

高度、坡度、坡向等地形因素影响着光照、热量和水分等条件，同时还影响物质的转换，进而影响土壤的发育。山区气温、降水随高度变化，形成不同的气候和植被，导致土壤的成分和理化性质发生分异。陡峭的山坡，重力作用和地表径流会加速地表疏松物质的迁移，很难发育成深厚的土壤；地势低洼的山麓低地或谷地，常常因沉积物的堆积而形成较厚的土层。不同的坡向，温度、水分、光照不同，植被也不同，导致土壤的发育程度与性状不同。

（五）时间

时间决定着土壤的发育进程。随着时间的推移，土壤从无到有，从薄到厚，层次由少到多，逐步发育成熟。土壤的形成与发育比较缓慢，在坚硬岩石形成的母质上，可能需要数千年才能形成土壤。

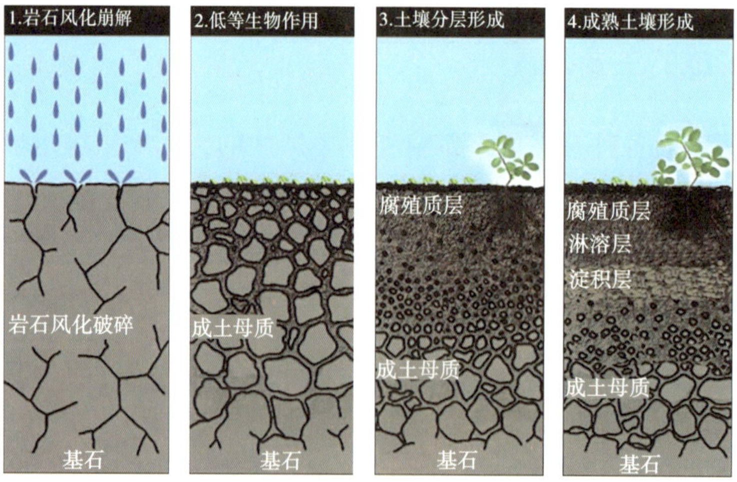

图 6-5　土壤形成过程示意图

（六）人类活动

除自然因素外，人类活动对土壤的形成也产生了不可忽视的影响。人类活动对土壤形成的影响，分为积极的和消极的两大方面。积极的影响，如培育出一些肥沃、高产的耕作土壤，以水稻土为代表。人类的耕作活动，将自然土壤改造成各种耕作土壤，可以改善土壤的结构与性状，提高土壤的生产能力。一些不合理的人类活动则会对土壤造成消极的影响，破坏土壤结构，导致土壤退化，如肥力下降、水土流失、盐渍化、荒漠化、土壤污染等。

三、土壤的类型及其分布

各地由于成土因素不同，形成了不同类型的土壤。受热量和水分地域分异规律的影响，土壤的分布也呈现出一定的特征和规律。以亚欧大陆为例，大陆东岸由于水分比较充足，从南到北受热量地带性的影响，呈现从砖红壤、赤红壤、红壤和黄壤、棕壤、暗棕壤到灰化土和冰沼土的分布顺序；中纬度地区，从大陆东岸向大陆内部，由于受水分分异的影响，依次从森林土壤（如棕壤、暗棕壤）演变成草原土壤（如灰钙土、棕钙土、栗钙土、黑钙土）和荒漠土壤（如温带荒漠土）。

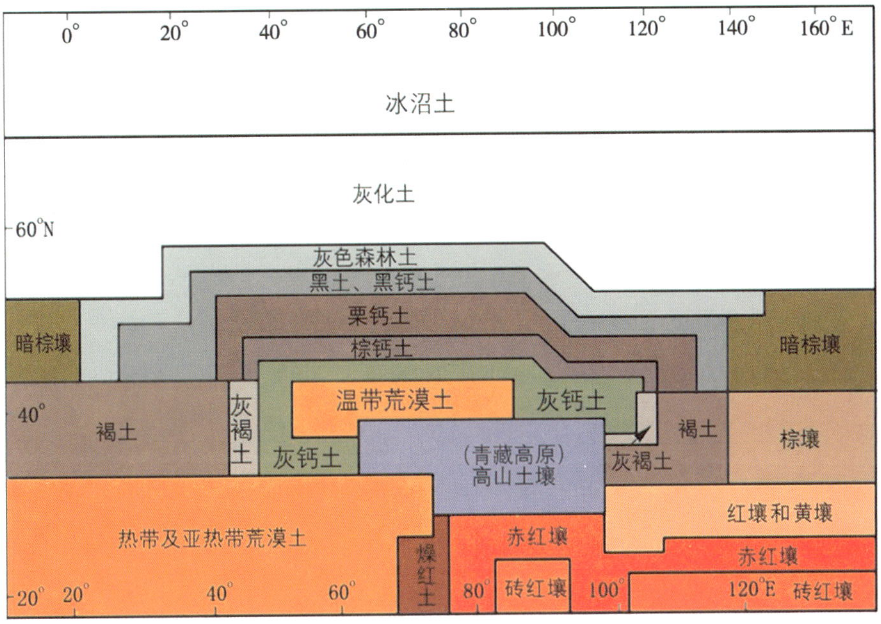

图 6-6 亚欧大陆土壤分布特征

活动

读图 6-6，分析亚欧大陆西岸及中部（东经 80°附近）从南到北依次出现了什么土壤类型，并说明其形成原因。

四、土壤的功能与保护

（一）土壤的功能

土壤具有多种功能，是人类赖以生存和发展的物质基础与宝贵的自然资源。总的来说，我们可以把土壤的功能概括为以下六个方面。

1. 作物生产功能

土壤可以固定植物根系，具有自然肥力，能够促进作物生长，进行农业生产。

2. 调节功能

调节功能是指土壤作为自然界的组成部分，在与其他环境因素的交互过程中所发挥的功能。土壤的调节功能包括：水分循环功能，即在水循环中，土壤对水分渗透与保持的数量和质量；养分循环功能，即在养分循环中，土壤对植物营养的供给能力；碳储存功能，即在碳循环中，土壤对有机碳和无机碳的储存功能，尤其是对有机碳的储存功能；缓冲过滤功能，即土壤对重金属的缓冲过滤功能；分解转化功能，即土壤对有机污染物的分解转化功能。

3. 动植物栖息地功能

以保护稀有动植物为目的，确保土壤能够为植物和动物提供栖息场所。土壤，无论是作为还是可能作为某种特殊或稀有物种的栖息地，都具有很高的保护价值，这对于保护和提高生物多样性具有重要作用。

4. 人居环境功能

土壤作为人类生活和居住的环境，有提供建筑、休闲娱乐场所，维护人类健康发展的功能。土壤作为人类的居住环境，与人类的生活息息相关，其污染与否直接关系着人类的健康。

5. 自然文化历史档案功能

土壤具有作为历史档案，记录自然变化和人文历史的功能。在自然历史方面，主要考虑是否有反映古气候、古地貌变化的稀有独特土壤；在文化历史方面，主要考虑土壤是否有人文历史遗迹，如土壤是否含有反映文化历史的杰出工艺品，是否有受人为影响的底土层，等等。这些历史信息有利于我们了解过去、理解现在和预测未来。

6. 原材料供给功能

土壤具有提供黏土、沙石、矿物的功能。例如，黏土含量较高的土壤可以用来烧砖或制陶；而土壤中的沙石可以用于建筑。

（二）土壤的保护

对土壤不科学的利用及人类活动导致的污染物进入土壤，引发了土壤功能的退化和土壤的污染。因此，土壤的保护成为越来越重要的任务。

1. 合理耕作与灌溉

合理耕作可以改善土壤松紧状况，提高土壤蓄水和通气性能，促进微生物活动，加速土壤有机物矿化分解，提高有效养分供应。合理灌溉可以增加土壤中的水分含量，使土壤保持疏松状态。

2. 合理使用农药

合理使用农药，不仅可以减少对土壤的污染，还能经济有效地防治病虫草害，充分发挥农药的效能。在农业生产中，不仅要控制化学农药的用量、使用范围、喷施次数和喷施时间，提高喷洒技术，还要改进农药剂型，严格限制剧毒、高残留农药的使用。

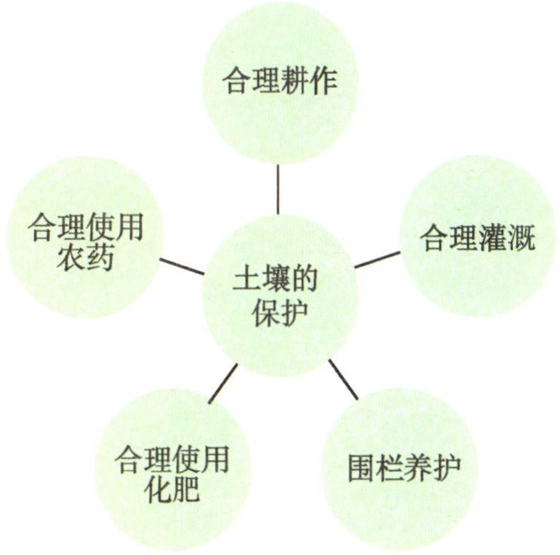

图 6-7 土壤保护的主要途径

3. 合理使用化肥，增施有机肥

根据土壤的特性、气候状况和农作物的生长发育特点，实行配方施肥。增施有机肥，提高土壤有机质含量，可以增强土壤胶体对重金属和农药的吸附能力。同时，增施有机肥还可以改善土壤微生物的流动条件，加速生物降解过程。

4. 使用化学改良剂，采取生物改良措施

当土壤受到重金属轻度污染时，施用抑制剂可以有效地将重金属转化成难溶的化合物，从而避免农作物吸收后品质受到影响。常用的抑制剂有石灰、碱性磷酸盐、碳酸盐和硫化物等。还可以采取利用生物的某些习性来适应、抑制和改良被重金属污染的土壤的生物改良措施。

5. 围栏养护

对于过度放牧引起的土壤退化，可以采取围栏养护措施。

知识窗

世界土壤日

世界土壤日为每年 12 月 5 日，旨在宣传健康土壤的重要性，倡导土壤资源的可持续管理。

2002 年，国际土壤科学联合会（IUSS）提议设立世界土壤日。在泰国的倡议下及在全球土壤伙伴关系的框架内，联合国粮食及农业组织支持正式设立世界土壤日，并以此作为开展全球宣传的平台。2013 年 6 月，联合国粮食及农业组织大会一致赞同设立世界土壤日，并提请第 68 届联合国大会正式通过该国际日。2013 年 12 月，联合国大会将 2014 年 12 月 5 日确立为第一个正式的世界土壤日。

每一年的世界土壤日，均有涉及土壤不同方面的活动主题。

2014 年首个世界土壤日，主题是“食物源自哪里”（Where food begins）。

2015 年第二个世界土壤日，主题是“健康土壤带来健康生活”（Healthy soils for a healthy life）。

2016 年第三个世界土壤日，主题是“土壤和豆类：生命的共生关系”（Soil & Pulses：symbiosis for life）。

2017 年第四个世界土壤日，主题是“关爱地球，从土地开始”（Caring for the planet starts from the ground）。

2018 年第五个世界土壤日，主题是“土壤污染的解决方案”（Be the solution to soil pollution）。

2019 年第六个世界土壤日，主题是“防止土壤侵蚀，拯救人类未来”（Stop soil erosion，save our life）。

2020 年第七个世界土壤日，主题是“保持土壤生命力，保护土壤生物多样性”（Keep soil alive，protect soil biodiversity）。

2021 年第八个世界土壤日，主题是“防止土壤盐渍化，提高土壤生产力”（Halt soil salinization，boost soil productivity）。

2022 年第九个世界土壤日，主题是“土壤，食物之源”（Soils，where food begins）。

2023 年第十个世界土壤日，主题是“土壤和水：生命之源”（Soil and water，a source of life）。

第二节 各地不同的植被

不同的地方有不同的植被，你认识哪些植被类型？

一、主要的植被类型

人们把覆盖地表的植物群落称为植被。

植被分为自然植被和人工植被。自然植被是一定地区植物长期发展的产物，有森林、草原、荒漠、苔原、草甸、沼泽等类型。人工植被主要是指各种农作物、人工林、人工草场、城市绿地等。

（一）森林植被

森林植被是主要由树木组成的植物群落，一般分布在湿润和半湿润地区。典型的森林植被包括常绿阔叶林、落叶阔叶林和针叶林等。

常绿阔叶林是指主要由常绿的阔叶树组成的森林植被。所谓常绿，就是一年四季常青。常绿阔叶林一般分布在温暖湿润的热带、亚热带气候区。常绿阔叶树的树冠浑圆，叶片多呈革质，表面光滑、无绒毛，质地较硬。樟树、椰子树等是常见的常绿阔叶树种。

图 6-8　常绿阔叶林及常见常绿阔叶树的叶片

落叶阔叶林是指主要由落叶的阔叶树组成的森林植被。落叶阔叶林夏季葱绿，冬季落叶。落叶阔叶林通常分布在湿润、半湿润的温带气候区。落叶阔叶树的叶片多呈纸质，宽而薄。常见的落叶阔叶树种包括桦树、杨树、柳树、榆树、银杏树等。

图 6-9　落叶阔叶林及常见落叶阔叶树的叶片

图 6-10　亚寒带针叶林

针叶林是指主要由针叶树组成的森林植被。其分布比较广泛，从寒温带、温带到亚热带、热带都有分布。大规模成片分布的针叶林，主要分布在寒温带（亚寒带）气候区，其北界就是森林的北界。针叶树的叶子呈针状，如松树、杉树等。针叶树包括常绿和落叶、耐寒和耐旱、喜温和喜湿等不同类型。亚寒带针叶林通常称为北方针叶林，也称泰加林，主要由云杉、冷杉、落叶松等一些耐寒树种组成。

（二）草原植被

草原植被是在较干旱环境中形成的以草本植物为主的植被，一般分布在半湿润、半干旱的内陆地区，可分为热带草原、温带草原等。

热带草原（图 6-11）是指热带地区的草原植被。其主要分布在南北纬 10°～20°的热带大陆上。这里年降水量为 500～1 000 毫米，降水主要集中在湿季，干季几乎没有雨水。热带草原的植被具有很强的耐旱性，通常是成片的高草中点缀着零星的树木，湿季郁郁葱葱，干季一片凋萎。植被显著的季节变化，往往引起动物的大规模迁徙。

温带草原（图 6-12）是指温带地区的草原植被。其主要分布在温带半湿润、半干旱地区。这里年降水量一般不足 400 毫米，且主要集中在夏季。温带草原群落结构简单，几乎没有树木，仅有草本层。植被具有耐旱的特征，且“一岁一枯荣”。

（三）荒漠植被

荒漠植被是指植物覆盖稀疏、种类单一的地面景观。其主要分布在热带、亚热带及

图 6-11　热带草原

图 6-12　温带草原

温带的干旱气候区，可分为热带荒漠、温带荒漠等。为了适应严酷的生态条件，有的植物叶面缩小或退化，呈鳞片状、刺状或无叶，以减少水分蒸腾；有的植物具有肉质茎或叶，以贮存水分；有的植物茎叶覆盖茸毛，以抵抗灼热；大多数植物根系发达，以利于从深层土壤中吸收水分。荒漠植被产量很低，生物质积累缓慢。

图 6-13　荒漠

知识窗

人工植被

人工植被是人类利用自然、改造自然，经过长期选择、栽培的植物群落的泛称。

人工植被已经被广泛应用于人类生产和生活的许多方面，如粮食、水果、蔬菜、木材等的生产，城镇和乡村的绿化美化，荒漠化的防治，堤坝的防护，道路的养护，等等。

常见的人工植被有果园、菜园、花园（图 6-14）、稻田、麦地等，还有人工的竹林、杉木林、松木林、桦木林、柳木林等。

图 6-14　花园

活动

经过多年努力，我国通过采取“三北”防护林建设、天然林保护、草原湿地恢复等一系列生态环境保护措施，初步建成横跨我国“三北”地区的生态屏障。土地荒漠化得到了有效控制，草原和林网生态逐步好转。

图 6-15　库布其沙漠治理

1. 指出图 6-15 中的植被类型。
2. 说明它们与自然环境的关系。

二、植被与环境的关系

植被与环境相互作用、相互影响。

（一）环境对植被的影响

植物的种类与分布深受自然环境的影响。在自然环境要素中，对植物影响最大的是气候。不同的热量、降水及其组合状况，决定了不同的植物种类和植被特点。在热量条件满足植物生长需要的情况下，降水丰富的地区往往形成森林植被，降水较少的半干旱地区往往形成草原植被，降水稀少的干旱地区往往形成荒漠植被。植物的种类及分布除与气候有关以外，还受土壤、地形等因素影响。同样处于亚热带气候区，碱性土壤利于紫薇等植物生长，酸性土壤则利于马尾松、茶树等植物生长。海拔不同也会引起植物种类和植被类型的不同。

植物生长依赖环境，因此植物的生长状况及分布可以反过来指示环境。例如，苔藓植物的分布指示阴湿环境，芒萁的分布指示酸性土壤环境，碱蓬的分布指示碱性土壤环境，等等。可见，在很大程度上，植物是自然环境的一面镜子。

（二）植被对环境的影响

植被对环境的影响十分显著。就某个较小的区域而言，砍伐森林、开垦坡地、过度放牧后，表面上是植被减少了，实际上是整个生态环境发生了改变。地表失去植被后，拦截降水的功能下降，地表径流和地下水的形成过程会发生改变，地表极易发生水土流失，于是土壤趋于贫瘠化，绿色植物的光合作用减弱，对空气质量也会产生影响……这样的连锁反应，最终会导致整个生态环境的退化。所以，人们要特别重视通过各种方式（如植树造林）来恢复植被，以便改善整个生态环境。

以森林植被为例，其群落结构复杂，与环境之间的物质循环和能量交换非常活跃，从而具有以下功能：

（1）固碳释氧，净化空气。森林是生态系统中的生产者，能大量吸收二氧化碳，释放出氧气，且能吸收有害气体，释放负离子。

（2）涵养水源，保育土壤。森林对降水的截留、吸收和贮存，可以增加可用水量，净化水质，调节径流。植物根系可以减少土壤侵蚀，改善土壤结构。

（3）积累营养物质，保护生物多样性。森林在生长中积累了大量营养物质，可以为人类及其他生物提供食物。

（4）防风固沙，减轻灾害影响。森林可以阻挡风沙，降低风速，减轻台风、霜冻等灾害的影响。

三、我国植被的分布特征

由于不同地区纬度、经度与海拔不同，热量、降水及其组合状况不同，生长的植被也存在差异。

在我国东部湿润区，由于气温随着纬度的增加而逐渐降低，气候自南向北依次出现热带、亚热带、暖温带、温带和寒温带。受气候影响，植被自南向北依次分布着雨林/季雨林、常绿阔叶林/常绿落叶阔叶混交林、落叶阔叶林、针阔混交林、针叶林等。从沿海到内陆，随着降水的逐渐减少，气候由湿润、半湿润气候逐步变为半干旱、干旱气候，因此植被也由森林、森林草原逐步变为草原、荒漠。

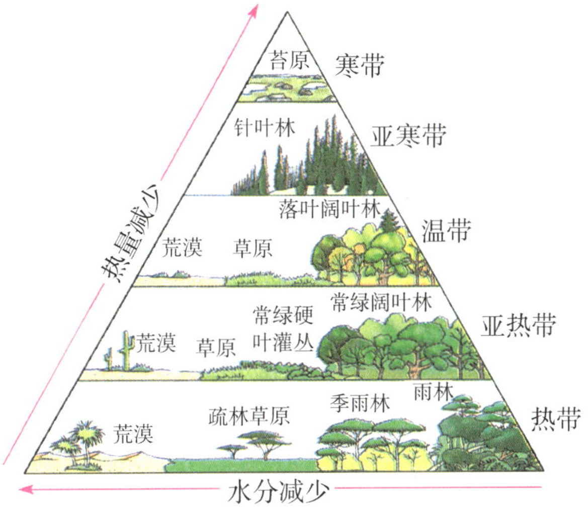

图 6-16　陆地植被分异示意图

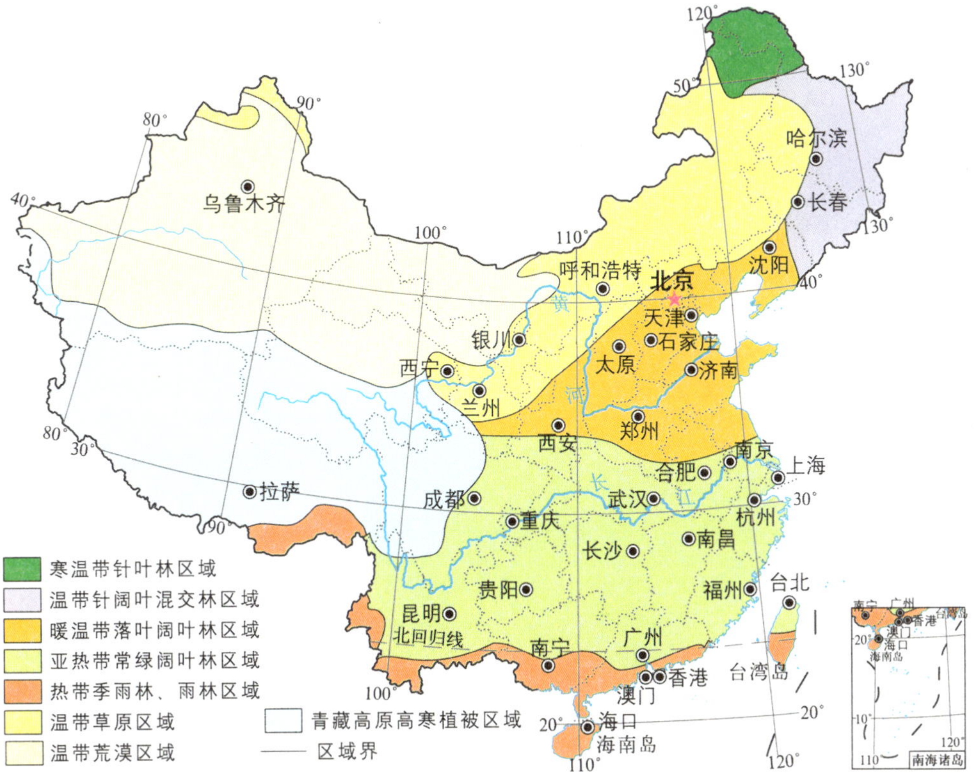

图 6-17　中国植被区划图

随着海拔的升高，气温逐渐降低，水分也发生了变化，生长的植被也会发生相应的变化。以湖北神农架南坡为例，随着海拔的升高，植被从基带的常绿阔叶林逐步变为常绿落叶阔叶混交林、落叶阔叶林、针阔混交林、针叶林和灌丛草甸。

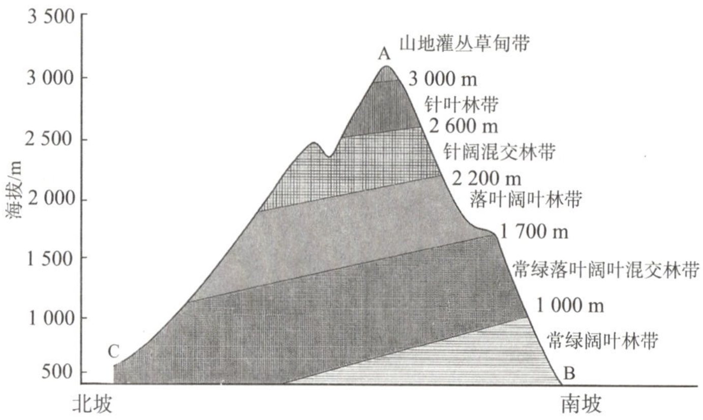

图 6-18　湖北神农架垂直植被带示意图

活动

图 6-19　某地植被

1. 图 6-19 是一张在冬季拍摄的照片，请分析它反映的植被类型。

2. 说出与该植被类型可能对应的气候和土壤类型。

第三节

各地不同的农作物

到不同的地方出差或旅游，我们常会购买一些当地的特色农副产品，如东北大米、新疆葡萄干、宁夏枸杞、西湖龙井、赣南脐橙等。不同的地方生产不同的农产品，这与各地的地理环境和农业地域有关。

一、影响农业的区位因素

农业是指利用动植物的生长发育规律，通过采集、捕捞、人工驯化、培育、种植、养殖等途径来获得产品的产业。农业是人类社会最基本的物质生产部门，是人类生存和进行各种生产的先决条件，也是国民经济各部门赖以存在和发展的物质基础。发展国民经济必须以农业为基础。

与其他物质生产部门相比，农业生产具有地域性、季节性和周期性等特点。农业生产的对象是动植物，动植物的生长发育需要空气、水分、阳光和各种养料。不同的生物生长发育规律不同，需要适应不同的自然环境。世界各地的自然条件、经济技术条件和国家政策差别很大，因而形成农业生产极为明显的地域性。由于农作物生长发育受热量、降水、光照等自然因素影响，这些自然因素随季节变化，并有一定的周期性，所以农业生产的一切活动都与季节有关，从播种到收获需要按季节顺序安排，季节性和周期性很明显。同样，捕鱼、造林、放牧等也有季节性和周期性。

影响农业的区位因素主要有自然因素和社会经济因素。

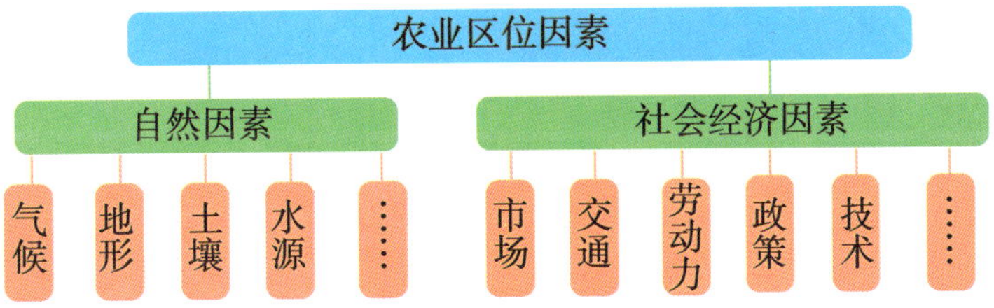

图 6-20　农业区位因素示意图

（一）自然因素

在影响农业的区位因素中，自然因素有气候、地形、土壤和水源等。

气候因素主要包括热量、光照和降水，其对农作物的种类、产量、品质等有重要影响。

地形对农业活动的影响以海拔和坡度最为明显。平原地区一般地势平坦，适宜发展种植业；山地往往坡度较大，不适宜耕作，常常发展林业、畜牧业。例如，江西鄱阳湖平原成为稻米产区，赣南丘陵则以林果业为主。

土壤是农业生产的物质基础。土壤结构、肥力、土层厚度及酸碱度等都会影响农作物的生长。例如，我国南方山区土壤偏酸性，适宜种植茶树。

水源也是影响农业区位的重要因素。例如，湿润地区丰富的水源为农作物稳产、高产提供了保证，干旱、半干旱地区发展农业则需要稳定的灌溉水源。

（二）社会经济因素

在影响农业的区位因素中，社会经济因素有市场、交通、劳动力、政策和技术等。

市场可有效地引导农业生产类型、规模和布局。例如，城郊地区与城市距离近，可多种植蔬菜、花卉、水果等农作物。

技术因素主要包括良种培育，农机使用，化肥、农药的合理施用及科学灌溉等。应用农业技术有助于提高农产品质量，增加农作物产量，降低农业生产成本，提高农业生产效率，扩大农业生产范围。

交通运输直接关系到农用物资运入和农产品运出，特别是对产品保鲜要求高的乳畜业和园艺业等，更离不开快捷的交通运输。

此外，劳动力的数量和素质，以及政府政策、工业基础等，也都影响着农业的区位选择。

在不同的历史阶段，影响农业的主导区位因素是不同的。例如，在社会生产力水平较低的时期，农业基本上“靠天收获”，自然因素对农业区位选择的影响最为重要。随着社会生产力水平的提高，社会经济因素对农业区位选择的影响越来越突出。

科技进步能够削弱自然因素对农业发展的限制。农业机械的使用，现代农业技术和科学管理方法的推广，以及作物品种的改良、农药和化肥的推广等，在一定程度上克服了自然条件对农业生产的限制，极大地提高了农业生产力。例如，随着节水技术的发展和作物品种耐旱特性的改良，干旱地区也能大规模发展农业生产。如宁夏固原市原州区建立的马铃薯繁育基地，利用大型节水喷灌设备灌溉，解决了农业生产的缺水问题。

图 6-21　高效节水灌溉破解宁夏干旱地区农业发展瓶颈

随着商品农业的发展，市场和交通因素对农业区位选择的影响不断增强。及时把握市场和农产品需求信息，可以为农业生产的决策提供依据。交通运输网络的完善和农产品保鲜、冷藏技术的提高，扩大了农产品的销售范围。同时，随着交通运输条件的改善和农产品产值的提高，运费在农产品价格中所占的比重大幅下降。

知识窗

精准农业与智慧农业

精准农业是以“3S”（GIS、GNSS、RS）空间信息技术和农作物生产管理决策支持系统（DSS）为基础，面向农业生产的精细农作方式。精准农业引领农业由资源型向科技型转变，利用遥感系统（RS）快速获取墒情、苗情、土壤养分、病虫害等信息，为农业生产提供实时数据；利用全球卫星导航系统（GNSS）采集农田信息，指导农机精准作业；利用地理信息系统（GIS）整合各种数据资料，建立农田管理信息系统。在此基础上，依托决策支持系统制定农业生产决策，以实现高效利用农业资源、改善农业生态环境的优化目标。

智慧农业是以信息和知识为核心要素，通过互联网、物联网、大数据、人工智能和智能装备等现代信息技术、设备与农业的深度跨界融合，实现农业生产全过程的信息感知、定量决策、智能控制、精准投入、个性化服务的全新农业生产方式，是农业信息化发展从数字化到网络化再到智能化的高级阶段。大数据、云计算、5G、无人驾驶、北斗导航、区块链……越来越多的新科技逐渐应用于农业，让农业插上智慧的翅膀，让农村安上智慧的“芯”脏，让农民过上智慧的生活。

二、农业生产与农业地域类型

农业地域类型是指具有类似的农业生产条件、方向和特点的农业经营单位或地域单位的组合，既反映了地区农作物构成和土地利用的情况，也反映了生产布局的情况。世界农业大体可分为热带雨林迁移农业、种植园农业、水稻种植业、商品谷物农业、混合农业、游牧业、大牧场放牧业、乳畜业等不同的地域类型。

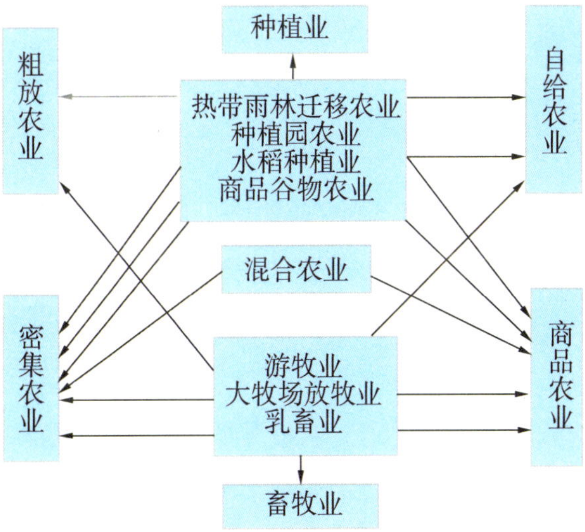

图 6-22　农业生产与农业地域类型的划分

根据不同的标准，可以从不同的角度对农业生产与农业地域类型进行划分。

根据农业生产对象的不同，可将农业

分为种植业、畜牧业、林业和渔业等。在农业地域类型中，主要表现为种植业、畜牧业和混合农业。

按投入多少，可将农业分为粗放农业和密集农业。如果投入的生产资料或劳动力较少，扩大土地面积成为增加农业产出的主要手段，这样的农业称为粗放农业。粗放农业一般分布在地广人稀、自然条件较为恶劣、生产力水平低下的地区。如果投入的生产资料或劳动力较多，用提高单位面积产量的方法来增加农业产出，这样的农业称为密集农业或集约化农业。密集农业是现代农业的发展方向。随着现代科技的发展，蔬菜、花卉、乳畜等农业出现了技术和资金密集的工厂化生产，并且发展迅速。

按产品用途，可将农业分为自给农业和商品农业。如果农民生产的农产品大多数甚至全部供自己及家庭成员享用，这样的农业称为自给农业。自给农业主要分布在发展中国家，绝大多数是为了满足自己及家庭成员的食品（如粮食、蔬菜或肉类）需求，用来出售的农产品较少。如果是以销售农产品为目的进行农业生产，这样的农业称为商品农业。商品农业主要分布在发达国家及发展中国家的新开发地区。商品农业普遍实行专业化生产，机械化程度高，经营方式相对集约。

按发展阶段及水平，世界农业经历了原始农业、传统农业和现代农业三个发展阶段。原始农业泛指生产力水平极低、采用刀耕火种的极其简单的生产技术和生产工具进行生产的农业，只存留在热带雨林、寒带森林及一些岛屿、偏僻山区的土著中，如热带雨林迁移农业、热带和寒带地区的狩猎业等。传统农业主要分布在发展中国家，包括水田农业、旱作农业、地中海农业、游牧业等，农民以传统的经验和技术为基础，使用简单的农具进行生产，农业生产效率低下，技术进步缓慢，基本上处于自给自足的自然经济状态。现代农业是指广泛应用现代科学技术、生产资料、设施装备和现代科学管理方法的社会化农业，具有科技含量高、劳动生产率高、商品率高等特点，主要体现在商品谷物农业、种植园农业、乳畜业、大牧场畜牧业、市场园艺业和混合农业等农业地域类型中。

三、我国的农业地域及主要农产品分布

我国农业的地域差异，首先表现在东、西部的不同，然后又体现在南北之间的差异。根据彼此间的异同，我国可划分为四大农业区域。

南方农业区（又称东南水田农业区），包括长江中下游地区、华南地区及西南地区，长江以北一年两熟，长江以南一年三熟，这里人多地少，水热资源丰富，农林牧副渔业都比较发达，农业生产水平高，以水田为主，是全国水稻最大产区，全国重要的商品粮、桑蚕、糖料作物、油料作物、棉花、黄麻、亚热带热带作物、用材林和淡水渔业产区。长江中下游平原和珠江三角洲是著名的“鱼米之乡”，四川盆地素有“天府之国”的美誉，优势和特色农产品包括杉木、竹材、茶叶、油桐、橡胶、剑麻、柑橘、香

蕉、荔枝、桂圆、菠萝、蚕桑等。

北方农业区（又称华北、东北旱作农业区），包括东北农业区、内蒙古及长城沿线农业区、黄淮海农业区和黄土高原农业区。这里多为旱地，是我国重要的小麦、杂粮、棉花、花生等产区及用材林（如红松、落叶松等）、温带水果（如苹果、梨、柿、桃、枣等）生产基地。长城以北一年一熟，长城以南两年三熟。东北平原是我国最大的商品粮基地和林业基地，黄河中下游地区是我国最大的棉麦产区，黄泛区是我国最大的水果带。

西北农业区（又称西北内陆农业区），包括青藏高原以北的新疆与甘肃、宁夏、内蒙古三个省（区）的西部地区。这里地广人稀、气候干燥，以绿洲农业和荒漠牧业为主。种植业以旱作为主，灌溉农业突出（新疆为绿洲农业），一年一熟到两年三熟（南疆）。这里是全国最重要的畜牧业基地（新疆、内蒙古）、最大的长绒棉基地、重要的灌溉农业区（新疆、宁夏、河套地区）、重要的温带水果产地（新疆）、重要的糖料作物基地（内蒙古、新疆），盛产哈密瓜、葡萄干、枸杞、棉花、胡麻、骆驼、牛羊等。

青藏农业区（又称青藏高原农业区），包括西藏、青海大部分、四川西部、云南西北部及甘肃小部分。这里海拔高、气温低、无霜期短，以高寒牧业和河谷农业为主，是我国重要的畜牧业基地（青海、西藏），盛产青稞、豌豆、牦牛、藏山羊、藏绵羊等。

图 6-23　我国土地利用类型所反映的农业生产空间差异

活动

探究我国农业地域形成的原因

1. 从自然因素和社会经济因素两个方面，分析并说明我国四个农业地域形成的原因。

2. 有学者以“东耕西牧、南稻北麦”来刻画我国农业地域的分布特征。请查阅资料，利用所学知识，分析并阐明你的观点。（提示：这样的刻画有没有道理？若有，道理在哪里？有没有可以改进的地方？若有，说明可以改进的地方及理由。）

3. 相关统计表明，2022 年我国水稻产量排名第一的是黑龙江省，与“南稻北麦”的格局不太一致。请分析黑龙江省成为全国水稻产量第一大省的原因，说明黑龙江省种植水稻的区位优势和劣势。

知识窗

我国的粮食安全

“民以食为天”，粮食是人类餐桌上的主食。作为世界第一人口大国，粮食安全是我国社会稳定的“压舱石”，是国家安全的重要基础。

保障粮食安全，首先要保障粮食数量安全，即生产和储备足够多的粮食。我国始终把发展粮食生产作为头等大事，在政策、资金、科技等方面提供优先支持，实现了粮食从增产到稳产高产。截至 2022 年，我国粮食产量连续 8 年稳定在 1.3 万亿斤以上；到 2022 年年底，我国累计建成 10 亿亩高标准农田。目前，我国粮食总产量在世界上遥遥领先，人均粮食产量也远远超过世界平均水平，国家粮食储备体系日臻完备，我国居民的温饱问题得到了解决。

然而，由于我国人口多，粮食消费需求大，粮食消费总量高居世界第一。21 世纪以来，随着人民生活水平的提高，我国居民的饮食结构有所改善，膳食水平明显提高，对肉、禽、蛋、奶、食用油等食品的消费需求增加促使工业和畜牧业用粮增长速度加快，从而导致粮食需求量持续增长。目前，我国已经成为世界第一大粮食进口国。

耕地是粮食生产的自然基础，对于保障粮食安全具有决定性的作用。粮食产量与粮食播种面积、单位面积粮食产量、复种指数等有关。目前，我国复种指数已处于较高水平，尽管单位面积粮食产量还有提升空间，但难度很大，因而必须保证拥有足够的粮食播种面积，这就需要保持一定数量的耕地。因此，我们必须长期坚持切实保护耕地的基本国策，坚持最严格的耕地保护制度，坚决守住18亿亩耕地红线，确保基本农田总量不减少，同时因地制宜、合理开发耕地后备资源。

保障粮食安全，不仅要保证有足够的粮食储备，还要保障粮食质量安全。粮食质量安全直接关系到人们的身体健康和生命安全，当前百姓对粮食质量的要求越来越高，绿色、有机、有地理标志的粮食产品日益受到欢迎。我们在保障粮食数量安全的同时，要更加注重保障粮食质量安全，确保人们吃到“放心粮”。粮食质量安全依赖耕地质量安全，因此必须切实加强耕地保护，全力提升耕地质量。

“以我为主、立足国内、确保产能、适度进口、科技支撑”是我国国家粮食安全战略的基本内容。“藏粮于地、藏粮于技、藏粮于民”是确保我国粮食安全的三大支柱。

拓展活动

一般来说，黑土地是指以黑色或暗黑色腐殖质为优势地表组成物质的土地，因富含有机质呈黑色而得名，在我国主要集中分布在东北地区。红土地是指由红色土壤组成的土地，在我国主要分布在长江以南的低山丘陵区。黄土地是指由黄色土壤组成的土地，在我国主要分布在黄土高原。

查阅资料，完成下列任务：

1. 说明我国黑土地、黄土地和红土地主要分布区的地带性植被类型（一种或几种）。

2. 说明我国黑土地、黄土地和红土地主要分布区的特色农业和特色农产品。

主题 7　“闯关东”和“雁南飞”的原因是什么？

——人口分布与流动

【教学目标】

◎ 1. 了解世界人口数量变化的过程和特点，理解世界及中国人口分布的特点，学会分析某一区域人口数量变化和空间变化特点。

◎ 2. 了解人口迁移的含义，理解影响人口迁移的因素，学会运用所学知识观察分析现实社会中的人口迁移现象。

◎ 3. 理解资源环境承载力和人口合理容量的概念，正确认识人口、资源、环境和可持续发展问题，树立人地协调观。

【课时建议】

◎ 2—4 课时

【情境】

◎ 一部《闯关东》电视连续剧，勾起了人们对 19 世纪中叶大批关外人（以山东人为主）到东北创业定居历史的回忆；但近年来“北雁南飞”又成为中国人口迁移的新趋势，南方省份人口在持续净流入，与此同时，北方地区人口则在持续净流出。

图 7-1　电视剧《闯关东》海报

【问题】

◎ 从“闯关东”到“雁南飞”，人口发生迁移的原因是什么？如何确定一个国家或地区适宜的人口数量？

第一节 人口数量与分布

灿若星辰的人口与广袤辽阔的地球构成了共生共荣的绚丽画卷，人口的数量与分布则是画卷上多姿的线条与色彩，每一个数字都是生命的奇迹，每一片土地都饱含着独特的人文景观。

图 7-2　全球人口突破 80 亿

一、人口数量

纵观世界人口的发展历程，总的趋势是不断增长。随着社会经济的发展，世界人口总量虽然仍在不断增长，但增长速度已逐渐下降至较低水平。2022 年 11 月 15 日，联合国宣布，世界人口已突破 80 亿。

知识窗

世界人口每增长 10 亿所需时间

世界人口的第一个 10 亿用了近 100 万年的时间。从 1830 年到 1930 年的 100 年时间里，世界人口实现了第二个 10 亿的增长。20 世纪 30 年代以来，世界人口开始加速增长，到 1960 年世界人口增长到 30 亿；世界人口的第三个 10 亿用了 30 年。从 1960 年到 1975 年，世界人口由 30 亿增长到 40 亿，第四个 10 亿用了 15 年。20 世纪 80 年代以来，世界人口的出生率开始下降，但人口数量仍

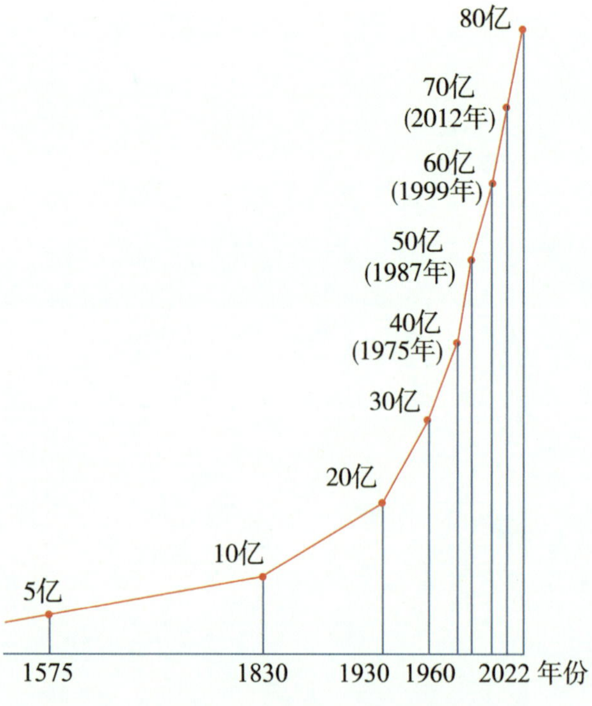

图 7-3　世界人口每增长 10 亿所需时间

处于高速增长中，至 1987 年突破 50 亿，世界人口的第五个 10 亿过程缩短为 12 年。1999 年世界人口突破 60 亿，第六个 10 亿也用了 12 年。2012 年世界人口突破 70 亿，第七个 10 亿用了 13 年。2022 年世界人口突破 80 亿，第八个 10 亿只用了 10 年。

人口的自然增长用自然增长率来表示，单位一般用千分率。其计算公式为

人口自然增长率=人口出生率−人口死亡率

当人口出生率和人口死亡率都高时，人口自然增长率低；当人口出生率高，人口死亡率低时，人口自然增长率高；当人口出生率和人口死亡率都低时，人口自然增长率也低。

知识窗

人口增长模式

人口增长模式，又称人口发展模式、人口转变模式，反映不同国家或地区人口出生率、死亡率和自然增长率随社会经济条件的变化而变化的规律。根据人口自然变动特征，可将人口发展过程分为四个阶段三种模式。第一阶段：原始低增长阶段，特点是高出生率、高死亡率、低自然增长率，称为“原始型”人口增长模式。第二阶段：加速增长阶段，特点是高出生率、死亡率开始下降、高自然增长率；第三阶段：增长减缓阶段，特点是出生率开始下降、低死亡率、人口增长减缓；第二、三阶段合称“传统型”人口增长模式。第四阶段：低增长阶段，特点是低出生率、低死亡率、低自然增长率，称为“现代型”人口增长模式。

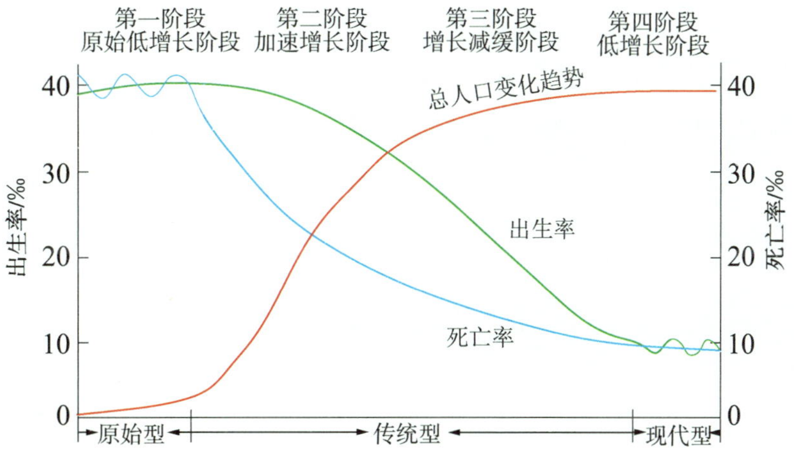

图 7-4 人口增长阶段及增长模式

中国长期以来一直是世界上人口最多的国家。随着社会经济的发展、人民生活水平

的提高和国家人口政策的变化，中国人口发展经历了由高出生、低死亡、高增长的“传统型”模式，向低出生、低死亡、低增长的“现代型”模式的转变。1999 年，中国 60 岁及以上老年人口占总人口的比重首次超过 10%，标志着中国迈入老龄化社会。2020 年 10 月，党的十九届五中全会首次提出“实施积极应对人口老龄化国家战略”。

在人口数量变化的同时，中国的人口质量在不断提高。人口质量亦称人口素质，一般是指人口总体的身体素质、科学文化素质及思想素质。身体素质是人口质量的自然条件和基础，科学文化素质和思想素质是人口质量高低的主要标志。

活动

人口普查是一种全面反映人口情况的数据收集工作，是政府制定经济和社会发展政策的重要依据。自中华人民共和国成立以来，我国已进行了七次全国人口普查，时间分别是 1953 年、1964 年、1982 年、1990 年、2000 年、2010 年和 2020 年。

2020 中国人口普查 CHINA POPULATION CENSUS

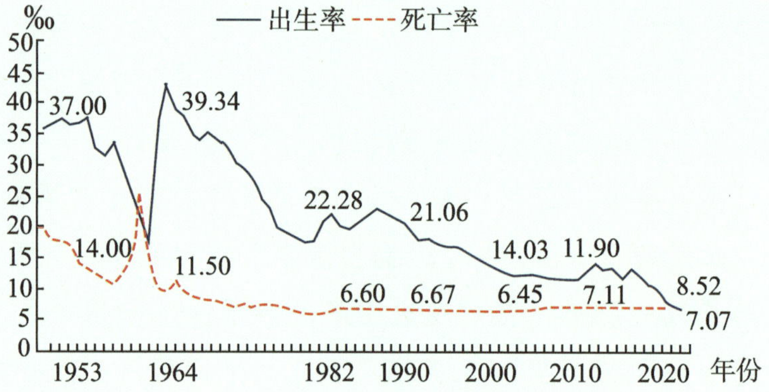

图 7-5　我国七次人口普查的出生率和死亡率

1. 分别计算第一、五、七次全国人口普查的自然增长率。为什么人口自然增长率下降了，全球每增长 10 亿人口所需时间却在不断缩短？

2. 分析自 1953 年以来我国人口增长模式发生了怎样的变化。

3. 调查你所在城市的人口出生率、死亡率情况，分析其对地区经济社会发展产生了哪些影响。

二、人口分布

世界人口分布最显著的特征是不均衡性。从全球来看，世界人口超过 90%分布在北半球，尤其是北半球中低纬度地带（表 7-1）；从海陆位置来看，世界人口约一半分布在距离海岸 200 千米以内的沿海地区；从海拔来看，世界人口超过 80%分布在海拔 500

米以下的低平地区（表 7-2）。

表 7-1　世界人口纬度分布

纬度	>60°N	40°~60°N	20°~40°N	0°~20°N	0°~20°S	20°~40°S	>40°S
占世界总人口的比例	0.4%	30%	49.4%	10.4%	6.1%	3.5%	0.2%

表 7-2　世界人口垂直分布

海拔	<200 m	200~500 m	500~1 000 m	1 000~1 500 m	1 500~2 000 m	>2 000 m
占世界总人口的比例	56.2%	24.0%	11.6%	4.4%	2.3%	1.5%

具体而言，世界上有四大人口稠密区，即亚洲东部、亚洲南部、欧洲西部和北美洲东部；原始的热带雨林、干旱的荒漠、空气稀薄的高山高原及寒冷的极地，则人口稀疏；南极洲及一些荒凉海岛，尚无人长期定居。

知识窗

胡焕庸线

中国东南部地狭人稠、西北部地广人稀早成事实，但没有人对这种认识给予有力的佐证。1935 年，著名地理学家胡焕庸对我国各县人口数据进行调查或估算，绘制出中国第一张等值线人口密度图，找到了一条可以显示两侧人口疏密悬殊的明确界线，即自黑龙江瑷珲（1956 年改称爱辉，1983 年改称黑河市）向西南直到云

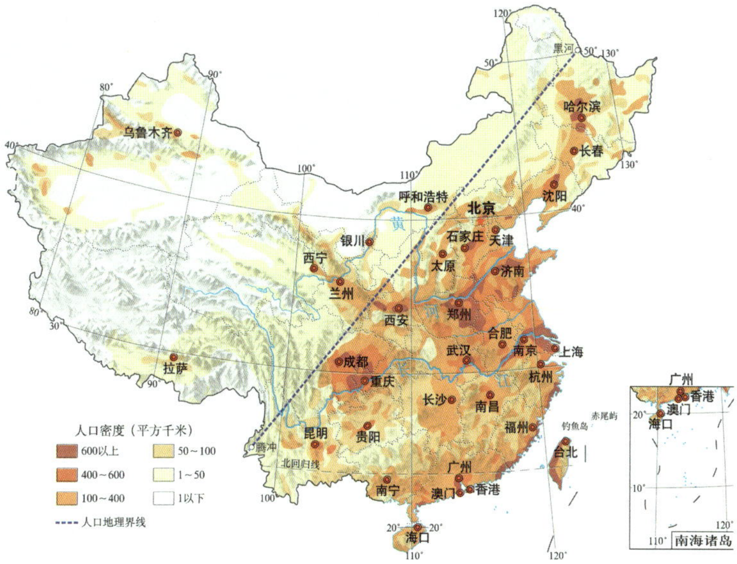

图 7-6　“胡焕庸线”示意图

南腾冲。根据胡焕庸当时的分析，全国约96%的人口分布在约占全国土地面积36%的东南部地区，约4%的人口分布在约占全国土地面积64%的西北部地区，二者平均人口密度比为42.6∶1。这条界线被称为“胡焕庸人口地理界线”，简称“胡焕庸线”。

“胡焕庸线”是一条看不见但又确实存在的人文地理分界线。此线两侧不但人口密度悬殊，自然环境及经济社会发展也存在显著差异。

活动

表7-3为我国2000—2020年“胡焕庸线”两侧人文要素变动情况。

1. 分析2000—2020年“胡焕庸线”两侧人口总量、人口城市化和经济总量的特点及其变化。

2. 结合所学地理知识，分析造成“胡焕庸线”两侧经济社会差异的自然环境因素。

3. 你认为未来我国经济社会发展会改变“胡焕庸线”格局吗？谈谈你的观点和理由。

表7-3　2000—2020年“胡焕庸线”两侧人文要素变动情况　　单位:%

年份	人口总量占比		人口城市化率		经济总量占比	
	东南壁	西北壁	东南壁	西北壁	东南壁	西北壁
2000	93.67	6.33	36.78	32.82	95.76	4.24
2010	93.52	6.48	50.69	43.59	94.07	5.93
2020	93.50	6.50	67.19	56.17	94.99	5.01

第二节 人口迁移

伴随着社会经济的发展，人口在不同地区之间的迁移始终存在。这种迁移受到诸多因素的影响，也对迁出地和迁入地的社会经济发展产生影响。

一、人口迁移概述

人口迁移是指人口在两个地区之间的空间移动。这种移动有的是暂时性的，如旅游、出差、春运等；有的是长期性或永久性的，如外出打工、毕业后去某地工作等。我们把人口居住地发生长期性或永久性改变的人口移动称为人口迁移，而暂时性的人口移动不属于人口迁移，可称为人口流动。

人口迁移根据是否跨越国界，分为国内人口迁移和国际人口迁移。人口迁移会使某一区域的人口数量发生变化，这种变化称为人口机械增长。一个国家或地区人口数量的变化是由人口自然增长和机械增长共同决定的。人口迁移对于迁出地和迁入地的经济、社会、文化等方面及对于迁移者本身都会产生很大影响。

知识窗

人口迁移是“北大荒精神”形成的基础

北大荒位于黑龙江省北部，主要是指三江平原、黑龙江沿河平原及嫩江流域的荒芜地区。据史书记载，这里自古以来即为蛮荒之地，自然条件恶劣。在北大荒建设进程中，经历数次人口迁移，几代拓荒人以百折不挠的毅力，创造了“荒原奇迹”，实现了北大荒向“北大仓”的历史性转变。

北大荒建设时期的主要人口迁移：

——1947 年人民解放军进入，到 1949 年年末共创办国营农场 100 余个。

——1955 年青年志愿者开拓北大荒，1958 年复转军人挺进北大荒，1968 年知识青年奔赴北大荒。

——1978 年北大荒建设迈入新阶段，农业科技人员、高校毕业生等不断涌入，成为新时期迁入北大荒的主体。与此同时，知识青年返城、本地人口“雁南飞”、出国潮等又使北大荒人口迁出与迁入并存。

北大荒建设时期人口迁移的特征是规模大、人数多，以主动迁移为主，以集体迁移为主，以迁入型为主。人口迁移将齐鲁文化、军旅文化、知青文化带入黑龙江，不仅产生了丰富的文学作品、独具特色的版画艺术，还形成了“艰苦奋斗、勇于开拓、顾全大局、无私奉献”的北大荒精神。

图 7-7　飞“阅”北大仓秋收画卷

图 7-8　北大荒版画

二、影响人口迁移的因素

人口迁移的原因可以用推拉理论来解释，即迁出地一种或多种不利因素所产生的“推力”，与迁入地一种或多种有利因素所产生的“拉力”共同作用，促使人口发生迁移。

人口迁移是自然因素和社会经济因素综合作用的结果。自然环境优美、气候宜人、资源丰富、距离较近的地区对人口迁移产生“拉力”，环境污染、自然灾害等因素则推动人口向外迁移。经济因素是影响人口迁移的主导因素，经济发达、收入水平高、就业机会多等，成为拉动人口迁入的强大动力。此外，政治、军事、文化等因素也会影响人口的迁移。

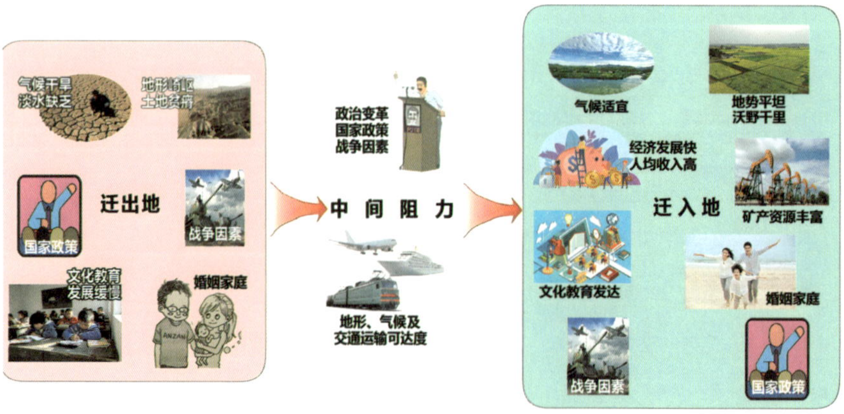

图 7-9　人口迁移“推拉理论”

知识窗

国际人口迁移与拉丁美洲

从哥伦布发现新大陆到第二次世界大战结束，拉丁美洲一直是国际人口净迁入区。据统计，迁入美洲的欧洲移民从1570年占美洲总人口的1.25%猛增到1825年的39.1%。1801—1950年，迁入拉丁美洲的欧洲移民总数达到1 200万人。

从欧洲方面来看，大批欧洲移民向世界各地迁移，适应了他们向海外扩张和掠夺的需要；与此同时，这一时期是历史上欧洲人口增长最快的时期，许多贫穷和失业的欧洲人不得不到海外谋生。从拉丁美洲方面来看，许多刚刚独立不久的国家急需大批人才和资金进行开发与建设。此外，两次世界大战的战火都未蔓延到拉丁美洲，使拉丁美洲的经济得以在战争的空隙中较快发展，许多欧洲人和亚洲人也愿意到拉丁美洲避难。

外来移民的迁入打破了拉丁美洲与世隔绝的封闭状态，促进了拉丁美洲经济的发展。欧洲移民向拉丁美洲输入了水稻、小麦、蔬菜、果树等农作物的种子，给印第安人带来了牛、羊、马、猪等家畜，这大大丰富了拉丁美洲的农牧业。其他如养蚕业、制糖业、炼铁业、印刷和出版业及先进耕作工具的制造等，也都是欧洲移民带入拉丁美洲的。当然，随着欧洲人口的迁移和流动，拉丁美洲的许多农作物，如玉米、烟草、马铃薯、西红柿、向日葵、可可、橡胶、花生、龙舌兰、金鸡纳霜等，也传到了世界各地。

图 7-10　可可树

图 7-11　金鸡纳树

活动

2020 年第七次全国人口普查数据显示，与 2010 年第六次全国人口普查数据相比，我国人口迁移流动更趋活跃。表 7-4 为两次人口普查全国及部分省（区、市）人口迁移规模及其变化情况。

表 7-4　2010—2020 年全国及部分省（区、市）人口迁移情况

单位：万人

区域	迁出人口		迁入人口	
	2010 年	2020 年	2010 年	2020 年
全国	5 499. 39	5 083. 19	5 499. 39	5 083. 19
北京	40. 59	126. 75	382. 78	254. 64
天津	21. 34	40. 76	149. 71	92. 27
河北	201. 74	193. 49	92. 41	115. 11
吉林	85. 39	82. 82	33. 84	48. 68
黑龙江	146. 32	158. 96	32. 19	36. 06
上海	40. 10	126. 97	490. 05	340. 77
江苏	189. 35	230. 61	488. 73	424. 57
浙江	133. 94	211. 46	837. 29	669. 34
河南	543. 04	461. 57	42. 97	75. 22
湖南	459. 19	295. 46	68. 84	128. 56
广东	161. 29	315. 29	1 387. 40	874. 85
广西	282. 05	212. 40	59. 78	87. 71
四川	498. 81	326. 79	105. 28	214. 85
云南	108. 90	164. 40	62. 09	85. 76
陕西	134. 75	122. 38	73. 40	83. 03
新疆	28. 67	54. 19	83. 98	111. 77

1. 根据表 7-4 中的数据，2010 年和 2020 年人口净迁出和净迁入的省（区、市）分别有多少个？

2. 按照由多到少的顺序，绘制 2020 年各省（区、市）人口净迁入量柱状图。

3. 归纳我国省（区、市）人口迁移的主要特点，说说这可能是由哪些原因造成的。

第三节 人口合理容量

当我们思考人类社会的未来时，自然资源与环境的承载能力成为不容忽视的因素。只有人口与资源环境达到和谐之境，才能共同奏响人与自然和谐相处的华美乐章。

一、资源环境承载力与人口容量

任何一个地区的自然资源与环境的承载能力都是有限度的，也就是说，在一定的生产力水平下，一个地区所能容纳的人口数量是有限度的，通常用资源环境承载力或人口容量来表示。资源环境承载力是指在保证资源合理开发利用和保护良好生态环境的前提下，区域所能承载的人口数量，也称人口容量。一旦超过这个限度，生态系统就会遭到破坏而失去平衡。

人口容量的大小受自然条件和社会经济条件的影响。自然条件和资源是决定区域人口容量的基础，某区域所能承载的人口数量是由该区域自然资源的“短板”决定的，如水资源是估算我国西北地区人口容量的主要因素，土地资源是估算我国东部沿海地区人口容量的主要因素。经济发达、科技水平高的地区，资源生产能力强，这会提高人口容量；但这些地区人均消费水平高，这又会降低人口容量。

知识窗

西藏“一江两河”地区的人口与水土资源承载力

“一江两河”地区是指雅鲁藏布江中游及其支流拉萨河和年楚河的河谷地区，地处西藏中南部，是西藏的政治、经济、文化中心，包括拉萨市、山南地区、日喀则地区的 18 个县（市、区），流域面积 6.67 万平方千米，占西藏总面积的 5.48%，人口约占西藏总人口的 33%，在西藏社会经济中占有重要

图 7-12　西藏布达拉宫

的地位。“一江两河”地区的基础设施建设和经济高速发展提高了对资源的开发利用程度，生态系统的脆弱性和不稳定性逐渐凸显，迫切需要研究其资源环境承载力与人口保障水平，引导人口合理布局，促进区域人口、资源、环境协调发展。

从人口赖以生存的水和土地资源出发，科学家对西藏“一江两河”地区的资源承载力进行了评估。结果显示，“一江两河”地区水资源丰富，水资源承载力远大于实际人口数，但近年来呈波动下降趋势，77.8%的县（市、区）水资源承载力下降。“一江两河”地区，因自然资源禀赋好，土地资源承载力呈先波动下降后持续上升的趋势，2000—2010年，该地区土地资源承载力有所下降，由141.12万人下降至123.74万人，随后持续上升至2015年的135.38万人。针对未来的人口和经济社会发展，“一江两河”地区仍需要采取综合措施，合理开发利用和保护水土资源，使社会经济与资源环境协调发展。

二、人口合理容量与人地和谐

一个国家或地区人口容量究竟多大才是合理的？这是摆在我们面前的现实问题，也是人类社会要持续发展就必须思考的长远问题，即人口合理容量问题。所谓人口合理容量，是指在一定的资源和环境约束下，在满足人们日益增长的美好生活需要的前提下，一个国家或地区最适宜的人口数量。人口合理容量是人口与资源、环境、经济、社会协调发展的必要条件，人口合理容量也随社会经济发展水平的变化而变化。

保持人口的合理容量需要全社会的共同努力，既要最大限度地将人口控制在合理的规模之内，又要努力提高技术水平、资源利用效率，还要倡导适度消费、绿色消费，促进人与自然的和谐共生，走生产发展、生活富裕、生态良好的文明发展道路，实现中华民族永续发展。

拓展活动

地球最多能养活多少人？人口容量到底多大才是合理的？对于这些问题，不同的人从不同的角度出发会有不同的看法。

悲观者认为，人口众多是一个大负担，会给资源、环境、经济、社会带来沉重的压力。

乐观者认为，科学技术具有极大的潜力，可以不断提高资源环境承载力。人口的增长还可以带来人口红利，缓解人口老龄化，推动经济社会发展。

图7-13 人口老龄化与养老

1. 收集相关资料，了解我国人口政策的调整情况。从人口与资源、环境、经济、社会协调发展的角度，谈谈对我国人口政策的理解。

2. 将悲观者和乐观者的观点作为正反方，开展班级辩论活动。

主题 8
你喜欢居住在城市中心还是郊区？

——聚落变化与城市化

【教学目标】

◎ 1. 了解农业文明和工业文明对聚落空间格局变化的影响。

◎ 2. 了解城市化的动力机制，理解城市化的积极意义与不利影响。

◎ 3. 能够结合资料和实际案例，分析不同地区城市化的过程和特点。

【课时建议】

◎ 2—4 课时

【情境】

◎ 当人们纷纷涌向城市的时候，在一些发达地区的超大城市出现了人们迁出城市中心到郊区或乡村居住的现象。

【问题】

◎ 你喜欢居住在城市中心还是郊区？为什么？

图 8-1　城市中心与郊区

第一节 聚落变迁及其原因

随着人类社会的发展，聚落不断地发生着变化。

一、聚落的形成与变迁

聚落是人类活动的中心，它既是人类的居所，也是人们进行劳动生产和社会活动的场所。

聚落不单是房屋建筑的集合体，还包括与居住地直接相关的其他生活设施和生产设施。聚落作为人类活动的场所和聚集中心，具有多种功能。首先是居住功能，其次是经济功能，最后是社会功能。聚落的形成是自然因素与社会因素共同作用下人地关系的一种外在表现。聚落可按照功能分为乡村聚落（图 8-2）和城镇聚落（图 8-3）。

图 8-2　乡村聚落

图 8-3　城镇聚落

聚落是社会生产力发展到一定阶段后逐步形成的。在远古时代，人类过着完全依附自然的采集生活，栖树而居。随着人类社会的发展，人们逐渐脱离树栖生活，进入穴居阶段，天然洞穴成为理想的居所。随着社会生产力水平的进一步提高，人们的居住地从洞穴向地面发展，出现了最原始的房屋与村落。到了新石器时代，人类社会出现了第一次大分工，也出现了真正的聚落，即以农业生产为主的固定居民点——乡村。

一般来说，城市的出现晚于乡村，城市是在乡村的基础上产生的，是社会生产力发展到一定阶段的产物。第一次社会大分工，使得农业产品和畜牧业产品的交换成为一种经常性的现象，直接催生了固定交换场所，这就是人类社会集市的萌芽。第二次社会大分工，不仅形成了与农业相互依存的原始制造业，而且大大提高了农牧业的劳动生产率，可供交换的产品大幅增加，从而使交换场所的规模逐步扩大。专门从事商品交换的商人的出现，是人类历史上的第三次社会大分工，也是早期城市产生的重要条件和标志。而且，由于阶级的出现及部落之间的战争，出于军事、政治、宗教等目的，人们开始在聚集区周围筑城，于是世界上最早的城市就出现了。

“一年而所居成聚，二年成邑，三年成都。”“聚”“邑”“都”等这些早期的聚落形态，从另一个方面反映了聚落的形成过程。在以乡村为基础的“聚”逐渐演进为一定区域内的行政中心、集镇或防务重地的过程中，聚落的功能和层级也会进一步完善和细化。

二、影响聚落变迁的因素

（一）自然因素

聚落的形成和发展与自然环境密切相关。早期聚落大多分布在地势平坦、土壤肥沃、水源充足、气候温暖湿润的地区，自然条件优越，如四大文明古国都诞生于容易生存的中纬度河川台地附近。目前，在一些河流中下游平原或河口、沿海地区，工农业生产比较发达，聚落分布比较密集；在高山、荒漠地区，则少有或没有聚落。

世界上的自然环境千差万别，聚落的形态也各不相同。有的聚落在平原地区呈团块状，有的聚落沿着河流、山麓、谷地呈条带状。

（二）社会因素

随着人类社会的发展及人类利用自然条件的能力提高，聚落变迁受自然因素的制约越来越小，受政治、经济、文化等社会因素的影响越来越大。

1. 政治因素

政府的决策和规划，影响甚至控制着聚落的发展方向、方式和速度。例如，我国的深圳从一个贫穷落后的小渔村发展成一个富裕繁华的国际大都市，就与国家改革开放政策的实施及把它作为改革开放的试验区和先行区的规划定位密切相关。巴西政府的迁都决策，使得巴西利亚（图 8-4）在短时间内发展成巴西最大的城市之一。

图 8-4　巴西利亚

知识窗

巴西迁都

巴西曾在萨尔瓦多和里约热内卢建都，两地都是海滨城市，自然条件优越。1822 年独立之后，巴西政府出于政治、经济和战略安全的考虑，曾决定在内地建新都。134 年后的 1956 年，巴西总统儒塞利诺·库比契克确认巴西利亚为国家中心并作为首都，做出迁都巴西利亚的决定以加快内地开发，并从 26 个城市规划设计方案中选定卢西奥·科斯塔教授的飞机形平面布局为蓝图。1956 年 11 月，巴西利亚动工兴建，由建筑师奥斯卡·尼迈耶设计建造。

在短短的三年半时间里，一个崭新的首都建成。1960 年 4 月 21 日，巴西正式迁都巴西利亚，起初人口不足 20 万，随后大量移民涌入，人口急剧增加，巴西利亚也成为全国最大的城市之一。

2. 经济因素

不同的经济发展阶段，有着不同的产业结构，从而决定了聚落有着不同的形式。在经济发展的初级阶段，以第一产业为主体，因而聚落以乡村为主要的表现形式。当经济发展进入较高阶段时，第二、第三产业逐渐成为主体产业，因而聚落以城镇为主要的表现形式。另外，经济发达的地区，基础设施往往比较先进，服务能力和竞争能力也比较强，从而能吸引更多的人口和产业集聚，形成更大的聚落。

3. 文化因素

文化也是影响聚落形成和发展的重要因素。比如，宗教文化对聚落形成和发展的影响就比较大，清真寺、教堂等，不仅常占据各种不同宗教聚落的中央位置，还常是最显著的建筑物。甚至一些国家和城市是因宗教而发展起来的，如梵蒂冈、麦加（沙特阿拉伯）等。不同民族的聚落具有不同的风格和特色，这往往与不同的民族文化有关。

4. 交通因素

交通条件也影响着聚落的形成和发展。交通便利的地方更利于人们的出行和交流，因此更有可能形成聚落。运输方式深刻地影响着聚落形态及其延伸方向。交通枢纽吸引相关产业集聚，往往会形成规模较大的城市。例如，历史上以水运为主的时期，聚落多沿江河、湖泊、海港、海湾分布，形态多呈条带状，如我国的重庆便是一座凭借水运而兴起的城市。

活动

城市是有兴衰的。以我国为例，在古代，以陆路为主，所以长安、洛阳均为当时的雄城；以运河为主，所以杭州、扬州风流千年；以海运为主，所以上海、广州的崛起不可阻挡。

以你的家乡为例，说一说聚落的发展主要受到哪些因素的影响。

第二节 城市化及其过程

城市化与社会经济发展密切相关。

一、城市化

城市化也称城镇化，一般是指农业人口转变为非农业人口、农村地区转变为城镇地区、农业活动转变为非农业活动的过程。城市化是多维的概念，其内涵包括人口城市化、经济城市化（主要是产业结构的城市化）、地理空间城市化和社会文明城市化（包括生活方式、思想文化和社会组织关系等的城市化）。城市化可以用非农人口增长、产业结构变化、城镇数量变化、城镇基础设施及公共服务水平等来描述。通常以城镇人口占总人口的比例，即“城市化率”，来衡量一个国家或地区的城市化水平。

城市化是社会经济发展的必然结果。1800 年，世界城市化率仅为 3%左右。工业革命推动了社会生产力的发展和城市化水平的提高。1800—1900 年这一百年间，世界城市化率逐步上升到 14%左右。第二次世界大战以后，随着人口和财富进一步向城镇集中，世界城市化率不断提高。据统计，1800 年全世界的城市只有英国伦敦人口超过 100 万，而目前全世界人口在 100 万以上的大城市超过 1 000 个，世界城市化率已超过 50%。

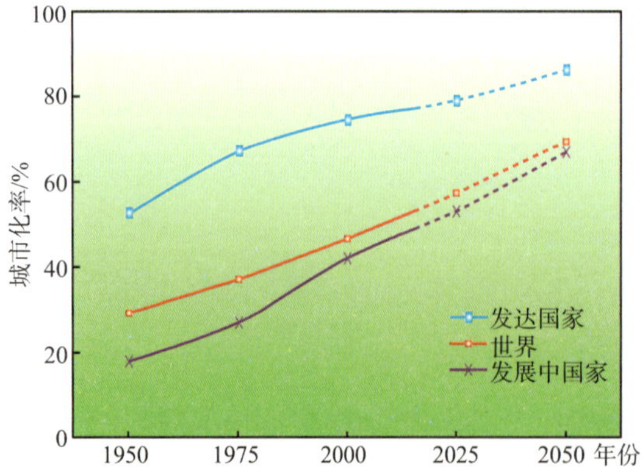

图 8-5 20 世纪 50 年代以来世界城市化过程

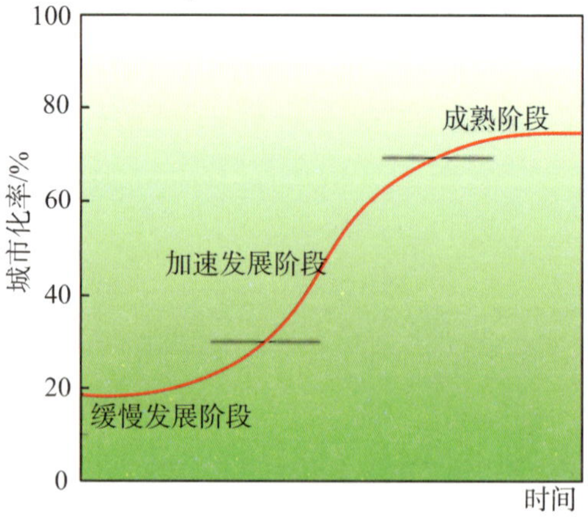

图 8-6 城市化发展阶段

（一）城市化进程

城市化进程大致可分为以下三个阶段。

1. 缓慢发展阶段

当城市化率低于30%时，城镇人口增长缓慢，发展时期漫长。这一阶段，第一产业在区域经济中所占比例较大。

2. 加速发展阶段

当城市化率超过30%时，城市化便进入加速发展阶段。人口和经济活动向城镇集聚，城市化水平加速提高，城镇数量快速增加，城镇规模快速扩大，并出现城镇密集地区和城镇群。这一阶段，第一产业在区域经济中所占比例持续下降，第二产业成为区域经济的主导产业，第三产业在区域经济中所占比例逐步上升。

3. 成熟阶段

当城市化率达到70%时，城市化速度又趋于缓慢甚至停滞。这一阶段，城乡差距缩小，第三产业逐步成为区域经济的主导产业。

（二）不同国家或地区的城市化

不同国家或地区的城市化进程是有差异的。社会经济发展水平的差异直接导致了城市化的地区差异。一般来说，经济发达的国家或地区，城市化起步早，城市化水平高，出现了逆城市化和再城市化的现象；经济相对落后的国家或地区，城市化起步晚，城市化总体水平低，大多还处在快速城市化的阶段，一些城市存在着发展不合理的问题。

活动

比较中国与世界的城市化进程

读图8-7，完成下列任务：

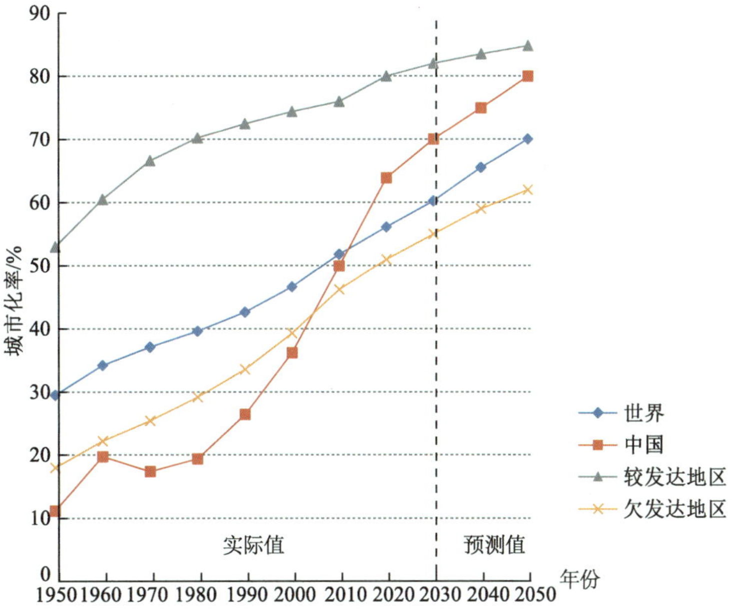

图8-7　中国与世界的城市化进程对比

1. 分析中国的城市化进程，划分其发展阶段，并说明理由。

2. 将中国的城市化与世界整体、较发达地区、欠发达地区比较，分析并说明中国城市化的特点及趋势。

二、城市化的动力

城市化的动力来自多个方面，主要包括社会、经济、科技、政治和自然等方面。

社会方面：与乡村相比，城镇就业岗位多样、工作机会多、收入高，社会服务资源丰富，交通便捷，文化设施齐全，生活和工作条件优越，等等。这些成为吸引乡村人口向城镇集聚的动力，从而促进人口的城市化。

经济方面：与乡村相比，在城镇更容易实现资本的积累、流通、循环和增值，因此城镇更容易吸引资本和产业的集聚，从而促进产业结构的调整，实现经济的城市化。

科技方面：科技革命引起的生产方式变革，特别是制造业和服务业集聚式发展、规模化生产经营，塑造着城镇居民的居住、消费、娱乐等行为及生活方式，也决定了城镇交通、住房、基础设施和商业空间布局的演变。科技革命通过赋能城市规划、管理及基础设施建设来提高城市治理水平，使“城市让生活更美好”成为现实。因此，科技革命不仅可以促进人口的城市化、经济的城市化，还可以促进社会文明的城市化。

政治方面：出于对国家安全、稳定和发展的综合考虑，有时政府会对经济和社会发展的总体布局做出调整，如首都的迁移、行政区域的调整、都市群的建设、经济发展战略及社会发展规划的调整等，不仅会直接影响地理空间的城市化，还会影响国家和区域城市化的整体布局与进程。

自然方面：相对于乡村，城镇抗御自然灾害和恶劣自然环境的能力更强。也就是说，乡村更容易受到自然灾害和恶劣自然环境的侵害与干扰。

综上所述，城市化是许多因素综合作用的结果。城市化的动力可以简单概括为推力和拉力。推力是指使人群离开乡村的因素，拉力是指吸引人群来到城镇的因素。推力包括乡村的人地矛盾加剧，自然灾害和恶劣自然环境的侵害与干扰大，就业机会少而单一，收入低，交通不够便捷，文化设施不够齐全，社会服务资源相对短缺，等等；拉力包括城镇抗御自然灾害和恶劣自然环境的能力强，就业机会多且多样，收入高，交通便捷，文化设施齐全，社会服务资源比较丰富，等等。

第三节 城市化的积极意义与不利影响

城市化有其积极意义，但过度城市化或城市规划失当等也会带来不利影响。

一、城市化的积极意义

随着城市化进程的推进，城镇聚集了大量的人口和各种经济活动，城镇规模逐步扩大，城镇功能日益增强，城镇成为人们生产、生活、休闲娱乐的中心。

城市化有利于乡村剩余劳动力向第二、第三产业转移；有利于优化地区产业结构，提高工业生产效率，带动区域经济发展；有利于推动科技进步和信息交流，提高区域整体发展水平。此外，城市化还有利于居民文化水平的提高和思想观念的进步，促进城乡交流，缩小城乡发展差距。

城镇中修建基础设施、公共服务设施等，既能为人们生活带来便利，也能促进经济发展。城镇中的大型住宅区可以集中提供水、电、气等资源，容纳众多人口，满足人们日常休闲、购物等生活需求，从而提升人们的生活水平。

图 8-8　城市让生活更美好

图 8-9　大城市病

二、城市化的不利影响

城镇是人类对自然环境干预最强烈、自然环境变化最大的地方。城镇建设会占用一定数量的耕地，使生物多样性受到不同程度的影响，另外，“城市热岛效应”和“城市内涝”问题与城市化也有一定的关系。当城镇生产和生活排放的污染物超出一定的限度时，城镇的环境质量就会下降，甚至出现空气污染、水体污染、固体垃圾污染和噪声污染等环境问题，严重影响人们的生活。

过度城市化，还会带来大城市病，如出现人口膨胀、交通拥堵、住房困难、环境恶化、资源紧张、物价过高、工作压力大、社会秩序混乱等问题。

知识窗

郊区城市化与逆城市化

作为中国城市化发展的排头兵，上海出现了“郊区城市化”和“逆城市化”现象。

逆城市化是指城市市区人口尤其是大城市市区人口郊区化、大城市外围卫星城镇布局分散化的城市化模式。所谓“逆”，并不是指城市人口的农村化，更不是指城市文明和生活方式的农村化，而是指城市市区人口向郊区迁移，大城市人口向卫星城镇迁移的倾向。逆城市化现象主要发生在20世纪50—70年代城市化水平很高的发达国家。

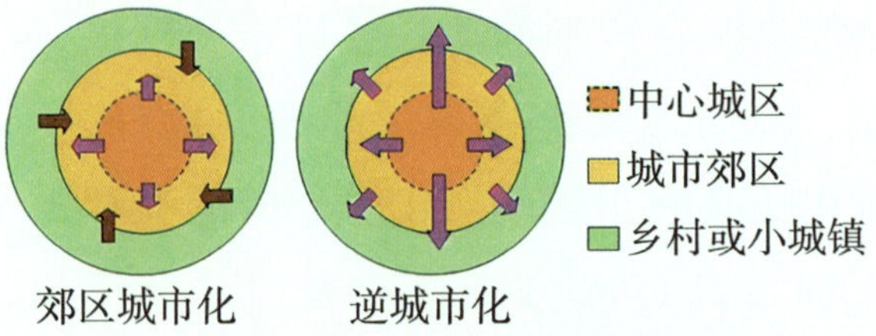

图 8-10　郊区城市化与逆城市化

郊区城市化与逆城市化有关，但是两者又不完全相同。郊区城市化的原因主要有以下几个：一是大城市中心区人口过于密集，超过人口合理容量，导致建设用地紧张、交通拥堵、居民生活质量下降。人们期盼移居到环境优美、空气洁净、生活舒适的郊区或卫星城镇。二是高速公路、轨道交通等现代化快速交通网络的建立和家用汽车的普及，为人们居住在郊区或卫星城镇提供了方便；而移动电话、互联网等现代通信方式，又为弹性工作时间和居家办公等提供了保障。三是新商业区的发展和服务设施的逐步完善，为郊区和卫星城镇的生活提供了便利，城乡差距缩小。四是一些外来人口或产业，选择在郊区落户，既可以享受大城市的信息、科技、人才、市场、交通等资源，又可以发挥郊区地价低、生态环境好等优势。

三、新型城市化

为了减少和克服城市化尤其是过度城市化带来的不利影响，需要走新型城市化道路。

新型城市化，是以城乡统筹、城乡一体、产城互动、节约集约、生态宜居、和谐发展为基本特征的城市化，是大中小城市、小城镇、新型农村社区协调发展、互促共进的城市化。新型城市化的核心在于不以牺牲农业和粮食、生态和环境为代价，着眼于农民，涵盖农村，实现城乡基础设施一体化和公共服务均等化，促进经济社会发展，实现共同富裕。

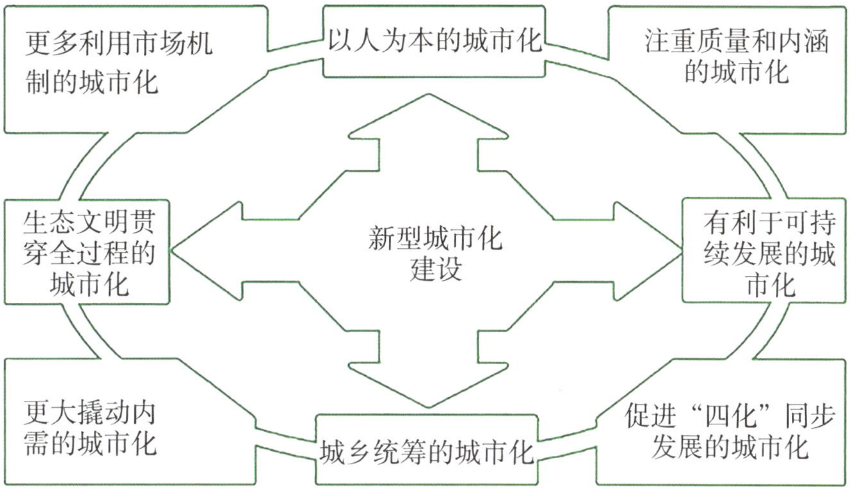

图 8-11　新型城市化建设

四、智慧城市建设

智慧城市（图 8-12）运用数字城市技术，将城市中人和物的信息按照地理位置进行组织，通过网络获取并传输海量数据，借助于云计算进行实时处理，并将结果反馈到控制系统，再进行智能化控制，从而实现城市智慧化管理和运行。智慧城市建设的目标是：发展更科学，管理更高效，社会更和谐，生活更美好。

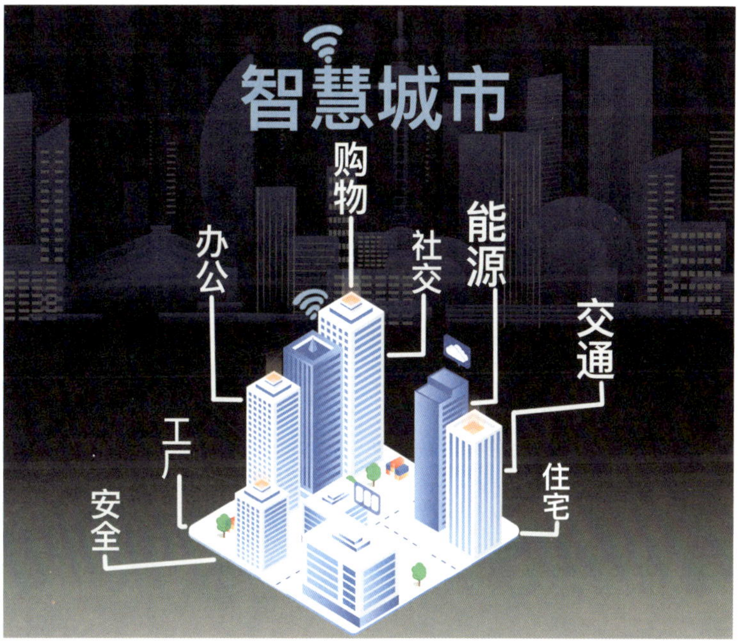

图 8-12　智慧城市

对于城市而言，智慧城市通过智能化管理能够破解“城市病”，降低资源消耗，减少环境污染，缓解交通拥堵，消除安全隐患。对于居民来说，智慧城市意味着上下班便捷、供水供电可靠、日常出行安全，家长打开手机就能看到孩子的情况，患者在家通过手机就能看医生。对于旅行者而言，智慧城市是一个触手可及的城市，无论走到哪里，只要轻轻一点，就可获取吃住行游购娱各类信息。

知识窗

中国助力巴基斯坦智慧城市建设

在共建“一带一路”倡议和中巴经济走廊的政策背景下，中国和巴基斯坦科研人员正通过运用人工智能技术助力巴基斯坦建造更智慧、更安全的城市。

链接两国科研人员的是位于巴基斯坦首都伊斯兰堡和中国南部城市广州的中国–巴基斯坦智能系统实验室。实验室成立于2022年，是由巴基斯坦国立科技大学和广州软件应用技术研究院联合共建的合作项目。通过该平台，中国将推动成熟的科研成果与巴基斯坦当地项目进行深入对接，紧密结合巴基斯坦在安防等方面的需求，因地制宜地提供智慧城市相关产品和智能解决方案，让智慧路灯、智慧视频等核心技术和产品在当地落地，以提高巴基斯坦的技术创新能力和城市治理能力。

图 8-13 巴基斯坦首都伊斯兰堡纪念碑

实验室目前正利用来自中国的成熟技术，在巴基斯坦开发高效交通管理系统、基础设施监控系统等智慧城市项目。根据当地情况，实验室开发的车牌识别系统和智能安防系统已经开始在巴基斯坦试点应用，更多的巴基斯坦居民将能体验到智能系统应用带来的安全和便利。考虑到巴基斯坦经常受到洪灾的侵扰，实验室集合中巴双方的优秀科学家和工程师，研发出了重要研究成果“用于实时灾害管理的无人机辅助边缘框架”，为巴基斯坦抗灾提供了更科学、更有效的行动方案。除为城市问题提供解决方案外，实验室还致力利用人工智能技术帮助巴基斯坦提高医疗系统效率，改善患者和医护人员的体验，降低不断上涨的医疗护理成本。

拓展活动

1. 读图 8-14，说明我国城市化的发展过程，分析我国目前处在城市化的哪个阶段，是何时进入这个阶段的。

2. 读表 8-1，利用几次人口普查的数据，比较几个省（市）城市化率的变化，说明它们的差异及其成因。

3. 读表 8-2，比较分析并说明江苏三次产业比例变化与城市化进程之间的关系。

4. 收集资料，结合所学内容，分析并阐述在我国如何建设可持续城市（让城市“发展更科学，管理更高效，社会更和谐，生活更美好”），写出报告，在班级展示或讨论。

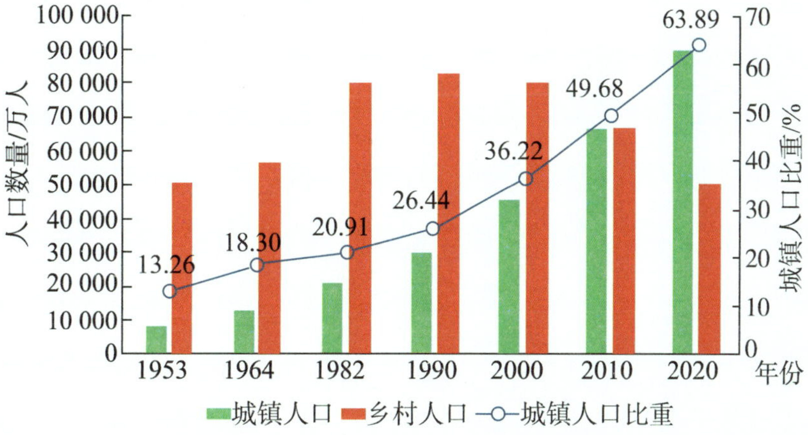

图 8-14　我国七次人口普查的城乡人口

表 8-1　我国部分省（市）城市化率　　单位：%

年份	北京	江苏	河南	辽宁	云南	陕西
1990	73. 40	21. 60	15. 50	41. 99	12. 38	18. 61
2000	77. 50	41. 50	23. 30	54. 24	23. 36	32. 26
2010	85. 96	60. 60	38. 80	62. 10	34. 70	45. 76
2020	87. 55	73. 40	55. 43	72. 14	50. 05	62. 66

表 8-2　江苏三次产业比例和城市化率　　单位：%

项目	1952 年	1980 年	1990 年	2000 年	2010 年	2020 年
第一产业	52.7	29.5	25.1	12.2	5.80	4.4
第二产业	17.6	52.3	48.9	51.9	52.8	43.1
第三产业	29.7	18.2	26.0	35.9	41.4	52.5
城市化率	14.7	15.2	21.6	41.5	60.6	73.4

主题 9　如何从地理学角度进行城市地域功能规划？

——城市内部空间布局成因及其影响

【教学目标】

◎ 1. 理解城市内部主要功能区的含义，了解城市内部空间结构的主要模式，学会分析某一城市内部空间结构的特点。

◎ 2. 了解影响城市地域功能分区的主要因素，学会分析某一城市内部空间结构的形成和发展变化。

◎ 3. 理解人类活动与地理环境之间的相互作用，树立人地协调观。

【课时建议】

◎ 2—4 课时

【情境】

◎ 上海滨江公园位于上海市浦东新区，原来是一个工业区。随着上海城市化进程的推进，市政府决定将其改造成城市滨水公园，原来的工厂、港口和码头区域被改造成一个宽敞的滨水景观带。

前滩休闲公园

运煤高架廊道改造为咖啡馆

图 9-1　上海滨江公园

【问题】

◎ 为什么要进行城市地域功能规划？

第一节　城市地域功能分区与城市内部空间结构

城市的繁荣与有序源自城市地域功能分区的合理规划与城市内部空间结构的精心安排。它们决定了城市的功能、结构与形态，蕴含着城市的生命脉络与活力律动，为城市的发展注入勃勃生机。

一、城市地域功能分区

城市人口相对较多、土地面积有限、社会经济活动多样。为了更好地发挥城市土地的价值，根据社会经济活动的不同，城市中往往会形成不同的功能区，如居住区、商业区、工业区、生态区等。

图 9-2　居住区示意图

图 9-3　上海徐家汇掠影（商业区）

居住区是指城市中集中布置居住建筑及市政公用设施，供城市居民居住、日常生活、文化娱乐的地区。居住区是城市中最普遍的土地利用方式。

商业区由商业街和各种商场等组成，多分布于城市中心或交通干线附近。大的城市往往有多个商业区。

图 9-4　南京金陵石化工业区

图 9-5　西安浐灞生态区

工业区是指城市中工业企业分布比较集中的地区。区内相关工业生产组成群体，或者协作生产配套产品，共同利用市政工程设施。

生态区是指城市中发挥特定生态功能的地区，包括绿化地带、特定生态保护地等。

知识窗

中央商务区

中央商务区（Central Business District，CBD），又称中心商务区，是城市中金融、贸易、信息和商务活动高度集中，并附有购物、文娱、服务等配套设施的核心地区。与一般商业中心相比，中央商务区是城市中经济活动最繁忙、交通最便捷、人流最集中、建筑最密集、地价最昂贵的地区。早期的中央商务区多位于城市中心，随着城市的不断扩大，在很多新区也建有中央商务区。例如，纽约曼哈顿区、上海陆家嘴金融贸易区、深圳福田中心区（图 9-6）等，都是世界著名的中央商务区。

图 9-6　深圳福田中心区

图 9-7　福田 CBD 焦点——深圳平安金融中心

城市各功能区之间并无明确的界线，并且一个功能区除以某种功能为主以外，也可能兼有其他功能，如居住区里可能有商店，工业区里可能有居住用地、商业用地。

随着城市的不断发展，城市的功能也越来越复杂，还会形成其他的功能区，如行政区、文化教育区、旅游休闲区等。

活动

图 9-8 为武汉市城市总体规划（2010—2020 年）——主城区用地规划图。近年来，武汉市建有一些大学城，如武汉工商学院、湖北中医药大学、武汉科技大学等所在的黄家湖大学城；湖北工业大学、武汉城市职业学院等所在的汤逊湖大学城；等等。读图 9-8，完成下列任务：

1. 说说武汉市城市规划中有哪些主要的功能区。
2. 分析建设大学城的利弊得失。
3. 思考武汉市各功能区的分布具有怎样的特点。

黄家湖大学城

汤逊湖大学城——湖北工业职业技术学院

图 9-8　武汉市城市总体规划（2010—2020 年）

二、城市内部空间结构

每一种功能区都有一定的空间分布特点和规律，各种功能区在空间上的组合就称为城市内部空间结构。根据各种功能区在空间上组合的形态，可将城市内部空间结构总结为同心圆模式、扇形模式、多核心模式等不同类型。

（一）同心圆模式

同心圆模式（图 9-9）是 1920 年代由美国社会学家欧尼斯特·伯吉斯，基于对芝加哥的研究提出的。

该模式分为5个同心圆带，第一带是中心商业区，是城市的核心；第二带是过渡带，商业和住宅相混合；第三带是工人住宅带；第四带是中产阶级住宅带；第五带是通勤带，是高收入阶层居住区域。

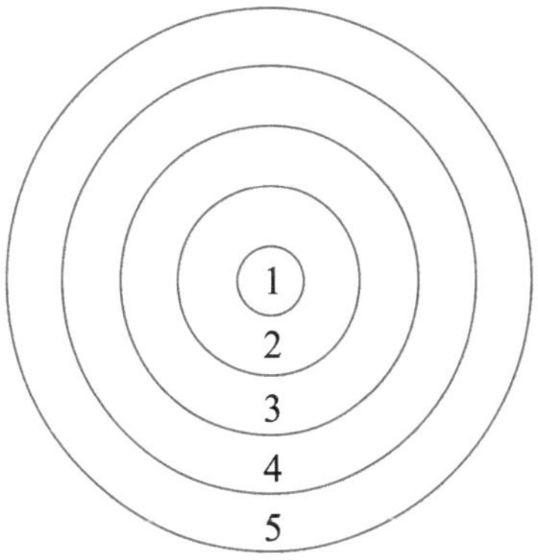

1. 中心商业区；2. 过渡带；3. 工人住宅带；4. 中产阶级住宅带；5. 通勤带。

图9-9　同心圆模式

同心圆模式虽然过于理想，但仍基本反映了一些城市内部空间结构的特点。例如，俄罗斯首都莫斯科就是一个由位于莫斯科河岸的小型居民点发展起来的同心圆城市，以克里姆林宫、红场所在的中部核心区为中心，向外呈同心圆分布。

（二）扇形模式

扇形模式（图9-10）是美国经济学家霍默·霍伊特于20世纪30年代提出的，其中心论点是城市住宅区由市中心沿交通线向外呈扇形辐射。扇形模式是在同心圆模式中加入交通因素的作用后形成的。

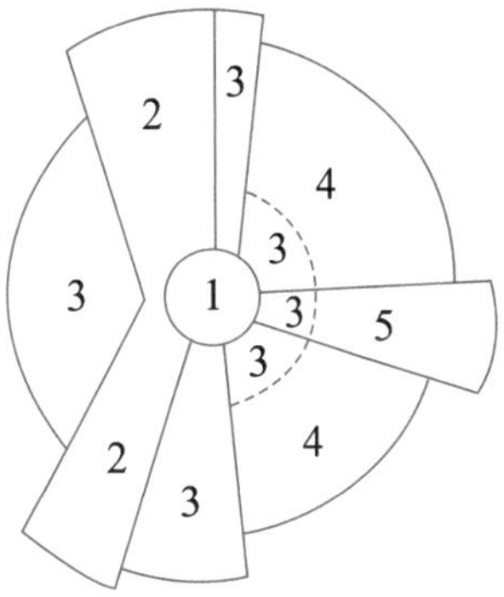

1. 中心商业区；2. 批发与轻工业区；3. 低级住宅区；4. 中等住宅区；5. 高级住宅区。

图9-10　扇形模式

例如，我国东北重要的工业城市沈阳早期也是单中心圈层结构，中心城区在二环以内。随着城市的发展，工业区开始沿交通干线呈扇形延伸。

（三）多核心模式

多核心模式（图9-11）是20世纪40年代由美国地理学家昌西·哈里斯和爱德华·乌尔曼提出的。他们认为大城市不是围绕单一核心发展起来的，而是围绕几个核心形成中心商业区、批发与轻工业区、住宅区、重工业区、近郊区，以及相对独立的卫星城镇等各种功能中心。

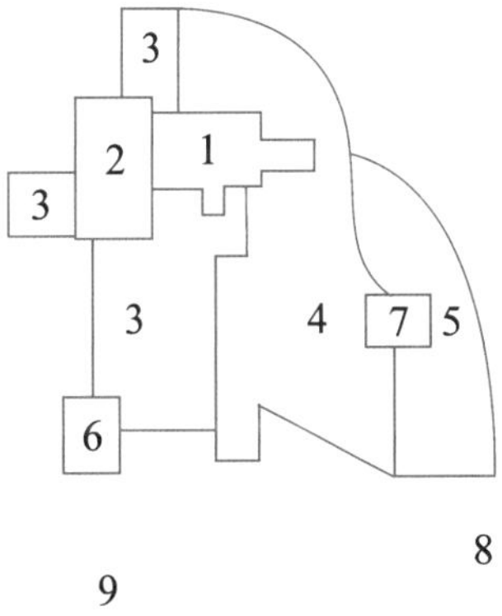

1. 中心商业区；2. 批发与轻工业区；3. 低收入住宅区；4. 中收入住宅区；5. 高收入住宅区；6. 重工业区；7. 卫星商业区；8. 近郊住宅区；9. 近郊工业区。

图9-11　多核心模式

例如，20世纪60年代以前，巴黎是以市区为中心，呈同心圆状向外扩展的。为了减轻中心区办公、商业和交通压力，巴黎在近郊原有基础较好的地点建立了9个新的商贸、服务、交通副中心；另外，在市区东西两侧、离市中心20~30千米范围内的塞纳河谷地建了5座新城，发展工业区及居住区，引导市区工业、人口向郊区迁移，形成多核心模式。

第二节 城市内部空间结构的形成和发展

从城市发展的历史来看，城市形成初期，规模较小，各种功能用地混杂布局，尚未形成明显的功能分异；随着城市的不断发展，功能区逐渐明显，功能分区的类型也越来越多样。城市地域功能分区是自然、经济、社会、环境等多种因素共同作用的结果。

一、自然因素

自然因素包括地理位置、地形、河流、矿产资源等，会影响城市内部土地利用方式。一般来说，地形坡度超过 10°，就不适宜大规模建设居住区；靠近矿产资源的地区、沿河或沿海地区适宜建设工业区；河流沿岸也适宜建设高档住宅区。

比如，山城重庆（图 9-12），许多建筑都是依山而建，交通错综复杂，轻轨穿楼而过，是一座最容易“迷路”的城市。

又如，江苏如东洋口港经济开发区（图 9-13），位于江苏省南通市如东县东北部，是江苏省沿海开发新高地，分海上作业区、临港工业区、现代物流园区和港口新城区四大功能区。

图 9-12　山城重庆

图 9-13　江苏如东洋口港经济开发区

二、经济因素

经济因素是影响城市地域功能分区的主要因素，尤其在城市发展的早期。在市场竞争的环境中，一块土地用于哪一种功能，主要取决于该种功能的付租能力。一般来说，距离城市中心越近，地租越高，越适合发展付租能力强的功能。此外，交通便捷程度对地租也有影响，距离交通干线越近，或者穿过的道路越多，地租越高。

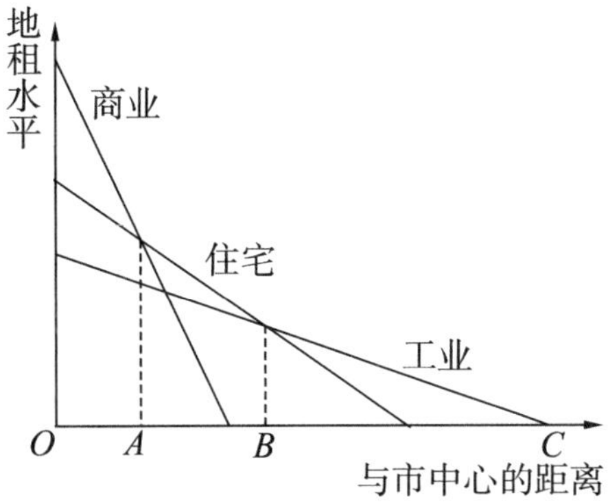

图 9-14　各类功能的付租能力随与市中心距离的增加而递减示意图

活动

1. 读图 9-14，分析各类功能的付租能力随与市中心距离的变化而变化的不同特点。

2. 如果仅考虑各类功能的付租能力来决定土地的用途，图 9-14 中 *OA*、*AB*、*BC* 三个地区各自最有可能成为哪一类功能区？说说你的理由。

3. 根据你的分析，说说图 9-15 中，*A*、*B*、*C*、*D*、*E*、*F* 字母代表的含义分别是什么。

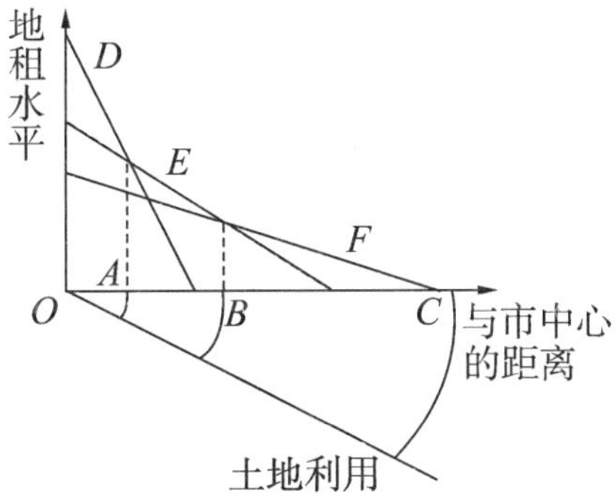

图 9-15　城市土地利用分区示意图

三、社会因素

除经济因素外，政策、文化等社会因素也会影响城市内部空间结构。例如，长三角重要中心城市苏州是全国首批历史文化名城之一，苏州城始建于周敬王六年（前 514），已有 2 500 多年历史，基本保持着“水陆并行、河街相邻”的双棋盘格局。20 世纪 80 年代，苏州工业发展与古城保护之间出现了尖锐的矛盾。苏州市人民政府提出了“全面保护古城风貌，积极建设现代化新区”的建设方针，苏州形成了“古城居中、东园（苏州工业园区）西区（苏州高新区）、一体两翼、南景（风景区）北廊（交通走廊）”的城市空间结构。进入 21 世纪，伴随着苏州市行政区划的调整，苏州市人民政府又对城市空间结构进行整合，苏州形成了“三心五楔，T 轴多点”的城市空间结构。

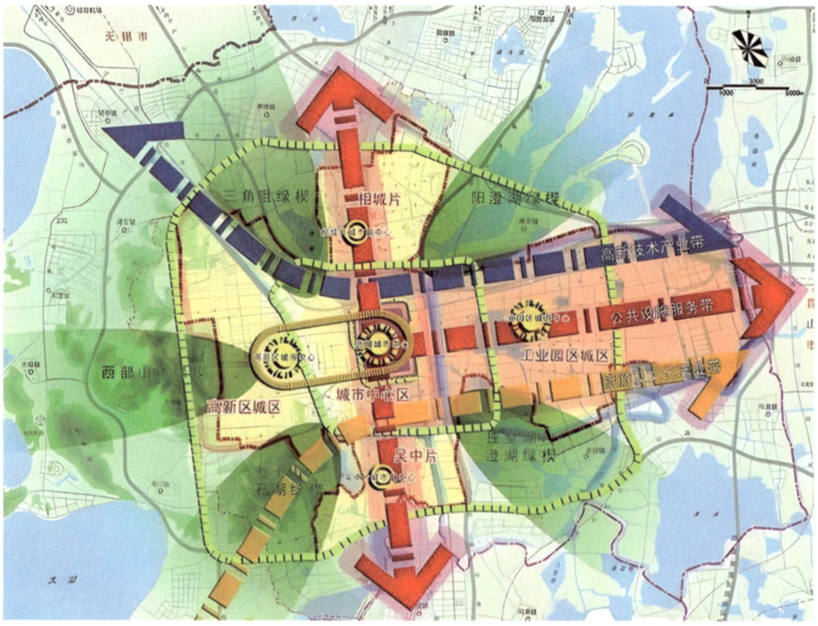

图 9-16　苏州市城市总体规划（2011—2020 年）——中心城区空间结构图

四、环境因素

随着经济和社会的不断发展，城市中心用地紧张、交通拥堵、环境污染等问题日益突出。为了保护环境，实现人与自然的和谐发展，一些城市中心的工业区纷纷向外迁移，一些污染严重的工业区关停或转型升级，原有的工业区就可能被改造成商业区或生态区，使得城市内部空间结构发生变化。

知识窗

破解“重化围江”之痛，幕燕滨江重现诗情画意

金陵佳丽地，北郊为最。南京北郊的幕府山燕子矶一带，自古便是“万里长江第一矶”，得天独厚的地理条件曾使这里成为化工基地，形成“化工围江”的布局。

2016 年以来，南京坚持“砸笼换绿”与“腾笼换鸟”并举，累计关闭、退出化工生产企业 158 家，整治“散乱污”企业 1 811 家，长江以南、绕城公路以内实现零化工生产企业。通过关停企业、生态修复、景观再造、产业转型，昔日化工基地变成城市景观带，大河滔滔、青山相依、红日慢落、夕霞炙空，金陵四十八景之一“燕矶夕照”又回来了。

图 9-17　昔日幕府山燕子矶沿江化工基地

图 9-18　如今幕府山燕子矶沿江景观带

第三节 合理规划城市地域功能分区

在城市地域功能分区中，不同功能区各有其独特的使命与价值。规划城市地域功能分区，犹如谱写一个华美的乐章，通过对每个音符的编排共同展现和谐繁荣的城市景观，共筑蓬勃发展的未来之城。

一、合理规划城市地域功能分区的意义

城市是人类文明的重要组成部分，也是人类生产和生活的家园。合理规划利用城市内部空间，既能合理利用城市土地，又能保护城市环境。“城市，让生活更美好”应成为每个城市发展的方向。未来城市应倡导人与人、人与自然之间的和谐，创造利于生产、方便生活、绿色低碳的人居环境。

第 41 届世界博览会于 2010 年 5 月 1 日至 10 月 31 日在中国上海市举行，主题为“城市，让生活更美好”。

图 9-19　上海世博会主场馆

知识窗

世界人居日

1985 年 12 月 17 日，第 40 届联合国大会通过决议，设立“世界人居日”（World Habitat Day），时间定为每年 10 月的第一个星期一。该节日的设立是为了唤起世界各国对人居环境的重视。联合国每年确定一个主题，并确定一个城市举办全球庆典活动。“世界人居

图 9-20　世界人居日

日”首次全球庆典活动于1986年由肯尼亚首都内罗毕主办，主题是“住房是我的权利”。中国的大连市和上海市分别是1999年和2010年全球庆典活动的主办城市。

二、布局城市地域功能区的方法

城市地域功能区的规划布局要综合考虑城市所在地区的自然、经济、社会、环境等因素，以建立可持续的人地关系为根本目标，并不断适应人们对城市发展的新需求。布局城市地域功能区的基本方法如下：

（1）合理规划居住区、商业区、工业区等的位置，提高土地利用效率，减少对城市环境的污染。如居住区要布局在地势相对较高的区域，商业区要布局在城市中心、人流量较大的区域，易造成污染的企业布局要注意与城市盛行风和水源的关系。

（2）协调各功能区用地时，既要考虑工业区、居住区等内部的交通联系，又要在各功能区之间规划便利的交通，以方便各功能区之间的联系。

（3）通过建设工业园区、发展卫星城、建立滨水景观带等生态涵养空间，有效改善环境状况，建设宜居的生活空间。

（4）通过规划，确定具有历史文化价值的场所、建筑物、街区等，保护地方优秀传统文化。

成都高新技术产业开发区，位于成都市中心城区南部和西部。

图 9-21　成都高新技术产业开发区

哈尔滨中央大街，2009 年被评为首批“中国历史文化名街”。

图 9-22　哈尔滨中央大街

知识窗

卫星城

卫星城是指位于大城市周围的小城市，这些小城市在地理空间上的分布与太空中卫星围绕某个中心点的分布类似，故名卫星城。

第一代卫星城即卧城，居民的工作和文化生活仍在主城；第二代卫星城有一定数量的工业企业和公共设施，居民可就地工作；第三代卫星城基本独立于主城，职能向多样性发展。卫星城可以分担中心城市的一部分功能，是中心城市职能的延伸。卫星城既与中心城市密切相关，又具有相对的独立性。

航拍“宝钢”

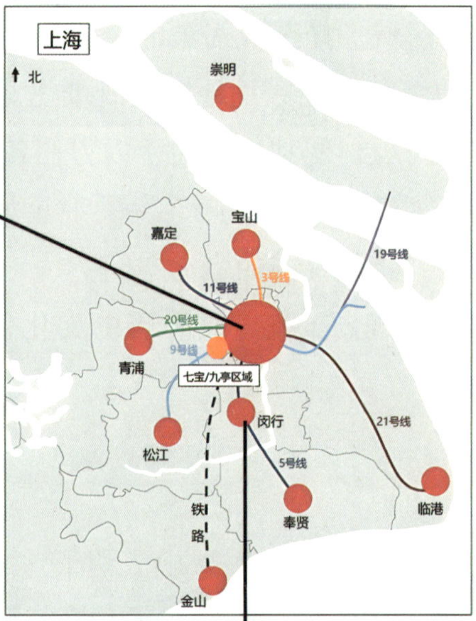

闵行区七宝老街

图 9-23　上海市的“卫星城”

宝山区位于上海市北部，地处黄浦江与长江交汇点，堪称上海的“水路门户”。宝山钢铁股份有限公司是中国最大、最现代化的钢铁联合企业，综合竞争力在世界钢铁行业中位列前三。

闵行区位于上海市中心城区西南部。中华人民共和国成立初期，大批重工业从上海市区迁到黄浦江边，老闵行地区成为产业工人聚居区。如今的闵行区是上海西南部重要的工业基地、科技创业区、现代居住区和区域性商业、物流中心，也是上海市重要的对外交通枢纽区之一，建有虹桥综合交通枢纽、虹桥国际机场。

拓展活动

探究城市内部空间结构的特征，一般包括以下步骤：

(1) 确定各类功能区的范围。

(2) 说出各类功能区的空间分布特点。

(3) 描述各类功能区之间的相对位置，分析形成这种空间结构的主要原因。

例如，居住区呈条带状是因为依河而建；工业区紧邻交通干线和港口，可降低运输成本。

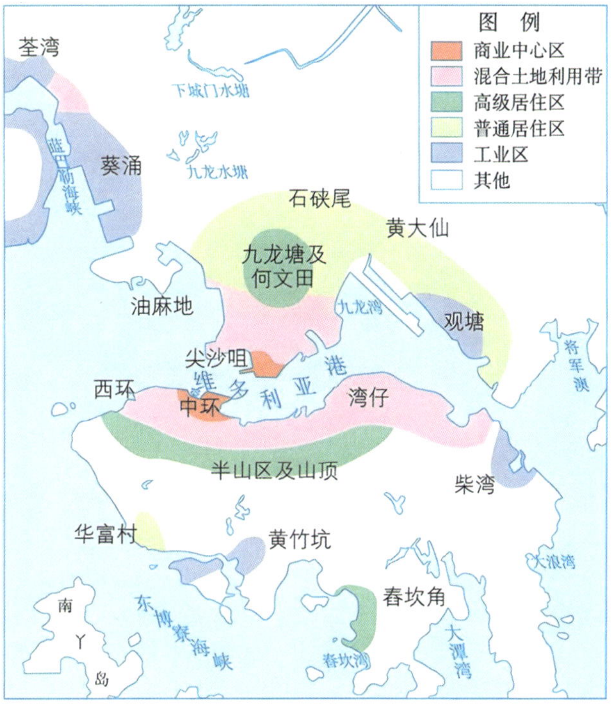

图 9-24　香港特区中心土地利用示意图

1. 读图 9-24，分析香港特区内部空间结构的特征，评判其地域功能分区的合理性。

2. 查找资料，分析北京市内部空间结构的变化，分析其内部空间结构变化的主要原因。

3. 结合实地调研，画出你所在城市内部空间结构示意图，分析其地域功能分区的合理性。

主题 10　你知道各地不同的特色工业产品吗？

——工业区位与工业地域

【教学目标】

◎ 1. 理解影响工业区位的主要因素。

◎ 2. 了解我国工业地域的布局特点和形成过程。

◎ 3. 认识新型工业区发展模式。

【课时建议】

◎ 2—4 课时

【情境】

◎ 谈到石油就会想到大庆，说起煤炭就会想起山西，谈到建筑之乡就会想到南通，一提到老工业区就会想到东北，等等。这些都与工业地域有关。

图 10-1　家乡的工业与故事

【问题】

◎ 工业地域是怎么形成的，其形成受到哪些因素的影响？你的家乡属于什么工业地域，有什么样的特色工业产品？

第一节 影响工业区位的因素

工业是从事自然资源采掘和原材料加工的物质生产部门，是现代国民经济的主导产业。工业区位是指工业企业的经济地理位置，以及工业企业在生产过程中与相关事物的联系。工业区位主要受到自然因素、科技因素和社会经济因素的影响。

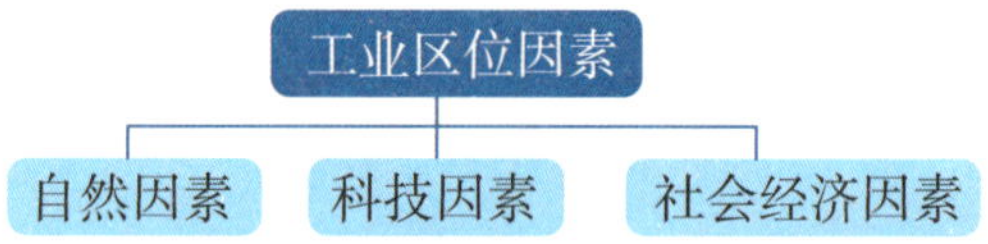

图 10-2　影响工业区位的因素

一、自然因素

影响工业区位的自然因素主要包括土地、水源、能源和矿产资源等。土地是工业布局的场所，工厂的建设需要有一定数量适合建筑的土地。水源是许多工业部门生产过程中所必需的，高耗水工业部门大多分布在河流沿岸，造船等工业部门还须依托通航水体。能源和矿产资源是工业发展的保证，尤其在工业发展早期，工业资源的地域组合影响工业发展进程和工业部门结构。世界上最早的工业区大多分布在煤炭、铁矿等资源地域组合较好的地区。

不同时期，影响工业区位的主导因素不同。在工业发展早期，原料往往是影响工业区位最重要的因素。例如，英国中南部、美国五大湖、中国东北等地区，因拥有丰富的煤、铁等矿产资源，形成了以采矿、钢铁、机械、纺织为主的传统工业区。我国的鞍本钢铁基地，就是依托煤、铁资源建立的，融采矿、选矿、炼焦、炼钢、轧钢及机械、化学、建材工业为一体的大型综合工业基地。

环境因素对工业区位的选择非常重要。例如，电子、精密仪器等对环境质量要求较高的工业，多选择分布在环境良好的地区。

二、科技因素

科技因素是现代工业产品发展和不断创新的根本保障。高新技术产业多布局在高等院校和科研院所集中的地区。同时，科技的进步也大大改变了工业区位对原料、能源等的依赖，扩大了开展工业活动的地域范围。例如，核能的开发和大型核电站的建设，以及特高压输变电技术的应用，为缺乏常规能源的地区提供了工业发展的条件。

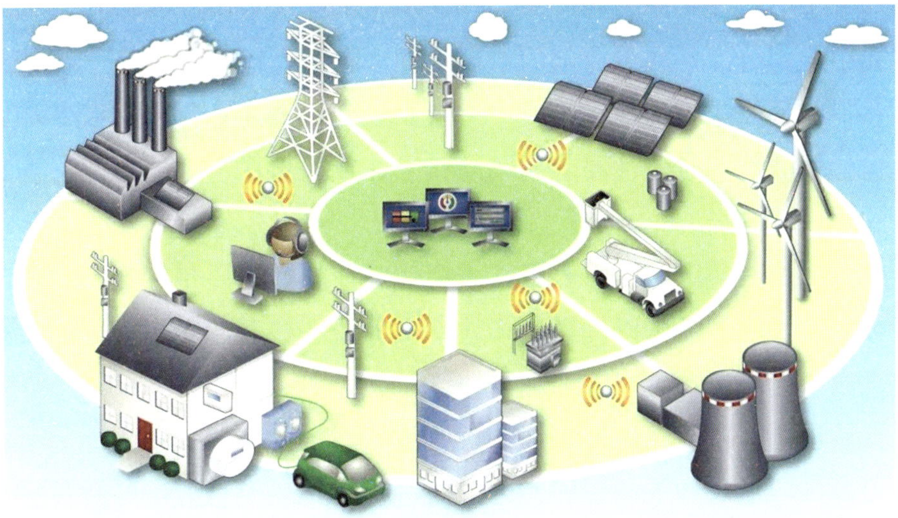

图 10-3　智能电网示意图

交通物联网联运技术是指由水路运输、铁路运输、公路运输、航空运输等组成的综合立体交通网络信息与管理系统等技术。交通联运技术的进步，缩短了运输的时间，对工业区位的选择具有重要影响。

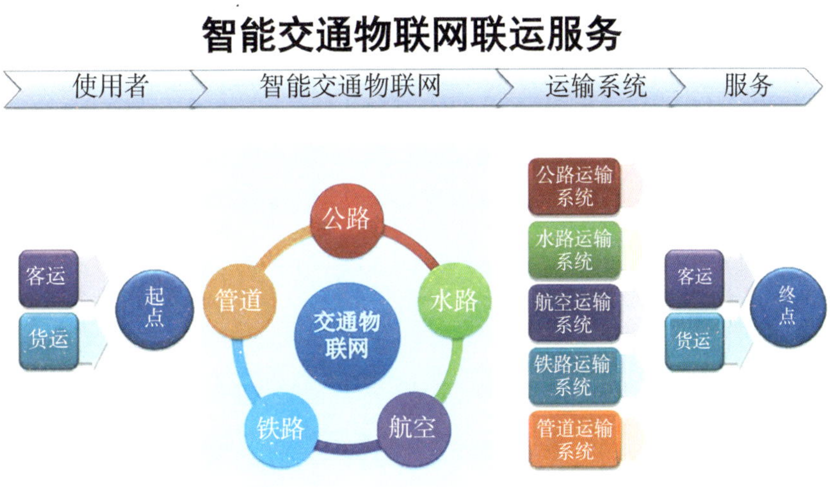

图 10-4　交通物联网联运系统示意图

三、社会经济因素

影响工业区位的社会经济因素主要包括市场、交通运输、劳动力、政府政策、工业联系等。

市场是工业生产实现价值的场所。市场容量和需求的变化，决定了工业生产规模和产品种类的变化。靠近消费市场，有利于及时和准确地把握市场动态，了解市场需求的变化。此外，消费水平对扩大生产规模和促进产品升级也有重要影响。市场是影响工业区位的重要因素。

交通运输是工业生产中原料和产品运入、运出的必要环节，其中运输成本是工业生产成本的重要组成部分。不同工业部门对运输的要求也不同。例如，大型传统工业部门需要适于大宗货物且成本低的运输方式，一般靠近江河湖海和铁路沿线布局；而高新技术产业对运输的便捷性和时效性要求比较高，需在接近机场、高速公路、高速铁路等现代化交通设施的区域布局。

劳动力也是影响工业区位的重要因素。现代工业生产需要足够数量的劳动力，特别是高素质的技术和管理人员，以提高生产效率。即使一些开始大规模使用工业机器人的企业，也仍需高素质的劳动力来管理和维修。

政府政策在工业区位选择中起着非常重要的作用。例如，国家或地区可以利用政策的导向作用引导落后地区的工业发展，可以通过税收、环保、地价等政策措施促进新兴工业部门的迁入和发展，或者限制高污染、高能耗企业的布局。

工业联系对工业区位的选择也有一定的影响。例如，一些工业部门，尤其是生产过程复杂、工序繁多、需要多部门相互配合的工业部门，须依靠其他相关部门提供原料或配套产品。

活动

读图 10-5，说明电力工业与其他工业的联系路径。

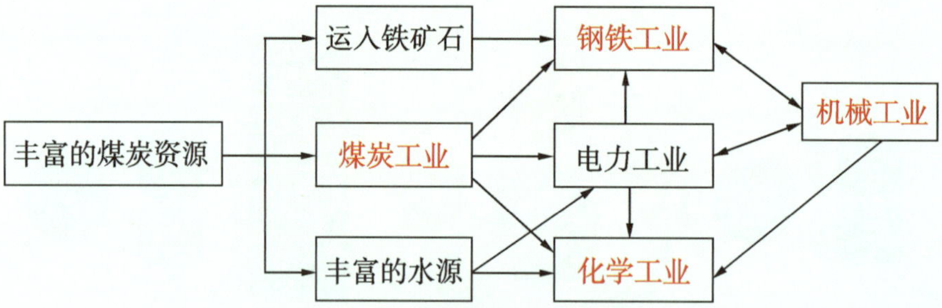

图 10-5　工业联系示意图

各种因素的作用会随着社会经济的发展而变化。在工业发展早期，工业发展对原料和能源的依赖较大，工业布局呈现资源型特点。随着铁路运输和大吨位船舶的迅速发展，原料对工业区位的影响逐渐减弱，市场和交通运输等因素对工业区位的影响越来越显著，工业布局呈现临海型特点。随着知识经济的发展，科技水平和劳动力素质等已成为影响工业区位最重要的因素，一批以高新技术为特色的新兴工业布局开始呈现临空型特点。

知识窗

工业区位论

工业区位论是关于工业企业空间位置选择规律的理论，主要研究区位因素对工业企业布局的影响，以及工业区位选择的原则。该理论由德国经济学家阿尔弗雷德·韦伯在1909年首次提出。韦伯认为，工业企业布局主要取决于原料与产品运费、劳动力成本、集聚（分散）三大因素。其中，以运费最为重要。在区域均质、资源有限分布、劳动力充足、运费确定的条件下，可分三步寻找最低成本区位：

- 只考虑运费因素，寻找最低运费点。
- 分析劳动力因素，并对最低运费点进行修正。
- 分析集聚（分散）因素，并对前两步得出的区位做进一步修正。

韦伯用工业生产中所消耗的原料、燃料质量与产品质量的比值（“原料指数”）分析最低运费点：当原料指数大于1时，该企业为“原料指向型工业”，其布局应接近原料产地；当原料指数小于1时，该企业为“产品指向型工业”，其布局应在产品消费地；当原料指数等于1时，该企业既可布局在原料产地，也可布局在产品消费地。

活动

1. 假如某个地区要建设一座火力发电厂，请你帮助选择建厂的地点。你觉得需要从哪些方面考虑，请给出选择的依据。

2. 深圳市南山区粤海街道高新技术产业园区，建有华为、大疆等国际知名企业。请查阅资料，分析并说明这些高新技术企业能够在这里落户、发展、壮大的原因。

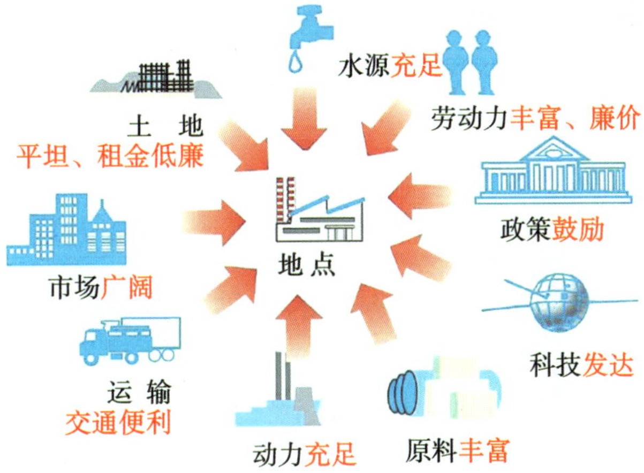

图 10-6　工业区位选择的主要依据示意图

第二节 工业地域的形成

地域通常是指一定的地域空间，是自然要素与人文因素共同作用形成的综合体，一般有区域性、人文性和系统性三个特征。工业地域是指因工业集聚而形成的地域。

一、工业地域的类型

工业地域按照形成过程的不同，可分为两类：一类是自发形成的工业地域，主要是生产上有投入产出联系的工业企业自发集聚，在地理上相互接近，以降低成本，一般为传统工业区；另一类是规划建设的工业地域，既有与前者相同的类型，也有在共同的基础设施条件吸收下，不同工业集聚而形成的，一般为新兴工业区。

工业地域按照发育程度的不同，也可分为两类：一类是发育程度较低的工业地域，通常是以轻型工业为主的工业区，工业联系简单、规模小、工厂少，如食品工业以当地农副产品加工工业为主；另一类是发育程度较高的工业地域，通常是以重型工业为主的工业区，工业联系复杂、面积大、协作企业多、生产规模大，往往能够形成专业化很强的工业城市，如世界上许多著名的“钢铁城”“石油城”“汽车城”。

二、工业地域的形成过程

工业地域的形成尤其是现代工业往往集中和集聚在城市附近或大型的工业园区、工业开发区内。工业地域可以集约利用土地资源和基础设施，降低生产成本和管理成本，加强企业之间的协作与信息交流，促进企业的技术创新，形成完整的生态工业产业链。

知识窗

世界工业布局的几种类型

1. 资源型。一种传统指向型的工业布局方式，具体可分为四种类型：(1) 近煤近铁；(2) 移铁就煤；(3) 移煤就铁；(4) 钟摆式。

2. 临海型。一种利用临海的地理位置优势的工业布局方式，便于利用两种资源（国内资源与国际资源）和两个市场（国内市场与国际市场）。

3. 市场型。有利于了解市场需求的变化，及时和准确地把握市场动态，不仅提供了市场，还为工业生产提供了足够的原材料。

4. 临空型（包括低空经济布局）。世界工业布局的新趋势，是以大型航空港为中心、以飞机为主要运输工具、与高速铁路和高速公路相结合的高科技产业区，包括临空工业、临空服务业、临空仓储业，呈现出立体、多层、辐射状布局态势。近年来，各地都在加快布局低空产业，积极抢占低空经济新赛道。

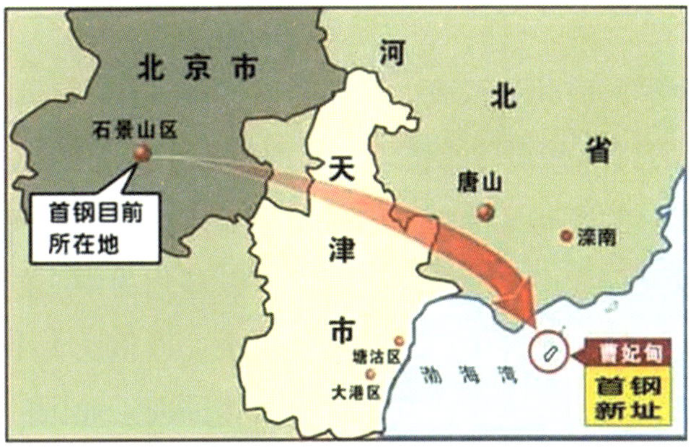

图 10-7　首钢搬迁——向临海型转变

随着经济全球化进程的加快、科技水平的提高和信息技术的进步，工业区位的选择与发展越发复杂和灵活，工业地域随之开始向更加科学合理的动态化绿色环保方向发展。

工业地域的形成过程一般要经历工业联系→工业集聚→工业地域三个阶段。工业联系主要包括工序联系（产品与原材料及零部件之间的联系）、空间联系（基础设施与商贸联系）和信息联系。工业联系使一些工业企业或工业门类集聚在一起，从而通过共享基础设施和劳动力，加强信息交流与技术合作，达到降低成本、提高效率和增加利润的目的。工业在一定地域内集聚就会形成工业地域。工业地域有大有小，小到一个工业园区，中到一个工业城市，大到一个工业区或一个工业地带。例如，美国的三大工业区（图 10-8）就是跨越城市和州界的大型工业区。

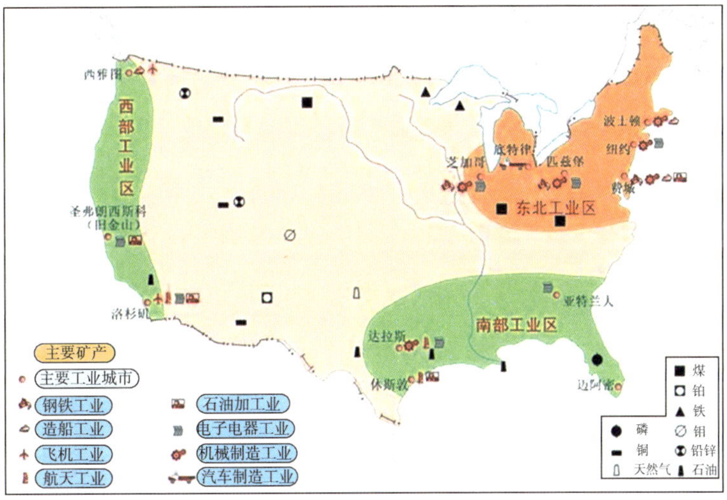

图 10-8　美国的三大工业区

三、我国工业地域的形成与变化过程

中华人民共和国成立初期的第一个五年规划时期，苏联援助中国建设 156 个工业项目①。通过这些项目的实施，我国建成了以大中城市为核心的八大工业区：以沈阳、鞍山为中心的东北工业区；以京、津、唐为中心的华北工业区；以太原为中心的山西工业区；以武汉为中心的湖北工业区；以郑州为中心的郑洛汴工业区；以西安为中心的陕西工业区；以兰州为中心的甘肃工业区；以重庆为中心的川南工业区。我国成功建立起了一整套初级工业体系，开始了从农业国向工业国的转变。

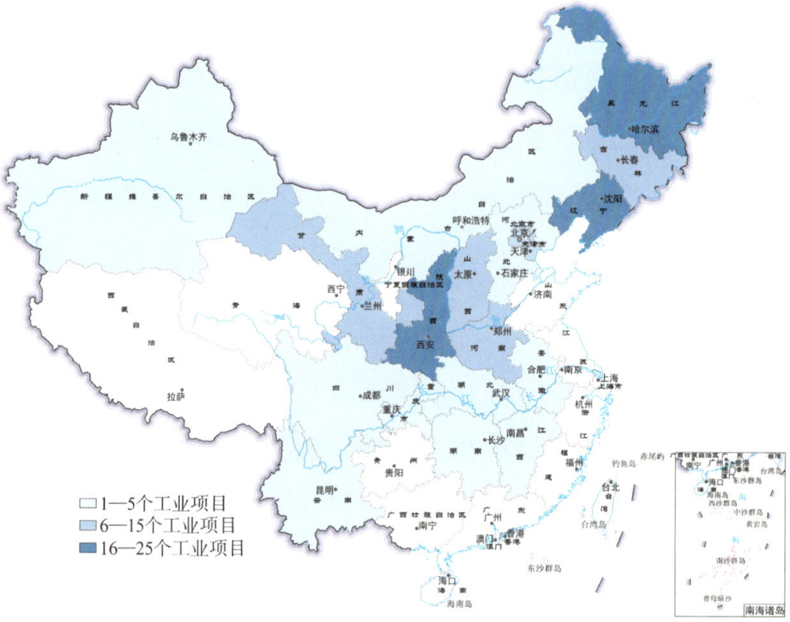

图 10-9　中华人民共和国成立初期的 156 个工业项目分布

20 世纪 60—70 年代的“大三线”建设，是我国历史上一次大规模的工业迁移过程，总体上是将我国沿海和边境地区的工业向中部地区转移。因此，在我国西南地区建成了以重庆为中心的兵器工业基地，以攀枝花为中心的钢铁基地，以川南为中心的化工基地，以及以成都、德阳、绵阳为中心的电子、重型机械、发电设备制造基地。

20 世纪 90 年代，随着邓小平南方谈话后改革开放的进一步深入，我国东南沿海地区通过大规模吸纳外来资本与学习国外先进技术、管理经验，率先实现了工业腾飞。特别是广东、上海、浙江、江苏等省（市）凭借自身区位地理条件优势、劳动力成本优势、对外开放政策扶持及市场经济体制逐渐完善等条件，大力承接国际劳动密集型产业转移，基本上形成了制造业上下游产业链与配套设施、服务的区域集聚，迅速成长为世界制造业中心，形成了我国沿海工业地带。

---

① 后经多次调整，确定 154 项，但因 156 项公布在先，故仍称“156 项工程”，实际施工 150 项。

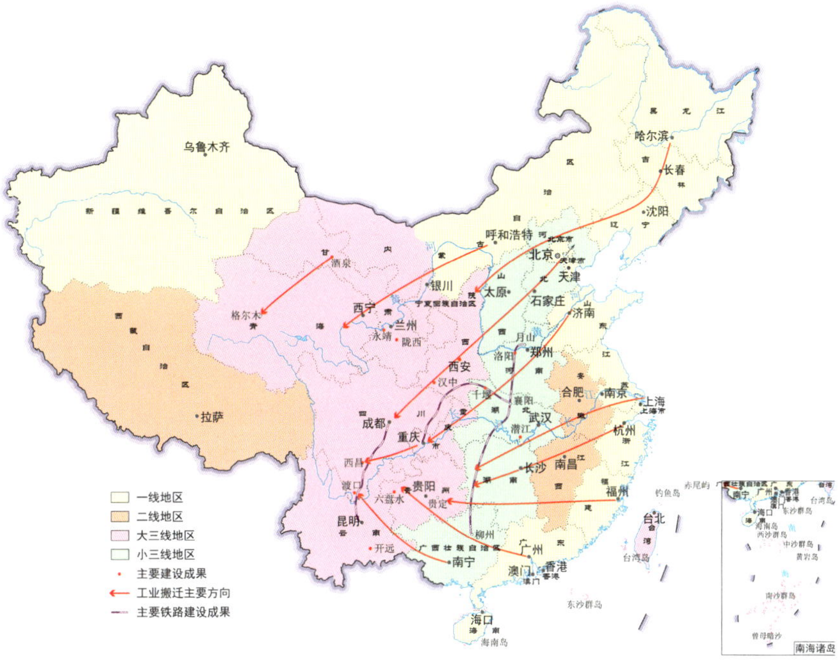

图 10-10　三线建设导致的工业大迁移示意图

进入 21 世纪，我国实施西部大开发战略，充分发挥西部“五口通八国、一路连欧亚”的区位优势，通过陆地连接起中亚、南亚和欧洲。这种既有内部横向经济联合，又有外部国际合作的经济区域的形成，将使东西部在融合中发展，在发展中交融，在交融中均衡，从而促使我国东部地区和西部地区的经济平衡与协调发展，促进我国经济在新阶段实现新的健康可持续发展。西部大开发取得了重大成就，多个重点工程已经开始运作或已经竣工，如青藏铁路、西气东输、西电东送、东数西算等。西部大开发将促进成渝、关中-天水、广西北部湾等重点经济区加快发展，形成更加重要的工业地域。

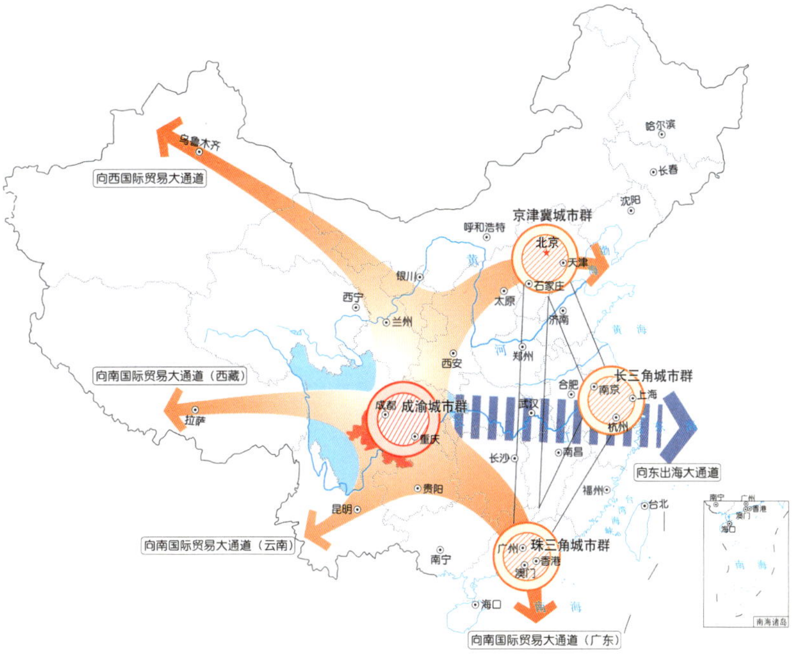

图 10-11　我国经济发展格局及未来发展方向示意图

活动

结合我国工业地域的形成与变化过程，说明自然因素、社会经济因素和科技因素在各个阶段发挥的作用。

知识窗

我国工业地域的发展趋势

一、从东部沿海向西部内陆转移，东西部均衡发展

目前，我国进入产业结构调整升级和经济模式转型发展的新阶段。这意味着我国必须重视“东出西进”战略，发掘西部地区的经济潜力，发挥西部地区在开拓和巩固海外市场方面的重要作用。从东部沿海向西部内陆转移的过程中，东西部均衡发展被赋予补充和拓展我国西部大开发战略的使命和解决地区发展不平衡的任务。

二、工业园区化进程不断加快，布局集中化趋势加强

近年来，各地纷纷出台相关政策措施，鼓励工业企业“退城进郊”“进区入园”，并对规模较小、布局散乱的工业点和工业园区进行调整、合并，地区工业集聚的规模效应日益凸现，工业园区化比重不断提高。目前，以高新区、开发区等为主体的各类大型工业园区成为各地加快工业发展的重要载体。

三、地区产业升级步伐加快，各地特色产业迅速发展

如今，各地以产业技术转型升级为契机，对域内贸易和生产要素进行优化配置，成为支撑其工业经济增长和扩大出口的主导力量。在三“为主”一“致力”(以利用外资为主、以发展制造业为主、以出口为主，致力发展高新技术产业）方针的指引下，各地大力发展特色产业，促使特色产业迅速发展。

总之，区域协调发展是解决地区发展不平衡的一把“金钥匙”。从京津冀到粤港澳，从长江之滨到黄河之畔，从东部到中部、西部，区域重大战略和区域协调发展战略不断完善。中心城市都市圈、城市群对区域经济的引领、带动、辐射作用不断增强。不同地区相互促进，共同推动我国经济高质量发展。

第三节 工业区发展模式

20 世纪 50 年代以后，随着第三次工业革命的兴起，一些新型工业区开始快速发展。与传统工业区相比，新型工业区有着不一样的发展模式。

一、传统工业区发展模式

传统工业区一般是在丰富的煤、铁资源基础上发展起来的工业地域，历史比较悠久，以煤炭、钢铁、机械、化工等传统工业为主，以大型工业企业为核心。传统工业区在本国乃至世界工业发展过程中起着重要作用，如德国鲁尔工业区、美国东北部工业区、英国中部工业区、中国辽中南工业区等。传统工业区普遍面临原材料和能源消耗大、运输量大、环境污染严重等问题。20 世纪 50 年代尤其是 70 年代以后，传统工业区逐步开始衰落。为此，各国采取多种措施对传统工业区进行改造振兴。

知识窗

辽中南工业区

辽中南工业区（图 10-12）是我国主要的传统工业区之一，曾是我国最大的钢铁工业基地和重要的机械工业基地。辽中南工业区北起辽宁省中部腹地，南至辽东半岛南端，以沈阳为中心，沿沈（阳）大（连）综合交通走廊呈南北延伸的带状分布。

图 10-12 辽中南工业区

辽中南地区拥有全国最大的铁矿和丰富的煤炭资源，拥有发展钢铁工业所需的辅助原料，石油和海盐资源也比较丰富，形成了相对完整的资源型重化工业体系，包括能源、冶金、机械、石油、化工等部门，内部工业联系复杂紧密。

辽中南工业区是中华人民共和国成立初期由国家重点投资建设的重工业基地，以国有大中型企业为主，工业集聚形成了以沈阳和大连为中心的高度城市化的辽中南工业城市群，也是全国重要的重化工业产品市场。其中，鞍山、本溪的钢铁工业，沈阳、抚顺的机械工业，大连的造船工业，抚顺的石油加工工业等一批工业企业，都是国家重工业的骨干。例如，本溪是我国重要的钢铁、煤炭生产基地，被誉为“煤铁之城”。本溪钢铁始建于1905年，前身为本溪湖煤铁有限公司，是中华人民共和国成立后最早恢复生产的大型钢铁企业，中华人民共和国的第一支枪、第一门炮、第一辆汽车、第一台汽轮发电机、第一艘万吨巨轮、第一颗人造地球卫星、第一枚运载火箭，都使用了本溪钢铁优质的“人参铁”和特殊钢，本溪钢铁被誉为“中国钢铁工业摇篮”和“共和国功勋企业”。

图 10-13　本溪歪头山铁矿

图 10-14　本溪本钢集团

重化工业的长期发展，使辽中南工业区成为污染源集中、“三废”排放量大、污染严重的地区。同时，辽中南地区水资源严重短缺，水体污染进一步加剧了辽中南地区的水资源短缺。近年来，辽中南工业区经济增长比较缓慢，低于全国平均水平。我国正采取措施振兴以辽中南工业区为代表的东北老工业区。

活动

结合知识窗并查阅资料，回答下列问题：

1. 本溪钢铁工业发展的有利区位条件有哪些？又面临哪些问题？
2. 我们应该如何振兴以辽中南工业区为代表的东北老工业区？

二、新型工业区发展模式

20世纪50年代以后，在传统工业区开始衰落的同时，发达国家的一些没有传统工业基础的地区，逐渐形成了以灵活多变的中小型企业为主的工业地域。相对于传统工业区而言，这些工业区生产规模比较小，生产部门以电子工业、半导体工业、核工业、航天工业等为主，技术先进，产品附加值高，对环境影响小，被称为新型工业区，如意大利东北部和中部工业区、德国南部工业区、美国“硅谷”等。而像美国“硅谷”这样以高新技术产业为主导的新型工业区，被称为高新技术工业区。

知识窗

全球新型工业区的兴起

20 世纪 50 年代特别是 70 年代以来，在新技术革命的推动下，出现了电子工业、半导体工业、核工业、航天工业、高分子合成工业、遗传工程、激光工业等新兴的高技术工业部门，对各国经济起到了巨大的推动作用。与传统工业区不同，新型工业区大量集聚的是中小型企业，它们成长迅速，生产效率高，在全球产业发展中产生了重要影响，如日本九州岛工业区、美国“硅谷”、英国苏格兰中部工业区、德国慕尼黑工业区、印度班加罗尔工业区、中国上海浦东新区等（表 10-1）。

表 10-1　全球部分新型工业区

工业区	地域范围	形成起始时间	集聚的主要产业
日本九州岛工业区	九州岛北部，含北九州、福冈、长崎等市	20 世纪 50 年代中期	微电子、机械制造、钢铁、化学、造船等
美国“硅谷”	加利福尼亚州北部旧金山以南经圣克拉拉至圣何塞近 50 千米的狭长地带	20 世纪 60 年代中期	半导体、计算机、通信、软件、生物、航空、专业服务等
英国苏格兰中部工业区	从格拉斯哥以西到邓迪的一条长 130 千米、宽 50 千米的地带	20 世纪 70 年代中期	大规模集成电路、光学电子、信息系统、人工智能、软件等
德国慕尼黑工业区	含慕尼黑、斯图加特等市	20 世纪 80 年代中期	激光技术、纳米技术、生物、航天、飞机制造、微电子等
印度班加罗尔工业区	印度南部	20 世纪 90 年代初期	软件、机械、电子、原子能、航天等
中国上海浦东新区	上海浦东	20 世纪 90 年代初期	集成电路、生物医药、航空航天、汽车制造、电子信息、新能源等

全球新型工业区形成和发展具有以下特点：

第一，产业以轻型工业为主，技术先进，产品附加值高，对环境影响小，发展速度快。例如，印度南部的班加罗尔工业区是全球第五大科技信息中心，产业以信息技术（IT）产业为主，兼有电器、机床、制药、汽车、飞机制造等高新技术产业，被称为“亚洲硅谷”。

第二，以中小型企业为主体，集约化生产，生产效率高。从现有产业和企业结构来看，新型工业区集聚的多是中小型企业。像上海浦东新区除有华勤技术、上汽集团、支付宝、环旭电子、中芯国际等大型企业以外，大多数为中小型企业，其中科技型中小企业多达 6 471 家。

全球新型工业区普遍都拥有发达的交通运输体系，研制、生产、组装、运输、销售一体化运作，加之高素质、高技能的从业队伍，产品更新换代周期短，增长速度远超传统工业区，发展前景普遍看好。

活动

美国“硅谷”（图 10-15）南北长约 48 千米，东西宽约 16 千米。1950 年，这里还是布满果园和温室的农业区，如今已发展成为一个拥有 6.5 万家公司、250 多万人的现代化城市，是美国经济增长最快、最富裕的地区之一。

美国“硅谷”以微电子工业为主导，集中了数千家电子工业企业，既是美国微电子工业的发祥地，又是目前世界上最大的微电子工业基地。第二次世界大战以后的三次电子工业技术创新，即 20 世纪 70 年代的半导体、20 世纪 80 年代的个人计算机、20 世纪 90 年代的互联网，都发生在美国“硅谷”。

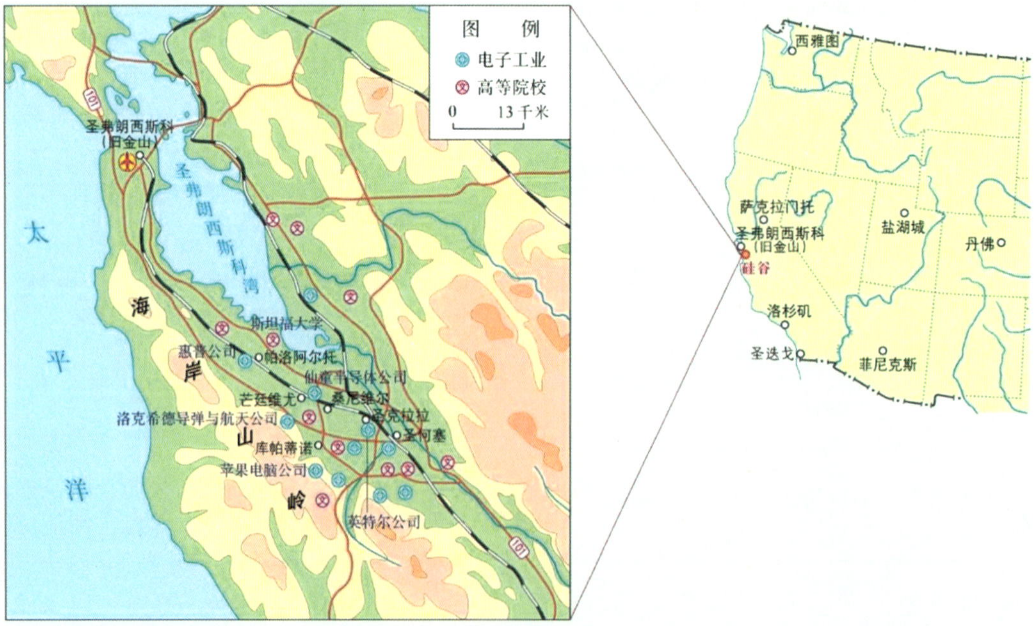

图 10-15　美国“硅谷”示意图

1. 查阅相关资料，分析美国“硅谷”形成与发展的区位条件。

2. 比较传统工业区与新型工业区的不同，完成表10-2。

表10-2　传统工业区与新型工业区比较

工业区	传统工业区	新型工业区
生产规模		
主要工业部门		
工业分布		
产品附加值		
科技人员比例		
产品更新换代周期		

知识窗

粤苏鲁浙的主要工业产品

粤苏鲁浙是国内生产总值（GDP）排名全国前四的经济大省，也是我国工业最强的四个省份。那么，它们主要生产什么工业产品呢？

广东省的制造业以手机、无人机、新能源汽车、家用电器等为代表。据统计，2022年，广东省无人机产量约占全国的95%，约占全球的70%；彩色电视机产量1.08亿台，约占全国的55%；手机产量6.27亿台，约占全国的40%。除此之外，家用电冰箱产量1 773.35万台，约占全国的20%；房间空气调节器产量6 637.70万台，约占全国的30%；汽车产量415.37万辆，约占全国的15%，其中新能源汽车产量129.73万辆，约占全国的18.5%；微型计算机设备产量6 949万台，约占全国的16%；工业机器人产量16.57万套，约占全国的37%。

“江苏制造”在全国市场中最具影响力的产品是光伏电池与半导体芯片。据统计，2022年，江苏省太阳能电池产量10 907.9万千瓦，约占全国的32%；光缆产量约占全国的35%；集成电路产量1 004.4亿块，约占全国的31%。除此之外，“江苏制造”其他比较有影响力的工业产品，还有钢材、化学纤维、服务器等。2022年，江苏省钢材产量14 882万吨，约占全国的11%；化学纤维产量约占全国的24%。

山东省是我国首屈一指的重工业大省，尤其擅长机械制造，如发动机、拖拉机、重型汽车、轻型卡车、大型锻压设备、推土机、联合收割机、机动植保机械等机械产品，产量一度位居全国第一。据统计，山东省与挖掘机有关的企业有8 300余家，占全国的16.7%，遥遥领先其他省份。此外，山东省的粮食产量、原油产量在全国的排名也比较靠前。

浙江省的电商业很发达，数字经济、网红经济全国领先，那么浙江省在工业方面有哪些厉害的产品呢？2022年浙江省金属切削机床产量排名全国第一，2021年浙江省电工仪器仪表产量排名全国第一。此外，作为纺织业大省，2022年浙江省化学纤维产量排名全国第一。

活动

1. 比较四个省的主要工业产品，说明四个省的工业特色。
2. 查找相关资料，分析并说明福建省和重庆市的优势和特色工业。

拓展活动

对家乡或学校所在地的特色工业及其产品进行调查

查阅资料，在可能的时候（利用节假日）进行实地走访考察，完成下列任务：

1. 分析并说明家乡或学校所在地（以地市或县区为单位）有没有形成工业地域，该工业地域形成的原因是什么（是自发形成的还是规划建设的）。
2. 分析该工业地域的优势或特色工业及其产品是什么。
3. 从影响工业地域的因素出发，分析该地工业未来发展的有利和不利条件。
4. 对该地未来工业地域的建设或该地未来工业的发展提出建议。

主题 11　为什么说“想致富，先修路”？

——交通布局与区域发展

【教学目标】

◎ 1. 认识交通运输的方式及其特点。

◎ 2. 了解影响交通布局的因素。

◎ 3. 理解交通布局对区域发展的影响。

【课时建议】

◎ 2—4 课时

【情境】

◎ 俗话说：“要致富，先修路，修好路，民富足”，“道路通畅，百业兴旺”。这说明交通对生产、生活的影响很大。在交通布局规划时，人们会更多地考虑在哪里修路、修什么路，以及交通建设对区域经济、社会发展和生态环境产生的影响。

图 11-1　“要致富，先修路”

【问题】

◎ 为什么说“要致富，先修路”？你知道交通布局对区域发展的影响吗？

第一节 交通运输的方式及其特点

交通运输存在多种不同的方式，不同的交通运输方式有不同的特点。

一、交通运输方式概述

我国古代的交通运输方式有人力、畜力、风力，千百年来一直是“北方陆路通畅，南方水运发达”。中国历史文化名城淮安（图 11-2）因地处中国地理南北分界线而成为古代连接南北交通的重要枢纽，素有“南船北马舍舟登陆，四方通达九省通衢”之说。

现代的交通运输方式主要有公路运输、铁路运输、水路运输、航空运输、管道运输等。

图 11-2 淮安——南北分界、“南船北马”

（一）公路运输

公路运输是构成陆路运输的两种基本运输方式之一，是一种以公路为运输线，利用汽车等陆路运输工具，做跨地区或跨国的移动，以完成人与货物位移的运输方式。目前，我国的公路运输处于基础地位，经过几十年的发展已经初具规模，在总体规模、运力、运量和服务质量上已经达到较高的水准。截至 2024 年年末，我国公路总里程达到 549 万千米，高速公路里程超过 19 万千米，稳居世界第一。

（二）铁路运输

铁路运输是一种重要的陆路运输方式，是一种依托铁路和火车实现人与货物位移的运输方式。我国铁路运输号称“铁老大”，在各种运输方式中的比较优势突出、地位显著，在经济社会发展中具有重要的地位和作用。截至 2024 年年末，我国铁路营业里程为 16.2 万千米，其中高铁营业里程达到 4.8 万千米。中国拥有仅次于美国的全球第二大铁路网，以及全球规模最大的高速铁路系统。

知识窗

中国的高铁

2008 年，京津城际铁路建成运营，北京到天津的车程缩短至半小时以内，京津城际铁路成为中国高铁建设的起点。虽然比发达国家起步晚了 40 多年，但是自此中国的高铁建设突飞猛进。截至 2023 年年初，中国高铁营业里程增加到 4.2 万千米，连续十多年稳居世界第一。速度快，是不少乘客对高铁的第一印象。至今，还有不少乘客喜欢用手机拍摄记录列车显示屏上的时速，在京津城际、京沪、京张城际等多条线路上，最高时速都能达到 350 千米。

图 11-3　繁忙的中国高铁站

中国最长的两条高铁，一条横贯东西，一条穿插南北，分别是徐新高铁和京广高铁。绵延的铁路从沿海延伸到内陆高原，带动沿线城市相关产业快速发展。

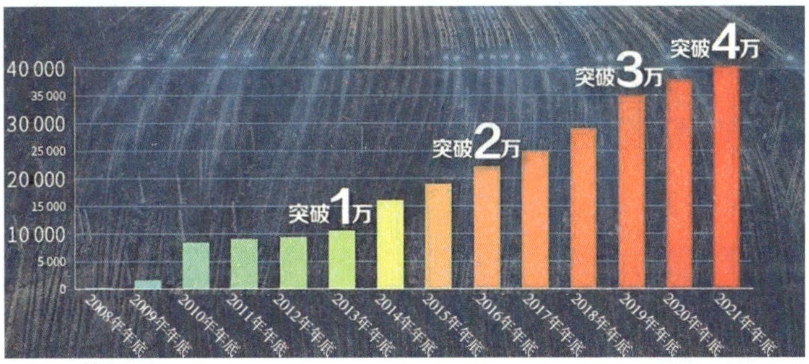

图 11-4　2008—2021 年中国高铁营业里程数

如今，一张“八纵八横”的高铁网络基本形成，中国的高铁营业里程占全球的 70% 以上，中国已成为世界上高铁营业里程最长、规模最大、运营动车组最多、商业运营速度最快的国家。

活动

1. 查阅资料，绘制中国高速铁路干线分布示意图，分析中国高速铁路的分布特征及其成因。

2. 从地理学角度，分析并说明中国建设世界上最大高速铁路网的必要性与可行性。

（三）水路运输

水路运输是一种以船舶为主要运输工具，以港口或港站为运输基地，以水域（包括海洋、河流和湖泊）为运输活动范围的运输方式。水路运输至今仍是世界上许多国家最重要的运输方式之一。在国际运输中，水路运输占据着不可替代的地位。在我国的货运总量中，水路运输所占的比重仅次于铁路运输和公路运输。

（四）航空运输

航空运输又称飞机运输，是一种在具有航空线路和机场的条件下，利用飞机作为运输工具进行人与货物运输的运输方式。据统计，全球约有35%的国际贸易货物价值是通过航空运输实现的。在国内运量方面，航空运输主要承担的是长途旅客的运输任务。

（五）管道运输

管道运输是指通过管道输送液体和气体物资的运输方式，是一种专门由生产地向市场输送石油、天然气和化学产品的运输方式，是统一运输网中干线运输的特殊组成部分。在石油和天然气行业中，管道运输有着至关重要的地位。

公路　铁路

水路　航空　管道

图 11-5　五种交通运输方式

二、不同交通运输方式的特点

从运输速度上看，航空运输速度最快，适合长距离的高速运输，但受机场、天气等因素影响较大；铁路运输速度较快，适合中长距离和大批量的运输，但受轨道限制，无法实现门到门的运输；公路运输速度适中，适合短距离和小批量的运输，但受道路状况和交通拥堵影响较大；水路运输速度较慢，适合长距离和大批量的运输，但受航道条件和装卸效率影响较大。

从运输成本上看，航空运输成本最高，主要是飞行器的购置和维护费用高昂，以及燃料消耗较大；铁路运输成本较高，主要是铁路建设和运营成本较高；公路运输成本适中，主要是车辆的购置和维护费用适中；水路运输成本较低，主要是船舶的购置和维护费用较低，以及可以利用天然水道节省成本。

从运输安全性上看，航空运输安全性较高，但受天气等因素影响较大，且一旦发生事故，后果较为严重；铁路运输安全性较高，但受轨道、信号等因素影响较大；公路运输安全性适中，但受道路状况和交通参与者行为影响较大；水路运输安全性适中，但受航道条件、船舶设备等因素影响较大。

从运输舒适度上看，航空运输舒适度较高，但受飞行中噪声和气流颠簸影响较大；铁路运输舒适度适中，但受车辆振动和噪声影响较大；公路运输舒适度适中，但受车辆振动和噪声影响较大；水路运输舒适度较高，但受船舶摇晃和噪声影响较大。

从运输灵活性上看，航空运输灵活性较强，可实现点对点的快速运输，但受机场和航线的限制较大；铁路运输灵活性适中，可实现线状运输；公路运输灵活性强，可实现门到门的直接运输，但受道路状况和交通拥堵影响较大；水路运输灵活性较弱，需要依赖港口设施和航道条件。

每种交通运输方式都有其独特的优点和局限性，在实际应用中，应根据具体的需求和条件选择合适的方式。

活动

1. 请观察图 11-6 并查阅资料，完成表 11-1 的填写。

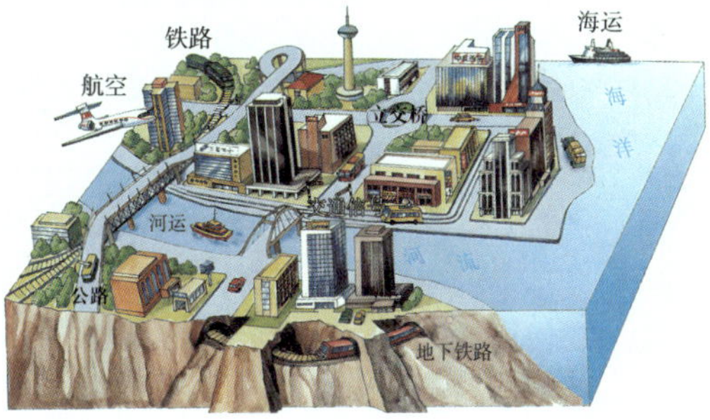

图 11-6　现代化立体交通运输方式

活动

表 11-1　不同交通运输方式比较

交通运输方式	优点	缺点	适合的运输距离	备注
铁路运输				
公路运输				
水路运输				
航空运输				
管道运输				

2. 读表 11-2，了解列车车次编号及其首字母的读音。

表 11-2　列车车次编号及其首字母的读音

列车等级	列车车次	读音
高速动车组旅客列车	G1—G9998	“G” 读 “高”
城际动车组旅客列车	C1—C9998	“C” 读 “城”
动车组旅客列车	D1—D9998	“D” 读 “动”
直达特快旅客列车	Z1—Z9998	“Z” 读 “直”
特快旅客列车	T1—T9998	“T” 读 “特”
快速旅客列车	K1—K9998	“K” 读 “快”
普通旅客列车	1001—7598	
通勤列车	7601—8998	
临时旅客列车	L1—L9998	“L” 读 “临”
旅游列车	Y1—Y998	“Y” 读 “游”

我们在购买火车票时，会查询列车时刻表，选择合适的车次。车次编号中的字母 C、D、G、K、L、T、Y、Z 等的含义分别是什么？请填写表 11-3。

表 11-3　车次编号中字母的含义

车次编号中的字母	字母的含义
C	
D	
G	
K	
L	
T	
Y	
Z	

第二节 交通布局及其影响因素

交通布局是指交通网络在一定地理区域内的分布和配置。交通布局受到自然因素和人文因素的影响。

一、自然因素

自然因素包括地形、地质、气候和水文等。

（一）地形

地形主要分为平原、丘陵、山地等类型。不同的地形对交通布局的影响是不同的。平原地势平坦，有利于大规模的道路建设，是城市扩张和交通网络发展的理想场所。而丘陵和山地地形起伏较大，道路建设难度增加，需要更多的技术处理和资源投入。

活动

查阅我国地形图和交通图，通过比较分析地形对交通布局的影响。

（二）地质

地质对交通建设与布局影响很大。比如，软弱岩土或断裂破碎带往往会影响公路、铁路或机场的地基稳定性，喀斯特洞穴、滑坡、泥石流等会影响交通线路的通过和交通网络的布局。地质状况不仅决定了道路、桥梁、隧道等交通基础设施的建设难度和安全性，而且对整个交通网络的布局规划与运营管理产生深远影响。

（三）气候

气候对交通布局的影响也很大。寒冷气候下的冻融作用，炎热气候下的高温，干旱气候下的风沙，潮湿气候下的大雾、洪涝，都会对交通建设与布局产生影响，如温度过高或过低、降水过多或过少都不利于交通线路的布局和施工。此外，气候还会影响交通工具的运行效率和安全性。

（四）水文

水文对交通布局的影响体现在河流的宽度、径流量的大小及其变化，河湖的深度、波浪的周期与高度，潮汐潮流特征，等等。这些状况对道路、桥梁、码头的建设及交通线路的选择都会产生很大的影响。

综上所述，地形、地质、气候和水文等自然因素对交通布局的影响很大。在交通布局规划中需要充分考虑这些因素，因地制宜地规划交通线路和交通网络，以保障交通线的正常运行和安全性。

知识窗

神奇的“天路”——青藏铁路

青藏铁路（图 11-7）格尔木至拉萨段全长 1 142 千米，海拔在 4 000 米以上的地段达 960 千米，最高点海拔为 5 072 米，经过连续多年冻土地段 550 千米，是世界铁路建设史上最具挑战性的工程项目。参建的各单位和广大铁路建设者顽强拼搏、勇克难关，破解了多年冻土、高寒缺氧、生态脆弱三大世界性工程技术难题，创造了多项世界铁路之最，让世界感受到了百折不挠的“中国精神”。2006 年 7 月 1 日，青藏铁路建成并实现全线通车。

图 11-7　青藏铁路

当你乘坐火车行驶在青藏铁路上时，你会发现在铁轨两旁伫立着 15 000 根高达两米的热棒。不要小瞧这些热棒，它们是为青藏铁路的安全而特意装上的“制冷空调”。

图 11-8　青藏铁路热棒技术

青藏铁路修建在平均海拔超过4 000米的冻土之上。这里的冻土每逢夏季就会在升温的情况下融化，如何保证青藏铁路下面的冻土不软化，避免铁路的路基发生形变，就成为建设和维护青藏铁路的头号难题。在青藏铁路建设过程中，科研工作者和工程技术人员艰苦攻关，最后采用“冷却路基”的方法，解决了冻土融化的侵扰。首先，采用浅色或白色的道砟和改变边坡的颜色来减少表面的吸热，采用遮阳棚原理减少直接的太阳辐射；其次，建筑通风路堤，降低路基温度；再次，利用自然对流换热的热管（热棒）来冷却路基；最后，通过坡面种草、建设旱桥等手段减少热量传导。

青藏铁路的建设改善了青藏地区的交通运输条件，促进了当地矿产资源的开发和旅游业的发展，提升了当地人民的生活水平，加强了青藏地区与东部地区的联系和合作，促进了民族大团结。

活动

结合知识窗并查阅资料，回答下列问题：

1. 为什么要建设青藏铁路？
2. 建设青藏铁路受哪些自然因素的限制？
3. 青藏铁路建设彰显了什么样的精神？你从中得到了哪些启示？

二、人文因素

人文因素包括经济因素、社会因素、技术因素和城镇分布等。

（一）经济因素

经济因素是影响交通布局的重要因素。经济发展水平、产业结构、财政收入等都会对交通布局产生影响。在经济发达地区，交通需求大，交通布局更为密集；而在经济落后地区，交通建设资金有限，交通布局相对稀疏。

（二）社会因素

社会因素包括人口分布、城市化水平、社会福利等。人口密集、城市化水平高的地区对交通的需求较大。此外，社会福利也是影响交通布局的因素之一，如公共交通设施的建设与社会福利有关、政府需要考虑社会各阶层的出行需求等。

（三）技术因素

技术因素包括工程技术、交通工具、信息技术等。随着科技的不断进步，工程技术水平日益提高，建设更加复杂、高效的交通设施成为可能。交通工具的更新换代，如高铁、飞机等新型交通工具的普及，也会对交通布局产生影响。信息技术的发展、智能交通系统等技术的应用，可以提高交通管理的智能化水平。

（四）城镇分布

城镇分布影响了交通线路的分布和走向，也决定了交通需求。城镇是人们生产、生活的聚集地，不同地区、不同规模的城镇，其人口数量、密度和分布都会对交通需求产生影响。为了满足人们的出行需求，交通线路需要连接各个城镇，因此城镇的分布直接影响了交通线路的分布和走向。合理的城镇分布可以使交通线路更加优化，减少重复和不必要的线路，从而提高交通效率，减少出行时间、降低交通成本。

交通布局是一个复杂的问题，需要考虑多种因素的综合影响。这些因素相互交织、相互影响，共同决定着交通布局的发展趋势。

知识窗

智能交通系统

城市内部交通设施的不断升级，如智能交通信号灯、交通监控系统等，有效缓解了城市交通拥堵问题。这些交通设施的改善为人们的出行提供了更加便捷和安全的条件。智能交通系统（Intelligent Traffic System）是未来交通布局的重要基础，特别是我国构建的综合交通网络，必须依靠智能交通系统来完成布局和操控。智能交通系统是科学技术在未来交通领域的重要应用之一。

图 11-9　城市交通信号监控

智能交通系统，又称智能运输系统（Intelligent Transportation System），是将先进的科学技术（信息技术、计算机技术、数据通信技术、传感器技术、电子控制技术、自动控制理论、运筹学、人工智能等）有效地综合运用于交通运输、服务控制和车辆制造，加强车辆、道路、使用者三者之间的联系，从而形成一种保障安全、提高效率、改善环境、节约能源的综合运输系统。例如，智能交通信号控制系统可以根据实时交通情况调整信号灯时间，提高交通效率；车辆管理系统可以实现车辆轨迹跟踪、安全预警等功能，提高行车安全性；公共交通优化系统可以通过数据分析优化公共交通线路和班次，提高公共交通的便利性、安全性和效率。

第三节 交通布局对区域发展的影响

交通布局是区域之间联系的重要纽带，为区域的发展提供了基础保障。

一、交通布局对区域经济发展的影响

在当代社会，交通布局已不再是简单的公路、铁路或管道的铺设，而是关系到区域整体经济社会发展的重要因素。合理的交通布局能促进资源的优化配置，提高经济运行效率。

（一）促进资源流动

便捷的交通可以大幅提高资源流转的速度和效率，从而降低生产和物流成本。同时，也能够缩短市场与资源之间的距离，为区域内的产业发展提供必要的物质支撑。

（二）便利贸易往来

交通网络是商品流通的“血脉”。一个地区拥有完善的交通布局，其与外界的贸易往来将更加便利，这必将带动区域内的商业繁荣。

（三）促进产业结构调整

交通条件的改善将促进区域传统产业的升级和新兴产业的引进。不同类型的交通布局也会引导产业布局，比如制造业可能会聚集在铁路或公路枢纽附近，而服务业可能倾向于聚集在交通便利的城市中心地带。

区域经济发展所需要的资源、产品、设备、劳动力等要素的合理流动，离不开交通布局的改善和优化。

知识窗

深圳的交通布局

深圳位于中国南部，毗邻香港，地理位置优越。自 1980 年成为中国第一个经济特区以来，深圳的经济发展取得了令人瞩目的成就。交通布局在这一过程中发挥了重要作用。

图 11-10　改革开放前后深圳城市面貌对比

深圳在交通基础设施建设方面投入巨大，包括道路、桥梁、隧道、港口、机场等多个方面。通过构建完善的交通网络，深圳与周边城市、国内其他省份及国际市场的联系得到了加强。深圳港是世界上最繁忙的集装箱港口之一，通过海运与全球各地建立联系，为深圳的出口导向型经济提供了便利。深圳构建了密集的高速公路和城市道路网络，方便了市内交通和与周边城市的联系。深圳宝安国际机场是国际航空枢纽，拥有大量国内外航线，加强了深圳与全球市场的联系。深圳火车站和高铁站连接了深圳与国内其他省份的主要城市，轨道交通则方便了市内出行。

图 11-11　深圳现代化综合立体交通

交通布局的优化使深圳成为物流、人流、资金流和信息流的汇聚地，为区域经济发展提供了强大动力。同时，交通条件的改善也吸引了大量企业和人才来深圳发展，进一步推动了区域经济的繁荣。

二、交通布局对区域社会文化发展的影响

交通布局对区域社会文化发展有着极其重要的影响。合理的交通布局可以提供方便、快捷的交通服务，提高人们的生活质量。交通布局可以促进城乡一体化发展，缩小城乡差距，推动社会公平和谐发展。随着城市化进程的加快，人们的生活方式和社交方

式也在发生变化，便捷的交通网络可以让人们更加方便地出行，促进不同地区之间的文化交流和人文景观的传播，提高社会交流的效率和质量，从而增强社会的凝聚力和包容性。交通布局对城市规划的影响也十分显著，合理的交通布局可以优化城市形态，提高城市交通的可达性和便利性。交通枢纽的建设可以带动周边地区的商业和住宅发展，形成新的城市区域，改变城市的发展方向和空间结构。交通布局对旅游业的发展产生关键性的影响，旅游资源的开发需要依靠良好的交通网络来吸引游客，同时旅游市场的拓展也需要便捷的交通条件来支持。一个地区的旅游资源再丰富，如果没有便捷的交通网络来连接景点和游客服务中心，那么其旅游业的发展也会受到限制。因此，在旅游规划中，需要注重交通布局的优化和发展。

活动

作为中国5A级景区，张家界（图11-12）旅游资源非常丰富，但过去由于交通条件的限制，旅游业没有发展起来，并且整个经济和社会发展也相对滞后。几十年来，勤劳智慧的张家界人民开山辟路，填壑为基，跨越山水阻隔，用心构建着一个纵横交错、联通八方的立体交通枢纽——常张、张花、张桑、慈安、宜张、桑龙等高速公路陆续建成，黔张常铁路、张吉怀高铁建成通车，作为国际航空口岸的张家界荷花国际机场相继开通数十条国际国内航线。

图 11-12　神仙遗落在人间的盆景——张家界

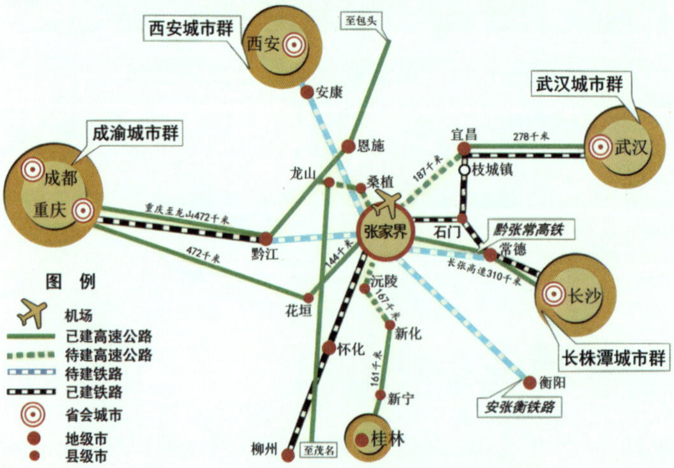

图 11-13　张家界交通发展规划图

随着交通条件的改善和交通布局的优化，张家界的区位优势和资源优势逐渐得到发挥，吸引了更多的投资和游客。因此，可以说是交通条件改善后，张家界的经济发展得到了显著的提升。张家界依托旅游业对交通进行科学规划、合理布局。

交通条件的改善和交通布局的优化，使得张家界从一个名不见经传的乡村，变成了一个国内外知名的旅游城市。2018 年，张家界共接待游客 8 521.7 万人次，是 2008 年的近 5 倍。旅游业成为致富的法宝，并且带动了其他产业的发展，张家界形成了“交通便捷路通畅，旅游致富奔小康”的良好局面。

1. 交通布局对张家界的旅游业有何重要影响?
2. 查阅资料，分析并说明张家界交通布局优化后的经济发展情况。

知识窗

解决城市交通问题的有效措施有哪些?

解决城市交通问题不仅要合理规划道路、扩大路网规模，还要加强交通管理。例如，优先发展公共交通，以便缓解交通拥堵、节约能源、降低污染、改善城市环境。调整和优化城市空间结构，可以缩短出行距离。此外，错峰出行及建立共享单车、共享汽车平台等，也都是解决城市交通问题的有效措施。

图 11-14　解决城市交通问题的措施

拓展活动

交通兴则城市兴，中国的城市乃至世界上任何国家的城市的兴衰都与交通密切相关。

京杭大运河，一条 1 794 千米的运河，是中国古代先民伟大的创举，在历代政治、经济、文化、军事等方面均起到重要作用。扬州是千年运河的“长子”，更是千里运河沿线城市中最具代表性的城市之一。

图 11-15 京杭大运河地理位置示意图

扬州，一座国家级历史文化名城，自古就是重要的城市和交通枢纽，京杭大运河纵贯南北，“以雄富冠天下”，它在中国古代经济社会中的地位举足轻重。

图 11-16 国家 5A 级旅游景区——扬州市瘦西湖风景区

历史上的扬州曾经是全球十大繁华都市之一。到了19世纪初，随着海运兴起，陆地畅通，铁路发展，加之1855年黄河改道，京杭大运河山东段逐渐淤废，扬州的交通地位大不如前。20世纪初，海运完全取代运河漕运，作为内河水运枢纽的扬州开始衰落。特别是津浦铁路（天津—南京浦口）建成通车后，铁路沿线城市迅速崛起，大运河沿岸的扬州地位一落千丈。

进入21世纪，扬州进一步优化交通布局，现已建成水、陆、空综合立体交通网络。作为苏中核心城市，扬州与苏南、苏北地区的联系更加便捷。新的交通布局将进一步促进扬州的经济繁荣和社会的全面发展。

图 11-17　扬州综合立体交通网络

1. 历史上扬州成为繁华都市的主要原因是什么？
2. 现代立体交通网络对扬州未来发展会产生什么影响？
3. 请诵读李白的《黄鹤楼送孟浩然之广陵》，说一说你的感受。

主题 12　人类生存和发展之路在哪里？

——环境问题与可持续发展

【教学目标】

◎ 1. 认识当今人类面临的环境问题及其形成原因，理解人地协调和可持续发展的必要性与迫切性。

◎ 2. 理解可持续发展的内涵，知道可持续发展的基本原则和实施途径。

◎ 3. 具备绿色发展和低碳生活的意识，能够倡导和践行绿色发展与低碳生活。

【课时建议】

◎ 2—4 课时

【情境】

◎ 根据联合国政府间气候变化专门委员会（IPCC）第六次工作报告，全球气候变暖“毫无疑问地受到人类活动的影响”，如果不能及时采取切实可行的措施，未来全球温度就无法控制在相对安全的范围内，地球生态环境将会遭受严重破坏。实际上，人类还面临着资源枯竭、环境污染、生物多样性减少、自然灾害频发等问题。人类生存的根基面临着动摇的危险，甚至有人认为人类存在灭绝的可能。

图 12-1　人类灭绝的十种可能

【问题】

◎ 人类将何去何从？人类生存和发展之路在哪里？

第一节 资源耗竭和环境污染

人类面临着日益严重的资源耗竭和环境污染问题。

一、资源耗竭

地球上可供人类使用的自然资源是有限的，掠夺式开发加快了资源耗竭速度。联合国“千年生态系统评估”项目显示，在过去的30年间，人类消耗了地球上1/3的可利用资源。与此同时，人类对资源的需求在30年内增长了一倍，并以每年1.5%的速度继续增长。整个20世纪，人类消耗了约1 420亿吨石油、2 650亿吨煤、380亿吨铁、7.6亿吨铝、4.8亿吨铜。按已探明储量和目前开采的速度估算，多种矿产资源将在未来百年内趋于枯竭。根据已探明储量，按照现在开采的速度估算，我国多数矿产可供开采的时间十分有限（表12-1）。

表12-1 我国矿产已探明储量可开采年限

矿产	金	锑	萤石	铬	原油	铅	锰	银	锡
开采年限	35	8	9	14	15	16	16	17	20
矿产	硼	石膏	铜	镍	天然气	钼	钨	锶	硫
开采年限	21	21	29	30	40	48	51	66	67
矿产	钛	铁	钴	石棉	铝土	菱镁矿	煤	磷	稀土
开采年限	70	81	84	93	141	148	200	216	380

矿产资源属于不可再生资源，水、土地、生物和气候等资源均属于可再生资源。然而，在一定的时间和空间范围内，可再生资源再生的数量也是有限的，因此这类资源绝非“取之不尽，用之不竭”。比如，随着人均用水量的不断增加和世界人口的不断增长，以及人类对水资源的不合理利用与对水体的污染等，一些地区出现了水资源不足的现象。世界资源研究所（WRI）2023年发布的一份报告显示，当前约40亿人，即全球一半人口每年至少有一个月处于高度缺水状态，预计到2050年，受影响人口的比例将上升到近60%。

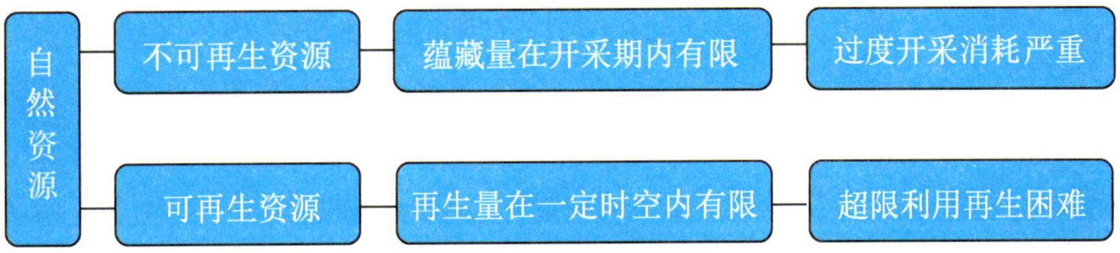

图 12-2 资源枯竭问题产生示意图

知识窗

增长的极限

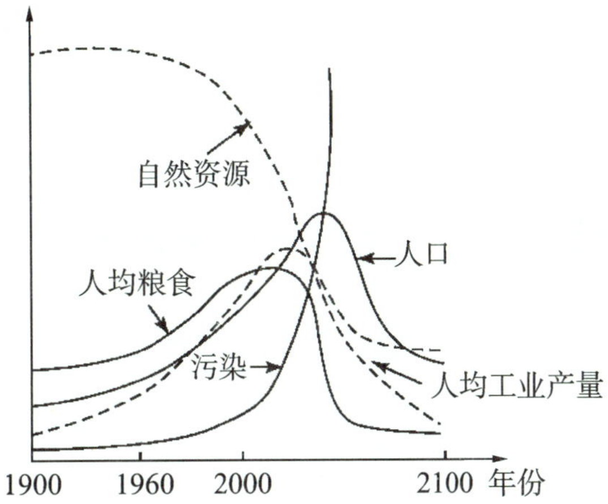

图 12-3 世界增长模型

罗马俱乐部于 1972 年出版了关于地球生态系统与经济增长之间的关系的定量研究报告《增长的极限》，并持续对该研究所使用的模型和数据进行改进和更新，陆续出版了 20 周年纪念版、30 周年纪念版。《增长的极限》用一个计算机模型（世界模型 3）来模拟世界未来。模拟结果表明，地球上维持增长的自然资源，以及吸收增长过程中排放的废料的环境容量将最终决定增长的极限。生物系统、人口系统、财政系统、经济系统和世界上其他许多系统都有一种共同的指数增长过程。如果世界人口、工业化、污染、食物生产和资源消耗保持目前的速率，地球将在今后 100 年中的某个时刻达到增长的极限，结果是人口和工业能力突然且不可控地下降。

活动

1. 请从人口、资源、环境与可持续发展的角度，对《增长的极限》进行评价，并说出评价的理由。

2. 请分析“增长的极限”的前提条件是什么，这个前提条件会不会变化，如果会变化，会怎么变化。分析论证并交流讨论。

二、环境污染

随着自然资源的大量开发利用，大气污染、水体污染、土壤污染和固体废物污染等环境污染日趋严重。

图 12-4 酸雨的危害

大气污染物对人体的危害是多方面的，主要表现是呼吸道疾病与生理机能障碍，以及眼、鼻等因黏膜组织受到刺激而患病，是造成老年哮喘的慢性因素。世界卫生组织（WHO）认为，大气污染会导致儿童肺部生长迟缓和功能下降、呼吸道感染和哮喘加重，还会导致成年人过早死于缺血性心脏病和中风。据分析，全球每年约有 700 万人死于大气污染。煤炭、石油的燃烧释放出大量的二氧化硫、氮氧化物等有害气体，与大气中的氧气和水汽结合而形成酸雨，使草木枯萎、土壤及水体酸化、建筑物被腐蚀，以及水生生物大量死亡。例如，发生在 20 世纪 80 年代的酸雨，使得联邦德国 34% 的森林染上枯死病，先后有 80 多万公顷（8 000 多平方千米）森林被毁。当时鲁尔工业区的森林里，到处可见秃树、死鸟、死蜂，该区的儿童每年有数万人感染特殊的喉炎症。

知识窗

伦敦烟雾事件

图 12-5 伦敦烟雾事件

1952 年 12 月 5 日至 9 日，伦敦受反气旋影响，大量工厂生产和居民燃煤取暖排出的废气难以扩散，积聚在城市上空。伦敦被浓厚的烟雾笼罩，交通瘫痪，行人小心翼翼地摸索前进。市民不仅生活被打乱，健康也受到严重损害。许多市民出现胸闷、窒息等不适感，发病率和死亡率急剧上升。直至 12 月 9 日，一股强劲而寒冷的西风吹散了笼罩伦敦的烟雾。据统计，当月因这场烟雾而死亡的人数多达 4 000 人。此次事件被称为“伦敦烟雾事件”，成为20世纪十大环境公害事件之一。

据分析，在此次事件的每一天中，伦敦排放到大气中的污染物有1 000吨烟尘、2 000吨二氧化碳、140吨氯化氢（盐酸的主要成分）、14吨氟化物，以及最可怕的——370吨二氧化硫，这些二氧化硫随后转化成了800吨硫酸。

人类活动排放的污染物进入水体，就会导致水体污染。水体受病原微生物（如细菌）的污染，会引起霍乱、伤寒、脊髓灰质炎、甲型肝炎、痢疾等传染病。水体受重金属（如汞、铅、铬、镉等）及其他有毒无机物（如氟化物、砷化物、亚硝酸盐等）的污染，会引起各种中毒和疾病。水体受有机物（如酚、苯、三氯甲烷、四氯化碳、杀虫剂、合成洗涤剂等）的污染，也会引起各种中毒和疾病，如血液病、癌症等。过多的氮、磷进入水体会导致水体富营养化，不仅会影响生产和生活的水源质量，还会导致水体生物产量和质量的下降。世界卫生组织估计，人类80%的疾病与水体污染有关。

人类活动产生的污染物进入土壤，就会导致土壤污染。土壤污染物大致可分为无机污染物和有机污染物两大类。无机污染物主要包括酸，碱，重金属，盐类，放射性元素铯、锶的化合物，含砷、硒、氟的化合物，等等。有机污染物主要包括有机农药、酚类、氰化物、石油、合成洗涤剂及由城市污水、污泥和厩肥带来的有害微生物等。2018年5月初，联合国粮食及农业组织在召开的全球土壤污染研讨会上指出，看不见的土壤污染已致使全球1/3的土壤退化。土壤污染，会通过污染食物、水、空气来影响人类的健康。

固体废物按来源大致可分为生活垃圾、一般工业固体废物和危险废物三种。此外，还有农业固体废物、建筑废料及弃土。固体废物如不加以妥善收集、利用和处理，将会污染大气、水体和土壤，危害人体健康。对生活垃圾的处理，很多地方长期以来都是采用露天堆放、自然填沟和填坑等方式，不仅对环境造成潜在的影响和危害，还侵占了宝贵的土地资源。一些地方已经出现垃圾围城（图12-6）的现象。

图12-6　垃圾围城

知识窗

白色污染

所谓“白色污染”，是人们对塑料垃圾污染环境的一种形象称谓。它是指用聚苯乙烯、聚丙烯、聚氯乙烯等高分子化合物制成的各类生活塑料制品使用后被弃置成为固体废物，由于随意乱丢乱扔并且难以降解处理，造成环境严重污染的现象。

20 世纪初，塑料以质量轻、耐用、灵活和生产成本低等特点被大量生产和使用，饮料瓶、一次性餐具、购物袋……人们的日常生活几乎离不开塑料制品。据推算，全球每分钟就卖出 100 万个塑料瓶，每年使用 5 万亿个塑料袋。按照这个速度，预计到 2050 年，全球塑料产量将达到 11 亿吨。由于大部分塑料制品难以在短时间内被降解，白色垃圾将会使得地球不堪重负。

图 12-7　黎巴嫩贝鲁特的白色垃圾

图 12-8　印度尼西亚海洋的白色垃圾

有关报道称，“北极下起了‘塑料雪’”，“南极的冰芯、雪样本中发现了塑料微粒”，“在海洋最深处的马里亚纳海沟和海拔最高的珠穆朗玛峰，都发现了人类活动留下的塑料碎片”。

随着时间的推移，这些塑料会分解为小于 5 毫米长的碎片，渗入土壤，形成塑料微粒。塑料微粒会改变土壤的物理结构，削弱土壤的蓄水能力，抑制植物根系生长和养分吸收，严重威胁粮食安全。大量的塑料垃圾弃入河流、海洋，会导致水体污染，使敏感的珊瑚礁窒息，甚至可能导致海洋生物死亡。在印度孟买，每年有数百万只海鸟死于海洋中的塑料垃圾；被发现于泰国海岸附近的领航鲸，其尸体内有超过 80 件塑料垃圾。

地球上每个人每年摄入体内的塑料微粒超过 50 000 个，相当于每年吃下 15 个塑料袋。长期只喝瓶装水的人，每年可能会额外摄入 90 000 个塑料微粒。这给人类身体健康带来了潜在的危害。

2021 年，联合国发布了一系列推动和指导解决塑料污染的举措，各国也开始推行轰轰烈烈的“减塑运动”。中国政府与国际竹藤组织共同发起“以竹代塑”倡议。

活动

1. 调查你和你的家人一周内使用多少个塑料袋、塑料瓶。如果全国和全世界的人都这样使用塑料袋、塑料瓶，每年会产生多少废弃的塑料袋、塑料瓶。

2. 思考如何减少塑料袋、塑料瓶的使用量。

三、臭氧层减薄和臭氧洞

距离地面 20~25 千米的一定高度范围的大气层，是臭氧集中分布的地带，称作臭氧层。大气中的臭氧吸收了大部分对生命有害的太阳紫外线，对地球生命起到了天然的保护作用，是地球上所有生命的保护伞。

然而，探测和研究发现，大气中的臭氧含量自 20 世纪 50 年代末以来呈下降趋势，1987 年 10 月，南极上空的臭氧浓度下降到了 1957—1978 年间的一半。在南极上空，有 2 000 多万平方千米的区域为臭氧稀薄区，科学家们形象地将之称为“臭氧空洞”。

除南极外，在北极和青藏高原上空也发现了臭氧稀薄区。

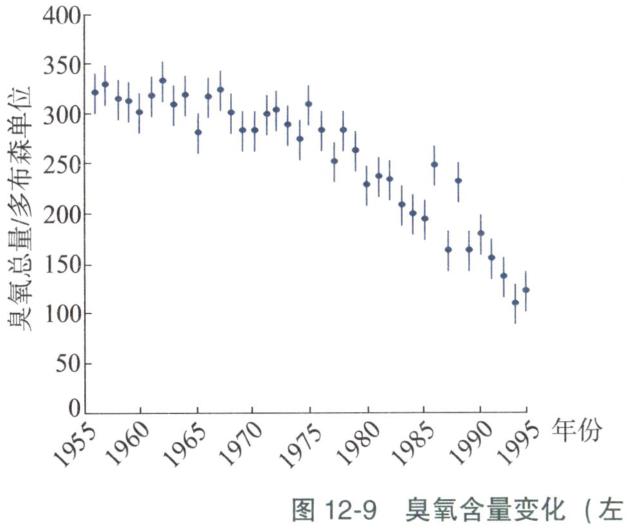

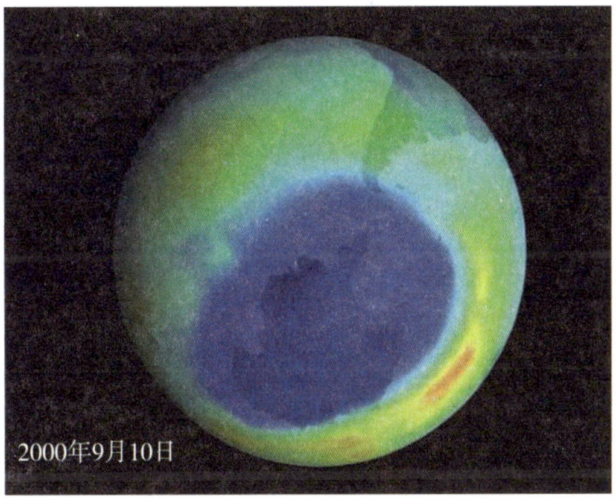

图 12-9　臭氧含量变化（左）和臭氧空洞（右）

尽管对于臭氧洞形成的原因有多种不同的解释，但是经过跟踪、监测，科学家们倾向于认为大量用作制冷剂、喷雾剂、发泡剂等化工制剂的氯氟烃是导致臭氧减少的“罪魁祸首”。另外，平流层内超声速飞机排放的大量一氧化氮，也在一定程度上导致了臭氧的减少。

平流层臭氧浓度的降低和臭氧洞的出现，会给人类生活和生产带来严重的危害。研究结果表明，若平流层臭氧减少 1%，照射到地面的紫外线就会增加 2%，将会导致大豆减产 1%，人的皮肤癌发病率增加 2%～3%。根据对智利最南端的蓬塔阿雷纳斯人群的调查，在臭氧减少的 7 年间，恶性黑色素瘤发病率增加了 56%，其他皮肤癌发病率增加了 46%；羊、兔子、鱼几乎全盲。

1977 年 3 月，联合国环境规划署理事会召开了“评价整个臭氧层”国际会议，并分别于 1985 年、1987 年和 1989 年，通过了《保护臭氧层维也纳公约》、《关于消耗臭氧层物质的蒙特利尔议定书》和《保护臭氧层赫尔辛基宣言》。生产和消费氯氟烃（CFCs）和其他消耗臭氧层的物质（ODS）已经被奇迹般地减少了将近 70%。此后，臭氧层的臭氧损耗情况出现好转。科学家估计臭氧层可能会在 21 世纪中期实现痊愈，但仍需各国共同努力。

第二节 生态破坏与全球变暖

人类也面临着生态破坏和全球变暖的严峻挑战。

一、生态破坏及其后果

20 世纪 50 年代以来，人类活动以前所未有的规模和强度深刻地影响着全球地表环境，在创造现代工业文明的同时，也导致了森林和草原减少、水土流失、土地荒漠化、生物多样性锐减等一系列生态问题。

（一）森林减少

根据联合国粮食及农业组织发布的《2020 年全球森林资源评估》报告，1990 年以来全球共有 4.2 亿公顷森林遭到毁坏，2015—2020 年全球每年的森林砍伐量约为 1 000 万公顷。森林的减少，使其涵养水源的功能受到破坏，造成了物种的减少和水土的流失，对二氧化碳的吸收减少，进而又加剧了温室效应。

（二）土地荒漠化

全球荒漠和荒漠化土地面积占陆地面积的 29%，由于气候变干及过度开垦和放牧，每年还有 600 万公顷的土地荒漠化。

（三）生物多样性锐减

近百年来，由于人口的急剧增加和人类活动的日益加强，地球上的各种生物及其生态系统受到了极大的冲击，生物多样性锐减。有关学者估计，当前物种灭绝的速度已经高于化石记载的 100 倍，未来还将增大 10 倍（图 12-10）。世界上每年至少有 5 万个物种灭绝，平均每天灭绝的物种达 140 个。

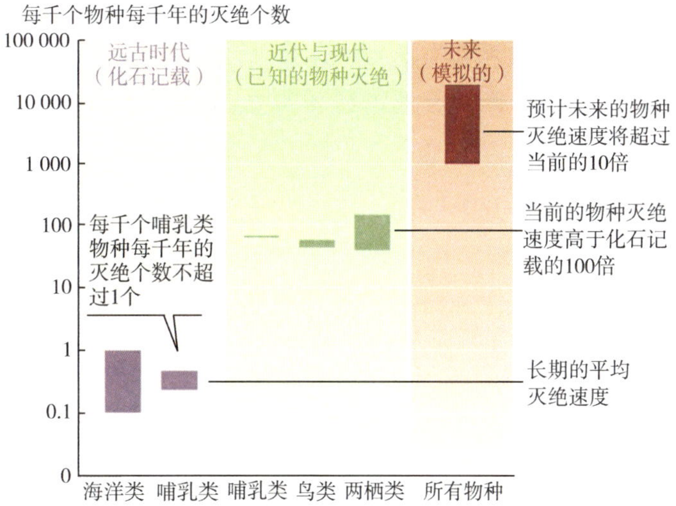

资料来源：联合国“千年生态系统评估”项目。

图 12-10 物种灭绝速度变化

生态的破坏，不仅减少了可以供给人类生产和生活的生物资源，而且威胁着人类生存的环境基础。

活动

1. 调查学校附近或居住地可能面临的生态和环境问题。
2. 分析造成这些生态和环境问题的原因，提出解决这些问题的措施。

知识窗

北美的“黑风暴”

20 世纪初，北美中央大平原迎来了大批的移民。人口的快速增长带来了大规模的农垦、放牧、采樵和单一的耕种。这些对自然环境掠夺式的开发方式严重破坏了大平原地区的草原植被，使得气候变干，昼夜温差加大，打破了大平原地区草原生态平衡。

图 12-11 “黑风暴”过程（左）和灾后场景（右）

1934 年 5 月 11 日凌晨，美国西部草原地区发生了一场人类历史上空前的黑色风暴。这场风暴从美国西部土地破坏最严重的干旱地区刮起，向东部推进，形成了一个东西长 2 400 千米、南北宽 1 440 千米、高 3 400 米的迅速移动的巨大黑色风暴带，携带了 3 亿多吨尘土，相当于 200 万亩耕地的全部耕作层。“黑风暴”持续了三天三夜，横扫了美国 2/3 的土地，所到之处，遮天蔽日、溪水断流、水井干涸、田地龟裂、庄稼枯萎、牲畜渴死，许多人死于风暴引起的肺炎，千万人流离失所。

二、全球变暖及其影响

（一）全球变暖及其原因

2023 年 3 月，联合国政府间气候变化专门委员会发布了第六次评估综合报告《气候变化 2023》，首次用确定的语气指出，人类活动，主要是排放温室气体，已毋庸置疑地引起了全球变暖：大气、海洋、冰冻圈和生物圈发生了广泛而迅速的变化。人类活动引起的气候变化已经影响到全球各个区域，并对人类和自然产生了广泛的不利影响，造成了相关损失与损害。2011—2020 年全球地表温度比 1850—1900 年升高了1.1 ℃（图 12-12）。全球温室气体排放持续增长，是由不可持续的能源使用、土地利用及其变化、生活方式及消费和生产模式导致的。

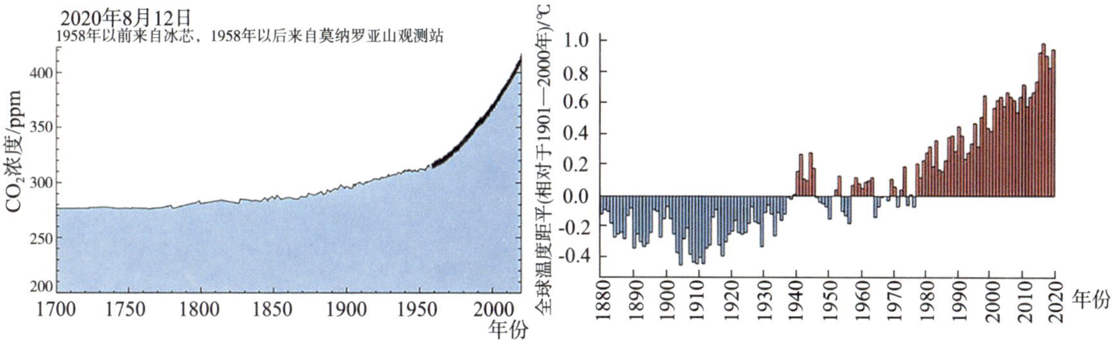

图 12-12　1700 年以来的大气二氧化碳浓度变化和 1880 年以来的全球地表温度变化

该报告还指出，近期内全球温度升高可能达到 1.5 ℃，或面临暂时突破 1.5 ℃的风险；如果全球温度上升幅度突破 1.5 ℃，地球生态环境将会面临失去平衡的危险。

（二）全球变暖的影响

全球变暖会导致冰川融化、海平面上升、极端气候事件发生频率增大、生物多样性减少，从而威胁地球生态系统的平衡和人类的生存。一项研究表明，15 个已知的全球气候临界点，已有 9 个被激活。气候变化让人类站在了事关自身存亡的历史关头。如果不加以干预，21 世纪末全球气温可能会上升 5℃以上，粮食将减产 50%，多达 75%的物种将面临灭绝风险，极端气候现象也将频发。

冰川融化不仅会导致高纬度和高海拔地区的生态系统受到冲击，还会引起海平面上升。模拟结果表明，如果二氧化碳等温室气体的排放控制不到位，到 2100 年海平面上

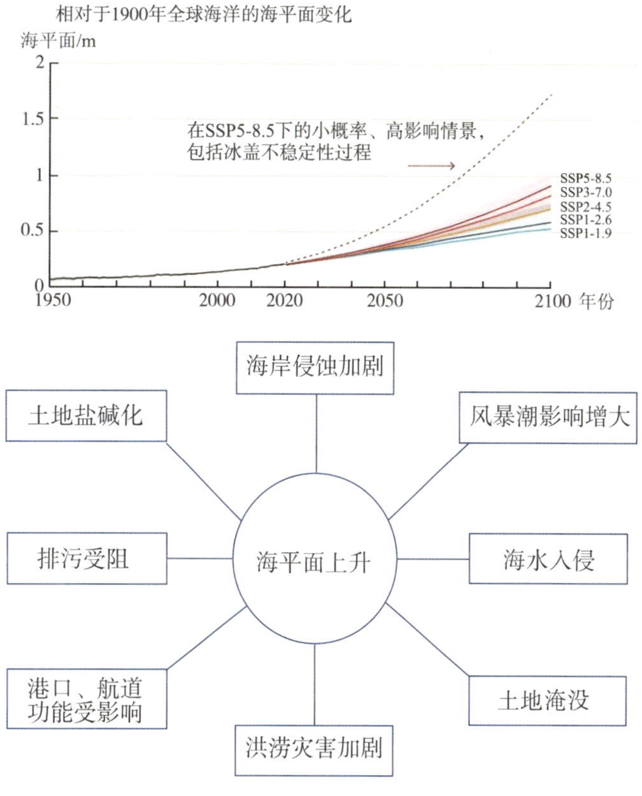

图 12-13　不同情景下模拟的全球变暖导致的
海平面上升（上）及其影响（下）

升幅度有可能接近 1 米。海平面上升会引发海水入侵、土地淹没、土地盐碱化、海岸侵蚀加剧、风暴潮影响增大、排污受阻、洪涝灾害加剧等问题。

全球变暖导致极端气候事件发生的频率和强度都增大。研究表明，由于全球变暖，过去 10 年一遇的极端温度事件已经变为 10 年发生 2.8 次，50 年一遇的极端温度事件已经变为 50 年发生 4.8 次；10 年一遇的陆地一日强降水事件和 10 年一遇的农业和生态干旱事件，其发生频率相对于过去增大了 30%和 70%（图 12-14）。如果全球升温幅度达到 2.0℃，10 年一遇和 50 年一遇的极端温度事件发生的频率，将会在目前基础上增大 100%和 190%；10 年一遇的陆地一日强降水事件和 10 年一遇的农业和生态干旱事件，其发生频率将会在目前基础上增大 31%和 41%（据图 12-14 计算）。

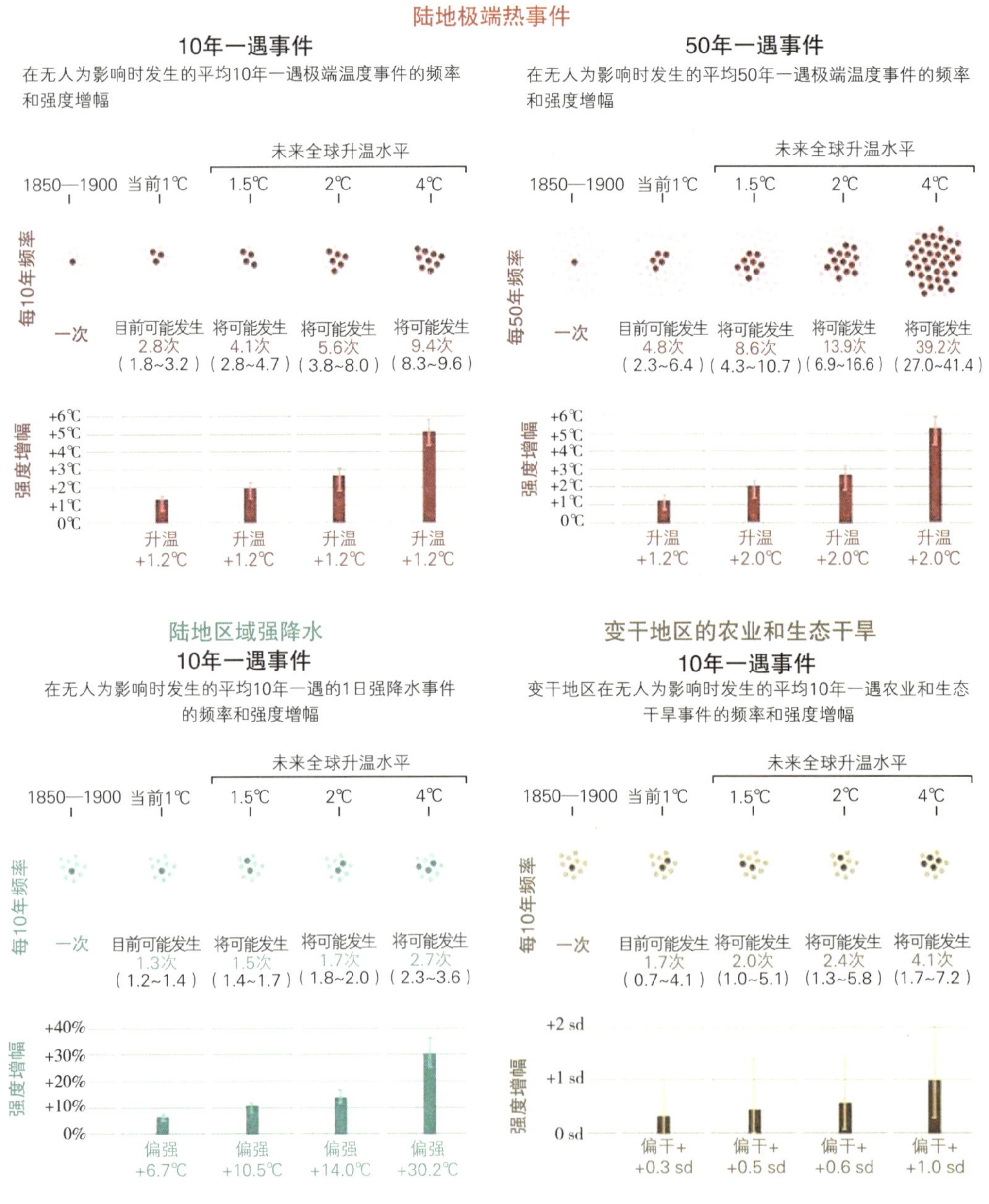

图 12-14　全球变暖导致极端气候事件发生频率的变化

全球变暖还会加速物种的灭绝和生物多样性的减少。研究表明，如果全球升温幅度达到 1.5 ℃、2.0 ℃ 和 3.0 ℃，生物多样性将会依次减少 30%、45% 和 60% 左右（图 12-15）。

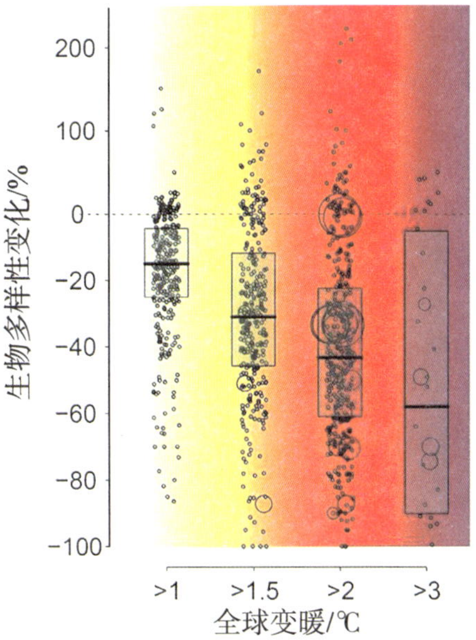

图 12-15　全球变暖导致生物多样性的变化

知识窗

气候变暖与物种灭绝

联合国政府间气候变化专门委员会第六次评估报告第二工作组报告《气候变化 2022：影响、适应和脆弱性》指出，自工业革命以来，气候变化导致生物灭绝，最为著名的是三个典型物种（图 12-16）：1990 年金蟾蜍因连续极端干旱灭绝于哥斯达黎加；2005 年狐猴环尾负鼠的白色亚种因气温连续上升和栖息地被破坏而消失；2016 年珊瑚裸尾鼠因海平面上升和风暴潮增加而灭绝。生物多样性的丧失，已经被 IPCC 列为生态系统严重风险中的关键风险。物种的灭绝会对生态系统造成不可逆转的影响。

图 12-16　近 30 多年来灭绝的三个典型物种

在针对976个物种的研究中，47%的灭绝风险与最热年气温有关。气候驱动的物种灭绝，热带地区多于温带地区，淡水区域多于海洋区域，动物多于植物。随着全球变暖的加剧，生物多样性的丧失将越发严重。如果全球升温3 ℃，20%的物种将面临灭绝的风险。

三、全球变暖的应对

应对全球变暖，就是要降低大气中二氧化碳等温室气体的浓度。一方面要节能减排，另一方面要增汇负排。

（一）节能减排

研究显示，人类活动导致的碳排放主要来源依次是，制造业占31%，发电占27%，农林畜牧业占19%，交通占16%，取暖和制冷占7%。因此，节能减排的措施主要包括以下几个方面：对制造业进行技术改造，降低能耗；大力发展和使用新能源、清洁能源，减少化石能源的使用；农林畜牧业要改进工艺、低碳生产、循环利用；在交通方面，要倡导绿色出行、低碳出行；在取暖和制冷方面，要创新技术、控制温度、节约能源。

（二）增汇负排

减少排放，只能减慢大气中二氧化碳等温室气体的浓度继续升高的速度，而无法降低温室气体的浓度和温室效应带来的全球变暖幅度。只有吸收大气中的二氧化碳等温室气体，才能降低其在大气中的浓度，减小全球变暖的幅度。

1. 植树造林，增加碳汇

表 12-2　我国东北地区各种类型植被的固碳能力

植被类型	净固碳能力/（$gC \cdot m^{-2} \cdot a^{-1}$）
林地	617.65
灌丛	348.38
草地	379.60
农田	340.88
其他用地	198.28

植物的光合作用可以吸收大气中的二氧化碳，合成有机物，并将其储存在生物体内或土壤中，从而起到降低大气中二氧化碳的浓度和缓解全球变暖的作用。据估算，当前植物生态系统每年通过光合作用可固定约1 230亿吨二氧化碳。因此，只要光合作用效率提高10%，就能多固定当前全球二氧化碳年排放量的1/4。在陆地绿色植物中，相对来说，森林的固碳（碳汇）能力最强。虽然森林面积只占陆地总面积的1/3，但森林植被区的碳储量几乎占到陆地地表碳库总量的一半。草地也有一定的碳汇能力，其固碳量占陆地地表碳库总量的一成左右。农田管理的方式决定了农田究竟是碳源还是碳汇。如果农田使用有机绿肥，并且作物秸秆还田，可以成为碳汇，否则可能成为碳源。对我国东北地区的研究表明，在固

碳能力方面，林地>草地>灌丛>农田>其他用地（表 12-2）。

2. 海洋施肥，提高海洋生物的固碳能力

地球上超过一半的生物碳是由海洋生物（浮游生物、细菌、海草、盐沼植物和红树林等）捕获的。研究表明，海洋植物尤其是海洋浮游植物的生产率往往受到铁元素不足的限制。如果适当给海洋浮游植物播撒一些铁肥，就会提高海洋浮游植物的生产率，从而提高海洋生物对大气中二氧化碳的吸收能力。

3. 增强陆表风化，提高岩石的固碳能力

研究发现，陆地表面的风化过程，可以吸收一定的二氧化碳。据分析，全球陆地每年碳酸盐岩风化产生的碳汇为 5.5 亿吨。我国喀斯特作用净回收大气中二氧化碳的能力可达每年 1 800 万吨。如果通过人为干预，提高碳酸盐岩的溶解速率，可以进一步加强喀斯特过程对大气中二氧化碳的吸收。另外，如果采取措施加强玄武岩等岩石的风化，也可以增加对大气中二氧化碳的吸收。

4. 将一定量的二氧化碳储存

二氧化碳储存就是找个地方，把二氧化碳埋起来，不让它进入大气层。关键是埋得深，盖得严实。深海和岩石深层是不错的储存地点。

活动

1. 根据表 12-2 提供的信息，分析采取什么措施可以提高东北地区的固碳增汇效应。

2. 除上述措施外，还有什么办法可以减少大气中的二氧化碳？

知识窗

“双碳”战略——碳达峰和碳中和

2021 年 10 月 24 日，中共中央、国务院印发《关于完整准确全面贯彻新发展理念做好碳达峰碳中和工作的意见》，标志着“双碳”战略的提出。其目标是，在 2030 年之前实现“碳达峰”，即到达二氧化碳排放量由增转降的历史拐点，实现碳排放与经济发展脱钩，达峰目标包括达峰年

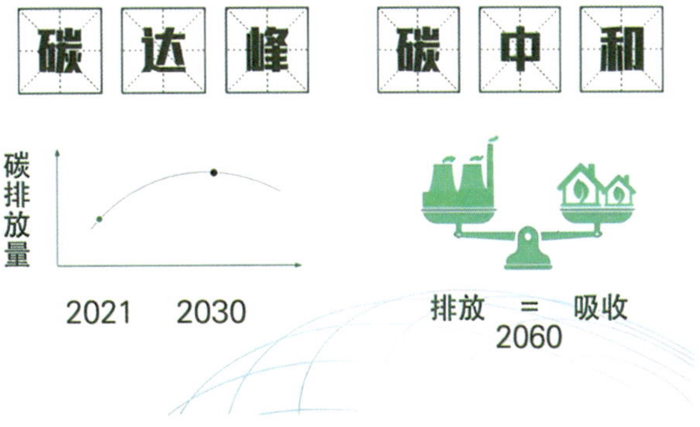

图 12-17　中国的“双碳”目标

份和峰值；在2060年之前实现“碳中和”，即通过植树造林、节能减排等形式，抵消自身产生的二氧化碳排放量，达到相对“零排放”。

“双碳”战略的推进，有利于引导我国绿色技术创新，提高产业和经济竞争力，促进经济高质量发展。实现“双碳”目标，时间紧、任务重。2019年，我国人均国内生产总值（GDP）超过1万美元，要在2035年进入中等发达国家行列，我国经济将会延续中高速并逐渐转向中低速增长的态势。在这样的背景下，实现“零排放”是一个严峻挑战。

然而，机遇与挑战并存。目前，我国实施“双碳”战略具有以下优势：第一，提早转型，有利于降低转型成本。美国、日本、欧盟交通部门排放达峰时千人乘用车保有量分别为845辆、575辆和423辆，而我国2022年仅有226辆，在汽车普及阶段，直接购买新能源汽车，转换成本相对较低。第二，中国在绿色技术、产业领域，特别是在新能源汽车、光伏发电、风电、储能、绿氢及数字技术等领域，与发达国家差距不大。第三，中国绿色产品需求的增长潜力巨大，这为绿色产品创新和推广提供了动力。

第三节 人类生存之路——可持续发展

自工业革命以来，人类在以前所未有的速度创造物质财富的同时，也面临着空前严峻的环境问题，人类的生存和发展受到的威胁日益加剧。环境问题的实质是人地关系不协调的突出表现。面对环境问题的困扰，经过不断实践和反思，人们认识到，仅仅依靠科技的进步和工业文明的成果，不足以修复遭到破坏的环境和生态，不可能从根本上解除人类的生存危机。经过不断审视自身的行为，人们意识到，必须通过更新发展观念，协调日益紧张的人地关系，走可持续发展之路。

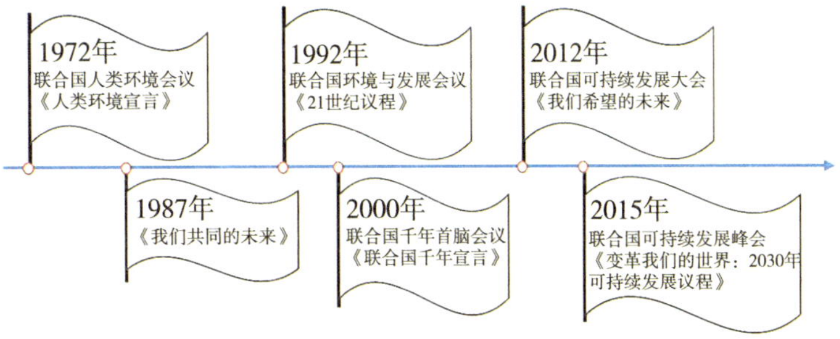

图 12-18 联合国环境与发展国际大事记

20 世纪 70 年代以来，可持续发展的思想逐步得到国际社会的广泛认同，联合国召开了一系列环境与发展会议，推动了全球的可持续发展。

一、可持续发展的内涵

1987 年，世界环境与发展委员会在《我们共同的未来》中指出，可持续发展是既能满足当代人的需求，又不危及后代人满足其需求能力的发展。可持续发展是协调人地关系的必然选择，其内涵主要包括经济可持续发展、社会可持续发展和生态可持续发展三个方面。在人类的管理与调控下，这三个方面相互支撑、相互制约，共同组成了可持续发展系统（图 12-19）。

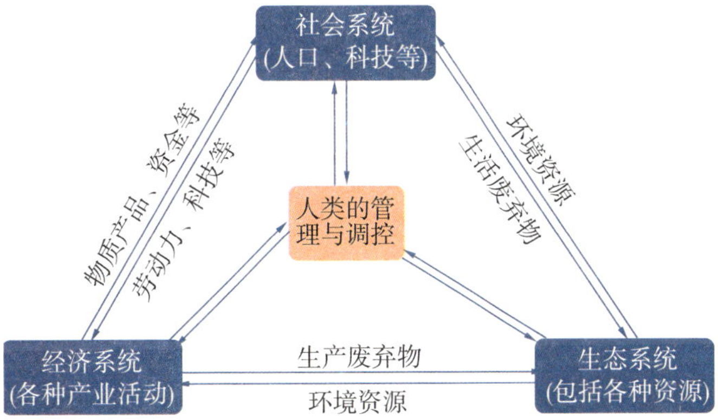

图 12-19 可持续发展系统示意图

（一）经济可持续发展

经济可持续发展是条件。只有经济持续增长，才能提高当代人的福利水平，增加社会财富。它强调经济发展不仅要重视数量增长，更要追求质量提高，改变“高投入、高消耗、高污染”的传统生产方式，积极倡导清洁生产和循环经济，以减少给环境造成的压力。

（二）社会可持续发展

社会可持续发展是目的。它强调发展要以改善人类的生活、提高人类的健康水平为目的，与社会进步相适应。

（三）生态可持续发展

生态可持续发展是基础。它强调发展要与资源、环境相协调，在发展过程中必须保护好生态环境，包括防治环境污染、改善环境、保护生物多样性等，以持续的方式使用自然资源。

二、可持续发展的原则

（一）公平性原则

公平性原则强调当代人与后代人之间、同代人之间、全球不同地区之间，以及人类与其他生物种群之间的公平。人类的发展不应危及其他物种的生存，各国、各地区有权根据需要开发自然资源，但要确保不对其他国家和地区的环境造成损害，并在可持续发展进程中优先考虑消除贫困。例如，制定精准扶贫制度，消除贫困，实现共同富裕；建立自然保护区，既保护濒危物种，又对子孙后代负起责任。

（二）持续性原则

持续性原则强调人类必须在不超越资源环境承载力的基础上，保持经济活动与社会发展的持续性。人类须合理开发利用自然资源，保持适度的人口规模，处理好经济发展与环境保护的关系，实现经济效益、社会效益和生态效益的相互协调。例如，我国实施多年的海洋伏季休渔制度，既有利于渔业资源的保护和恢复，也有利于渔民的长远利益。

（三）共同但有区别的责任原则

该原则强调地球环境是一个整体，发展经济和保护环境是世界各国的共同责任，需要各国共同参与。但是，发达国家和发展中国家由于所处发展阶段的不同及累计排放污染物的差异，又具有不同的义务。

三、可持续发展的目标

图 12-20　联合国 2030 年可持续发展目标

2015 年 9 月 25 日，联合国 193 个成员国在联合国可持续发展峰会上通过了一项计划，即联合国可持续发展目标（SDGs）。联合国可持续发展目标包括 17 个目标（图 12-20 和表 12-3）

和 169 项具体行动，涵盖经济、社会和环境三个方面，旨在消除贫困和不平等，保护地球和推动全球和平与繁荣。

表 12-3　联合国可持续发展目标

目标	具体内容
目标 1：无贫穷	在全世界消除一切形式的贫困
目标 2：零饥饿	消除饥饿，实现粮食安全，改善营养状况和促进可持续农业
目标 3：良好健康与福祉	确保健康的生活方式，促进各年龄段人群的福祉
目标 4：优质教育	确保包容和公平的优质教育，让全民终身享有学习机会
目标 5：性别平等	实现性别平等，增强所有妇女和女童的权能
目标 6：清洁饮水和卫生设施	为所有人提供水和环境卫生，并对其进行可持续管理
目标 7：经济适用的清洁能源	确保人人获得负担得起的、可靠和可持续的现代能源
目标 8：体面工作和经济增长	促进持久、包容和可持续的经济增长，促进充分的生产性就业，人人都能获得体面工作
目标 9：产业、创新和基础设施	建造具备抵御灾害能力的基础设施，促进具有包容性的可持续工业化，推动创新
目标 10：减少不平等	减少国家内部和国家之间的不平等
目标 11：可持续城市和社区	建设包容、安全、有抵御灾害能力和可持续的城市和人类住区
目标 12：负责任消费和生产	采用可持续的消费和生产模式
目标 13：气候行动	采取紧急行动应对气候变化及其影响
目标 14：水下生物	保护和可持续利用海洋和海洋资源以促进可持续发展
目标 15：陆地生物	保护、恢复和促进可持续利用陆地生态系统，可持续管理森林，防治荒漠化，制止和扭转土地退化，遏制生物多样性的丧失
目标 16：和平、正义与强大机构	创建和平、包容的社会以促进可持续发展，让所有人都能诉诸司法，在各级建立有效、负责和包容的机构
目标 17：促进目标实现的伙伴关系	加强执行手段，重振可持续发展全球伙伴关系

全球伙伴关系是人类社会发展的必要条件。联合国可持续发展目标是在 2030 年前加强全球伙伴关系，实现经济的可持续和包容性发展。为了实现这些目标，需要加强国际合作和共同治理，推广南南合作和南北合作，促进全球治理体系的改革和完善。

这些目标是人类社会发展的路标，是实现全球可持续发展的重要计划。而要实现联合国可持续发展目标，就必须消除贫困和不平等，保护地球和环境，推动和平与繁荣，为人类社会的未来和幸福奠定坚实的基础。

四、可持续发展的路径

为了实现人类的可持续发展，消除贫困、发展绿色经济、践行可持续消费已成为全人类的共识，并在世界范围内得到广泛推行。

（一）消除贫困

贫困是多数经济落后地区环境恶化的根本原因。人人都享有与时代相应的发展权利，而消除贫困是实现可持续发展的重要任务，需要全人类共同努力。我国不仅通过精准扶贫在消除贫困方面取得了举世瞩目的成就，还为广大发展中国家的发展和脱贫做出了重要贡献。

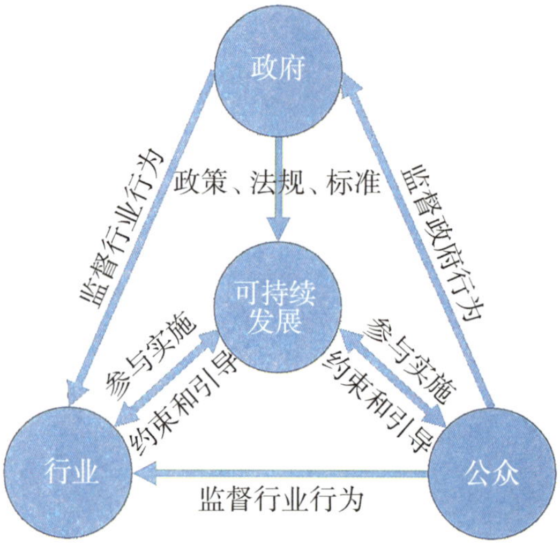

图 12-21 政府–行业–公众在可持续发展中的关系

知识窗

中非合作助力非洲减贫

截至 2024 年 3 月，已有 52 个非洲国家与中国签署了共建“一带一路”合作文件，建成了一批重大标志性工程项目和“小而美”民生项目，有力促进了非洲国家经济社会发展和民生改善。

坦赞铁路、蒙内铁路、肯尼亚内罗毕快速路、尼日利亚莱基深水港、安哥拉国际机场等项目竣工并投入使用，成为非洲大陆的经济动脉；风电、水电、地热、太阳能等一大批绿色能源设施并网发电，为非洲工业化提供了能源保障；从乞力马扎罗山顶到印度洋小岛，中国企业建设的通信网络覆盖数亿非洲用户；在埃及、科特迪瓦、吉布提等国，一所所“鲁班工坊”助力非洲职业教育发展，为当地培养了一批批经济社会发展人才。

过去十年，中国在非洲建成 24 个农业技术示范中心，推广了 300 多项先进适用技术，带动当地农作物平均增产 30%~60%，100 多万当地农户从中受益。肯尼亚牛油果、埃塞俄比亚咖啡、贝宁菠萝、南非鲜梨，越来越多的非洲特色农产品通过输华“绿色通道”进入中国市场，一项项便利化措施助力中非农业贸易快速增长。

中非合作为非洲的减贫做出了贡献！

（二）发展绿色经济

绿色经济的本质是以生态与经济协调发展为核心的可持续发展经济，是以维护人类生存环境、合理保护资源及有益于人体健康为特征的经济发展方式。绿色经济以经济绿色化和绿色产业化为内涵，包括低碳经济、循环经济和生态经济等可持续发展的经济形式。

（三）践行可持续消费

公众参与是实现可持续发展的前提。在可持续消费的宗旨下，每个人通过负责任的行为，保持适度、绿色低碳的生活方式，杜绝奢侈浪费等不合理消费行为，真正做到从日常生活出发，转变生活观念，崇尚低碳生活和绿色消费。

知识窗

中国的可持续发展之路

从古代崇尚的“天人合一”的朴素的人地和谐观到“科学发展观”“生态文明建设”，从“三北”防护林工程的建设到“生态保护红线”的划定，从“煤转气”“煤转油”到大力发展新能源，从“大开发”“大建设”到“共抓大保护，不搞大开发”，从“靠山吃山，靠水吃水”到“绿水青山就是金山银山”（图 12-22），中国走出了一条具有中国特色的可持续发展之路，取得了巨大的成就。

1. 绿色经济加速发展

淘汰落后产能，“十三五”期间累计退出钢铁过剩产能达 1.5 亿吨以上、水泥过剩产能 3 亿吨左右。节能降耗，2021 年我国的钢铁、电解铝、水泥熟料、平板玻璃等单位产品综合能耗较 2012 年降低了 9%以上，全国火电机组每千瓦时煤耗降到了 302.5 克标准煤，均处于世界领先地位。转废为宝，2021 年我国大宗工业固废综合利用量约 21 亿吨，综合利用率较 2012 年提高了近 10 个百分点。加大绿色供给，百万千瓦水轮发电机组顺利投产发电，多晶硅、硅片、电池、组件产量全球占比均超过 70%，截至 2022 年年底，全国风电、光伏发电装机容量突破 7 亿千瓦，风电、光伏发电装机容量均处于世界第一。新能源汽车产销量连续 8 年（2015—2022 年）居全球第一，2022 年液化天然气（LNG）、甲醇等绿色动力船舶的国际市场份额接近 50%。

图 12-22　绿水青山就是金山银山

2. 绿色技术创新及其产业化不断推进

截至 2021 年年底，中国节能环保产业有效发明专利 4.9 万件，新能源产业有效发明专利 6 万件，分别是 2017 年年底的 1.6 倍和 1.7 倍，形成了覆盖节能、节水、环保、可再生能源等领域的绿色技术装备制造体系，新能源、污染治理、环境监测等多个领域的技术达到了国际先进水平。

3. 脱贫攻坚战取得全面胜利

经过几十年的不断努力，现行标准下9 899万农村贫困人口全部脱贫，832个贫困县全部摘帽，12.8万个贫困村全部出列，区域性整体贫困得到解决，完成了消除绝对贫困的艰巨任务。

4. 污染治理成绩显著

深入推进蓝天、碧水、净土保卫战，全国地级及以上城市细颗粒物（PM2.5）年均浓度从2015年的46微克/米^{3}降到了2022年的29微克/米^3，中国成为全球大气质量改善最快的国家；2022年，全国地表水优良水质断面比例达到87.9%，实现了固体废物“零进口”的目标。

5. 美丽中国建设取得明显成效

划定生态保护红线，优化国土空间发展格局，推进山水林田湖草沙一体化保护和系统治理。十年来，我国累计完成造林9.6亿亩，防沙治沙2.78亿亩，种草改良6亿亩，新增和修复湿地1 200多万亩，土地荒漠化趋势得到有效扭转。“中国山水工程”入选联合国首批十大“世界生态恢复旗舰项目”。21世纪以来，全球新增绿化面积约1/4来自中国。中国在世界范围内率先实现土地退化“零增长”，荒漠化和沙化土地面积“双减少”，森林覆盖率和森林蓄积量保持“双增长”。

6. 推行绿色低碳生产生活方式，努力实现“双碳”目标

积极调整产业结构、能源结构、交通运输结构，超额完成到2020年碳排放强度比2005年下降40%~45%的目标。中国做出碳排放力争在2030年前达到峰值、努力争取在2060年前实现碳中和的庄严承诺，将完成全球最大的碳排放强度降幅，也是用历史上最短的时间实现从碳达峰到碳中和，以有力地推动全球减碳进程。

拓展活动

低碳生活（low-carbon living），是指减少二氧化碳的排放，低能量、低消耗的生活方式，主要是从节电、节气、节油、节水、减少浪费和回收利用等环节做起。

1. 在低碳生活方面，你做到了哪些？

2. 观察学校和家里，在低碳生活方面是否存在可以改进的地方？

3. 提出改进意见和低碳生活的倡议。

图12-23　低碳生活

主题 13　如何利用地理信息技术服务生产与生活？

——地理信息技术及其应用

【教学目标】

◎ 1. 了解什么是地理信息技术。

◎ 2. 了解地理信息技术的用途。

◎ 3. 学会利用地理信息技术解决一些常见的生活问题，如定位、导航，查询相关地物的位置信息，在遥感影像上判读简单的地物，如河流、湖泊、乡镇、道路等。

【课时建议】

◎ 2—4 课时

【情境】

◎ 现在出门离不开导航，天气预报离不开卫星云图，农作物估产、灾情调查、环境监测、资源调查离不开遥感，数字城市、旅游规划、智慧家电离不开地理信息系统，等等。总之，生活和生产越来越离不开地理信息技术。

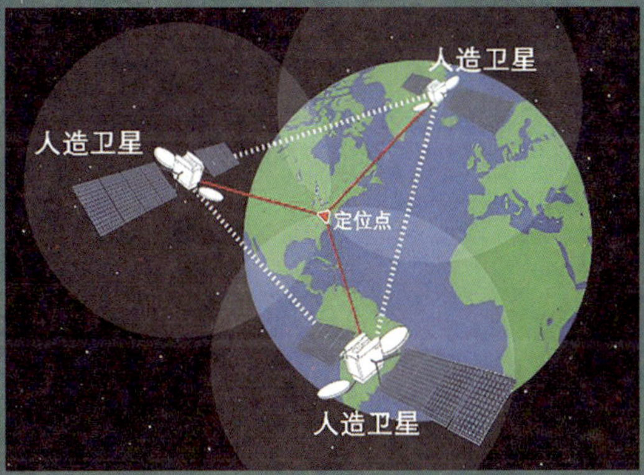

图 13-1　人造卫星与地理信息技术

【问题】

◎ 什么是地理信息技术？如何利用地理信息技术？

第一节 遥感及其应用

地理信息技术是关于地理空间分布信息获取、分析和应用的技术，主要包括遥感、地理信息系统和全球卫星导航系统等技术。地理信息技术已被广泛应用于生产和生活的各个方面。

2023 年 7 月 25 日—28 日，利用风云四号气象卫星遥感对台风“杜苏芮”跟踪监测，结合地理信息系统的分析预测，中央气象台发布了红色预警：台风“杜苏芮”具有沿海风浪大、降雨强度大、影响范围大等特点，将深入内陆并北上，可能影响福建、广东、浙江、江西、安徽、山东、河南、河北、天津、北京等省市。这使得台风所经地区充分做好了抗灾准备，及时采取了有效防避措施，减少了灾害造成的损失。那么，什么是遥感技术？它有什么用途？

风云 -4A 卫星监测的台风“杜苏芮”(2023-07-25)

图 13-2　2023 年 7 月 25 日和 27 日台风“杜苏芮”气象卫星遥感云图

图 13-3　遥感示意图

一、遥感概述

遥感是利用装载于遥感平台（人造卫星、飞机、高空气球等）的摄影、摄像或扫描设备，对地表物体进行远距离感知（探测）的技术。除利用照相机、摄像机对地表进行摄影、摄像外，还利用各种光谱仪对地表各种物体进行扫描，从而通过光谱探知其性质和特征。

相对于实地调查等传统的信息获取手段，遥感技术具有探测范围大、获取信息速度快、受地面条件限制少等诸多优势。

二、遥感应用

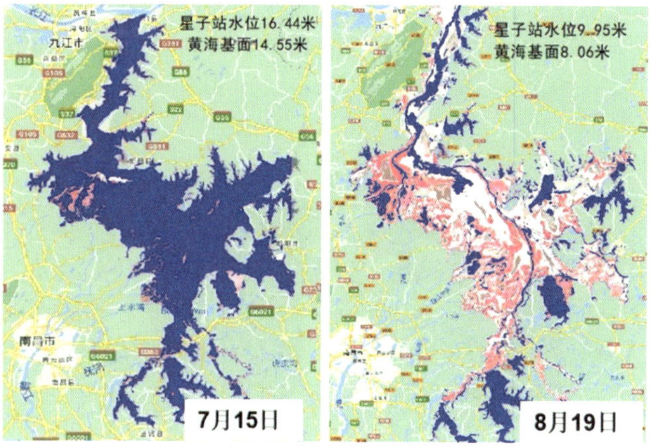

图 13-4　2022 年 7 月 15 日和 8 月 19 日的鄱阳湖卫星影像图

利用遥感技术，能够实时监测洪涝、干旱、台风、滑坡、泥石流等灾害的形成过程；还可以快速识别灾害的影响范围，为抗灾救援等工作提供精准有力的支持。比如，利用遥感技术，对鄱阳湖及其周边地区 2022 年的旱情进行监测，从前后两张卫星影像图不难看出，7 月 15 日鄱阳湖还是一个面积很大、整体联通的大湖，但是到了 8 月 19 日，鄱阳湖已经支离破碎，很大部分已经变为旱地（图 13-4）。

遥感技术还可用于资源调查、环境监测、农作物产量评估等方面。图 13-5 就显示了利用遥感技术对吉林省珲春市森林资源进行调查的结果。天气预报也离不开遥感，大家经常在中央电视台或地方电视台的天气预报中看到的卫星云图，就是气象卫星提供的遥感影像。图 13-2 就是两张卫星遥感云图，分别显示了 2023 年 7 月 25 日和 27 日台风“杜苏芮”的中心位置及其云系覆盖范围。

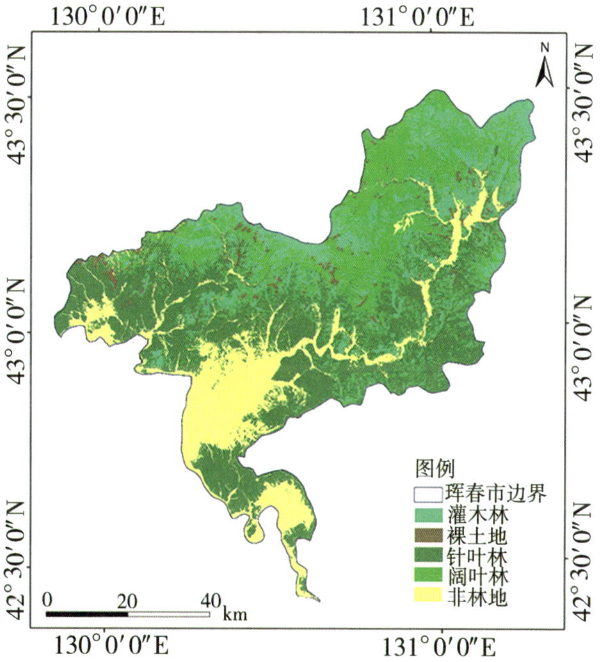

图 13-5　吉林省珲春市遥感影像解读图

活动

2017年8月8日，九寨沟发生7.0级地震，生态环境严重受损，景区内27个遗产点中5个遗产点景观受损。中国科学院空天信息创新研究院持续开展九寨沟自然景观、水体环境、植被覆盖度、次生地质灾害及其时空变化的调查与监测。

图13-6　2017—2022年火花海遥感影像图

（水体颜色深表示湖水清澈，水体呈灰白色表示湖水浑浊）

地震使得火花海堤坝严重损毁，决堤口长度达30~35米，造成景观的巨大改变，极大影响了美学观赏价值。经过灾后恢复重建，火花海溃决区钙华坝已完成修复，其水体也基本恢复（图13-6），已于2020年10月重新对外开放。

1. 根据遥感影像图，指出火花海堤坝的损毁位置，说一说地震给火花海景观带来的破坏。

2. 从水体、植被、地形等方面说明火花海景点的恢复情况。

第二节 地理信息系统及其应用

地理信息系统在生产和生活中的应用越来越广泛。

一、地理信息系统概述

我国许多城市建设了数字城市。在网页浏览器地址栏中输入相应网址，即可打开城市虚拟地图，通过“缩放”“平移”“查找”等操作，你可以浏览感兴趣的地点，甚至能在3D视图中模拟在街道上空巡游，将鼠标悬停在建筑物上，还能显示相关信息，这极大地提升了查阅地图的体验。数字城市的核心技术是地理信息系统技术，它为人们的生活提供了很多便利。

图 13-7 苏州大学一角 3D 地图

平时大家外出吃饭或会餐，经常会打开“大众点评”APP，查一查附近哪里有自己喜欢的餐馆。周末或假日想外出旅游，往往会打开“百度地图”“高德地图”等APP看一看哪里有自己感兴趣的景点。当我们想租房或买房时，除会在房屋租售网上查阅价格和套型以外，还会再到智慧城市或城市电子地图上查询其所在位置、周边配套、生态环境、未来发展规划等信息。实际上，这些系统都利用了地理信息系统技术，甚至可以说都是某一方面的地理信息系统。

所谓地理信息系统，就是在计算机硬件和软件系统支持下，对地球表层有关地理分布的数据进行采集、存储、管理、分析、显示和描述的信息系统。

二、地理信息系统应用

由于地理信息系统具有对不同属性的地理数据进行图层叠加的功能，因此可以根据不同的目的，对相关地物进行综合查询和分析。例如，可以利用地理信息系统，将街道、建筑物、植被等数据图层叠加，分析居住地或工作地点的生态环境。

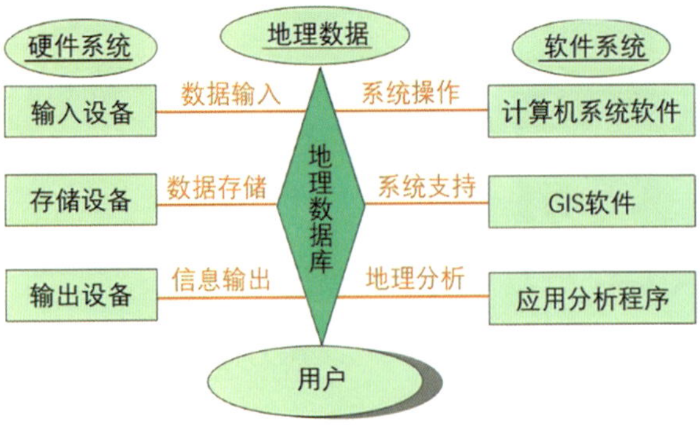

图 13-8　地理信息系统示意图

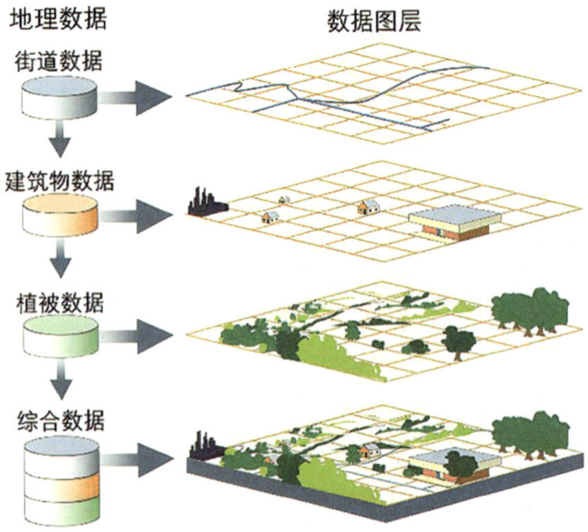

图 13-9　利用地理信息系统的图层叠加功能研究某地的生态环境

又如，可以利用地理信息系统对酒店、商店、学校、公园、博物馆等位置进行查询。在对地理信息分析的基础上，可以通过比较远近、周边配套及环境，做出相对科学合理的出行决策。再如，消防站、救护站在城市的空间布局，就要在地理信息系统的支持下，做出合理规划，使得消防车、救护车能够在尽可能短的时间内到达最可能需要施救的现场。

地理信息系统还被应用于资源和环境分析、灾害评估与预测、疫情预防、可持续发展评价、城市与区域规划、运输和物流，以及治安、国防等方面。例如，可以利用降水、温度等数据，研判一个地区的旱情，也可以利用对一个地区未来降水、温度等的预报结果，预测这个地区的旱情时空变化趋势。

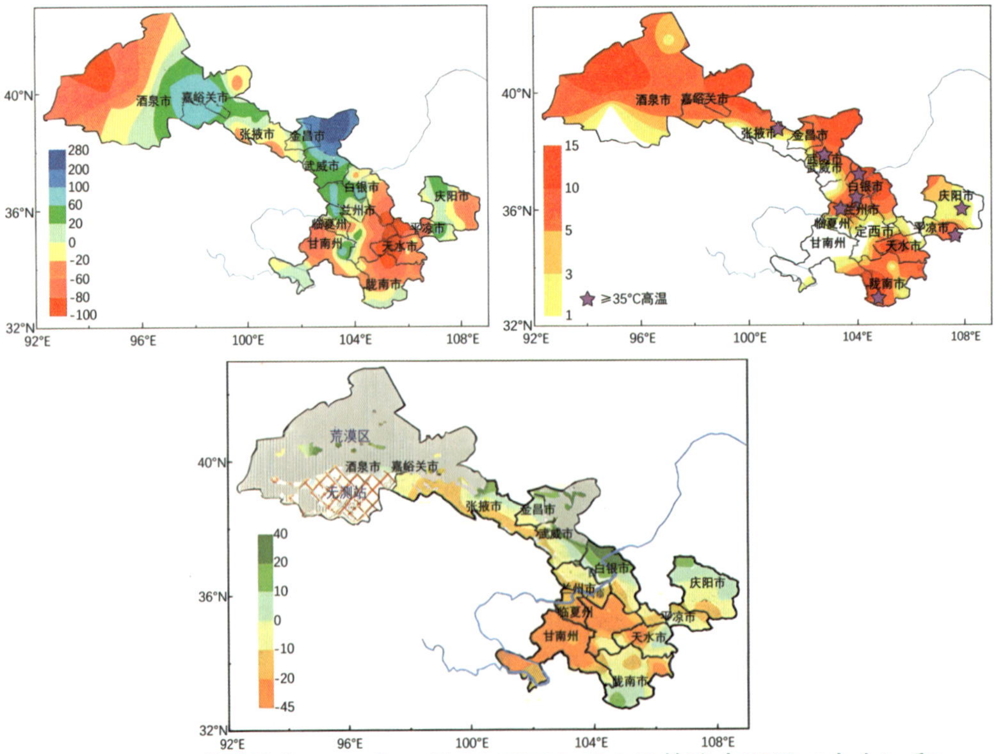

图 13-10　利用甘肃 2022 年 7 月 21 日至 8 月 8 日的降水距平（左上）和高温天数（右上），分析 8 月 8 日土壤的相对湿度（与近五年比较，下）

活动

地理信息系统应用——以百度地图应用为例

百度地图是一款网络版地理信息系统，能够满足我们生活中很多地理信息查询需求。在网页浏览器地址栏中输入 https://map.baidu.com，即可打开百度地图的应用界面。

应用百度地图，你可以查询到你周边的相关信息。在交互界面的左上方，是查询输入框

，你可以在查询输入框内输入你感兴趣的地点、公交、路线等内容进行查找。

图 13-11　查找北京南站至地坛公园的公交线路

图 13-12　利用测距工具实测距离

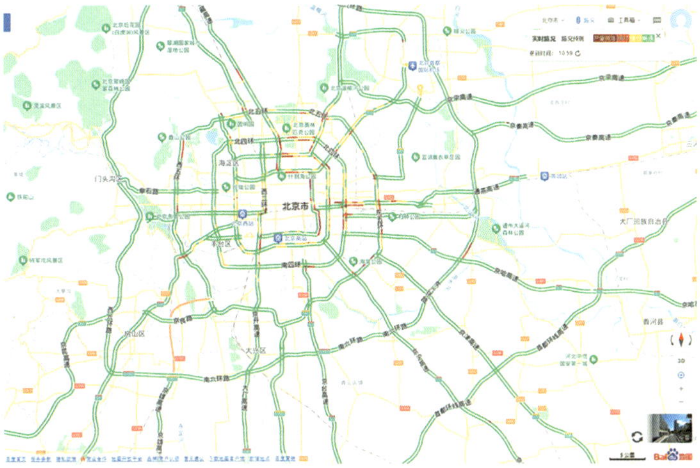

图 13-13　北京市实时路况（2023 年 10 月 25 日上午 11 时）

借助于工具栏，你可以从全国、省份、城市层面，进一步锁定你感兴趣的地域范围；借助于路况工具，系统会实时以不同颜色（深红、红色、黄色、绿色分别代表严重拥堵、拥挤、缓行、畅通）显示你感兴趣的路线的通畅程度，为你的出行提供参考；点击“工具箱”，系统将会弹出“测距”“标记”“分享”等工具，不仅可以让你掌握精准距离，标记出你感兴趣的地点，以方便你的生活和学习，还支持你与朋友共享相关地理信息。

利用地图浏览工具，你可以调整地图的显示方向，放大或缩小显示区域。你还可以用3D视角查阅地图，甚至能够运用全景功能查看三维街景，得到身临其境式的体验。

图 13-14　3D 视图下的故宫博物院

图 13-15　北京景泰小学附近的街景

1. 选择你感兴趣的地点和路线，应用百度地图，探索地理信息系统能为我们的生活带来哪些便利。

2. 查找苏州观前街的位置，找出你所在地区到那里的交通线路，说一说那里多数店面的经营范围。

第三节 全球卫星导航系统及其应用

车辆超载不仅会带来严重的安全隐患，还会损毁道路、桥梁和交通设施。交通管理部门在载重过磅时，及时采集车辆信息，并通过安装在车辆上的北斗卫星导航系统终端，实时跟踪车辆位置，实现了对车辆超载的有效整治。

你知道全球卫星导航系统的功能吗？它可以用于哪些方面？

全球卫星导航系统（Global Navigation Satellite System，GNSS）是一种利用卫星在全球范围内实现实时定位和导航的系统，其组成包括卫星星座（空间星座部分）、地面监控系统（地面控制部分）和信息接收终端（用户设备部分）三部分（图 13-16），能够为用户提供精确的经纬度坐标、高程、速度和时间等信息，适用于陆地、海洋、航空和航天的定位与导航，具有全天候、连续性和实时性等优势。

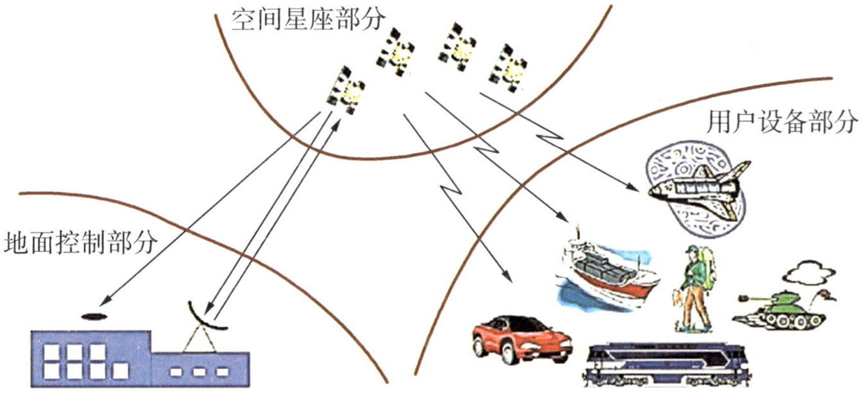

图 13-16　全球卫星导航系统组成示意图

目前，已经建成的全球卫星导航系统有美国的全球定位系统（GPS）、俄罗斯的格洛纳斯卫星导航系统（GLONASS）、欧洲的伽利略卫星导航系统（Galileo）和我国的北斗卫星导航系统（BDS）等。

只要拥有一部智能手机，我们就能应用其中的基于全球卫星导航系统的 APP，享受导航服务。

知识窗

北斗卫星导航系统

北斗卫星导航系统（Beidou Navigation Satellite System，BDS）是中国自行研制的全球卫星导航系统，也是继GPS、GLONASS之后的第三个成熟的卫星导航系统。北斗卫星导航系统和GPS、GLONASS、Galileo，是联合国全球卫星导航系统国际委员会已认定的供应商。

图 13-17　北斗卫星导航系统示意图

图 13-18　北斗卫星导航系统的应用

北斗卫星导航系统，可在全球范围内全天候、全天时为各类用户提供高精度、高可靠定位、导航、授时服务，并且具备短报文通信能力，定位精度为分米、厘米级别，测速精度为0.2米/秒，授时精度为10纳秒。截至2024年1月，全球范围内已经有137个国家与北斗卫星导航系统签订了合作协议。

北斗卫星导航系统提供服务以来，已在交通运输、农林渔业、水文监测、气象测报、通信授时、电力调度、救灾减灾、公共安全等领域得到广泛应用，产生了显著的经济效益和社会效益。

活动

应用地理信息技术预测滑坡灾害，维护住宅安全

我国是基建大国、人口大国，山区面积广大，深受季风影响，降水集中。这使得滑坡等地质灾害对人们的居住环境构成了较大的威胁。应用全球卫星导航系统和地理信息系统等相关地理信息技术，可以实现对地质灾害的无人值守自动化监测和预警，保障人民生命和财产的安全。

在以北斗卫星导航系统为核心的北斗云滑坡/崩塌监测解决方案（图 13-19）中，位移监测一体机实时提供滑坡/崩塌监测区域的位移状态，雨量计给出实时降水数据，倾角计、土压计、测斜仪、激光测距仪等仪器实时显示与滑坡/崩塌相关的指标变化数据，这些相关数据实时通过云平台，经过地理信息系统的分析、预测，实现对滑坡/崩塌的监测和预警。

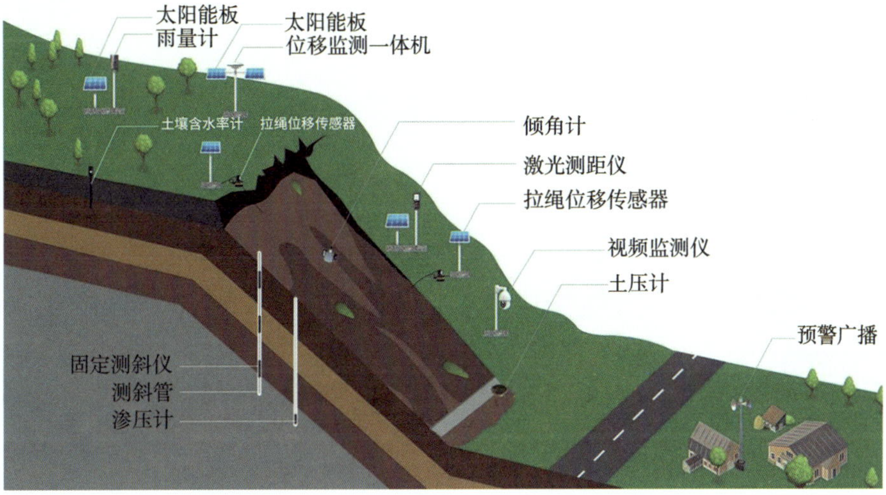

图 13-19　北斗云滑坡/崩塌监测解决方案

除对地质灾害进行监测和预警外，还需对建筑物本身进行监测。通过对楼体变形、沉降、倾斜、裂缝、振动、风振、环境等的监测，掌握其动态特征，对可能出现的情况进行预测。

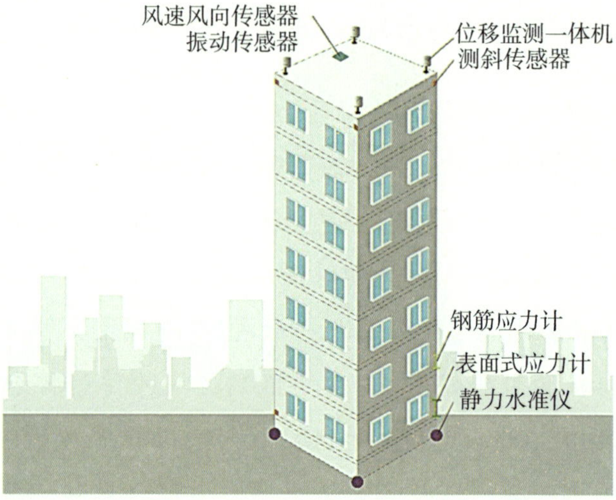

图 13-20　应用北斗卫星导航系统对建筑物的状态进行监测

1. 说一说位移监测一体机是怎么利用全球卫星导航系统实现对滑坡的监测的。

2. 说明地理信息系统在滑坡位移和建筑物状态监测与预警中是怎样发挥作用的。

知识窗

地理信息技术在城市智能交通系统中的综合应用

在地理信息技术中，遥感、全球卫星导航系统和地理信息系统各具特色：遥感侧重及时获取地物的相关属性信息，全球卫星导航系统擅长实时获取三维空间信息，地理信息系统则是对这些信息进行存储、分析和处理。在实际应用中，人们经常会将这些技术联合起来，综合应用。

例如，城市公交站台采用的智能站牌，能够实时显示经过该站点的各线路公交车与站点的距离，并及时提醒乘客即将到站的车辆，大大方便了乘客的出行。要实现这种功能，就要应用全球卫星导航系统实时获取公交车的位置信息，然后通过地理信息系统的处理，得到其线路位置，并实时显示到智能站牌上；当公交车与站点的距离小于 1 站时，及时提醒站台乘客做好上车准备。

图 13-21　苏州市公交智能站牌

图 13-22　智能导航系统客户端

拓展活动

在防灾减灾中，应用遥感技术可以及时获取受灾区域的地面受损信息，结合地理信息系统中已有的基础信息，能够快速分析并评估受灾情况及损失，从而为抗灾救灾工作的部署提供依据。应用全球卫星导航系统，不仅可以使受灾人员获取自身及周边设施的位置信息，以便实施自救，还能使救援人员准确快速地到达施救地点，提高救灾效率。

2010 年 8 月 7 日 22 时左右，甘南藏族自治州舟曲县城东北部山区突降特大暴雨，降雨量达 97 毫米，持续 40 多分钟，引发三眼峪、罗家峪等四条沟系特大山洪地质灾害，泥石流长约 5 千米，平均宽度 300 米，平均厚度 5 米，总体积 750 万立方米，流经区域被夷为平地。

图 13-23　舟曲泥石流发生前后的卫星影像图

灾害发生后，有关部门应用地理信息技术，及时获得了灾区的受灾情况。在进行合理评估后，第一时间调动了救灾力量，组织了救灾物资，并使之及时到达救灾现场，从而使受灾地区得到了及时的救助，降低了灾害的损失。

1. 对照受灾前后卫星影像图，画出受灾的大致范围，指出救灾的重点区域。

2. 说一说地理信息系统和全球卫星导航系统在救灾中发挥了什么作用。

3. 分析舟曲发生泥石流灾害的原因，提出灾区重建的空间布局建议。

主题 14　你了解“一带一路”建设吗？

——地理学视角下的“一带一路”

【教学目标】

◎ 1. 了解“一带一路”及其发展概况。

◎ 2. 了解“一带一路”的地理背景，理解“一带一路”建设的有利和不利因素，为“一带一路”建设出谋划策。

◎ 3. 认识“一带一路”建设的意义，积极为“一带一路”建设做贡献。

【课时建议】

◎ 2—4 课时

【情境】

◎ “一带一路”建设是长周期、跨国界、系统性的世界工程、世纪工程。截至 2023 年 10 月，中国已与全球五大洲的 150 多个国家和 30 多个国际组织签署了 200 多份合作文件，形成了 3 000 多个合作项目。十年间，中国与共建“一带一路”国家的贸易总额已由占中国全球贸易额的 1/4 上升为 1/3。“一带一路”建设为促进中华民族伟大复兴和构建人类命运共同体发挥了非常重要的作用。

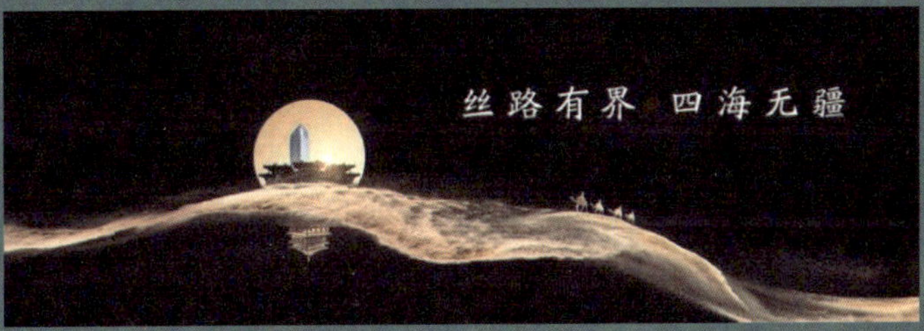

图 14-1　丝路有界　四海无疆

【问题】

◎ 你了解“一带一路”倡议和建设吗？地理学如何为之做贡献？

第一节 “一带一路”倡议

昨天，不同文明的星火，在古丝路上交流激荡，碰撞出灿烂的光芒；今天，五大洲的人流物流信息流，在共商共建共享的新丝路上互联互通，丰富着人类命运共同体的内涵。

一、“一带一路”概述

习近平主席在2013年9月出访中亚和10月出访东南亚时，先后提出共建“丝绸之路经济带”和“21世纪海上丝绸之路”的倡议（简称“一带一路”倡议），翻开了中国与世界发展的新篇章。“一带一路”倡议是中国近现代第一个以我为主、辐射外部的伟大战略构想，顺应了人类追求美好未来的共同愿望，这一创新的大合作模式将重现古丝绸之路的辉煌，实现中华民族伟大复兴的中国梦和构建世界大同的人类命运共同体。

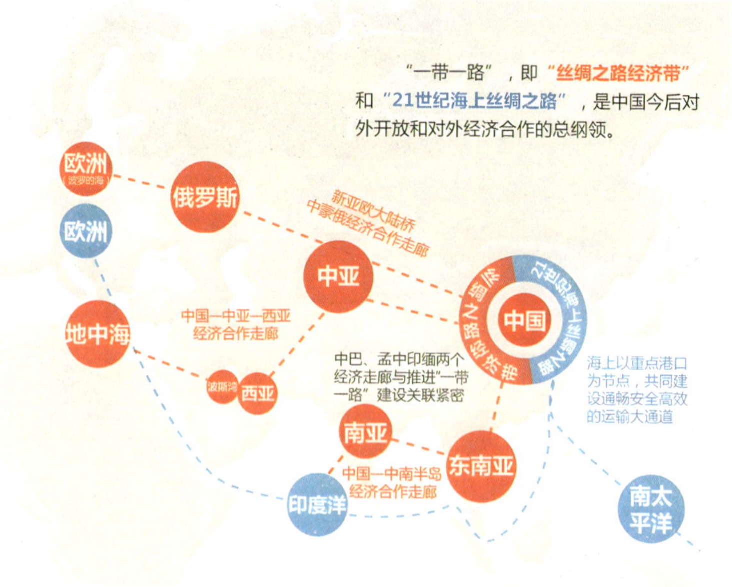

图14-2　“一带一路”示意图

（一）“一带”

“一带”即“丝绸之路经济带”。2013年9月，习近平主席在哈萨克斯坦纳扎尔巴耶夫大学发表题为“弘扬人民友谊 共创美好未来”的重要演讲，倡议用创新的合作模式，共同建设“丝绸之路经济带”。

丝绸之路经济带是在“古丝绸之路”概念的基础上形成的一个新的经济发展区域，包括西北五省（区）：陕西、甘肃、青海、宁夏、新疆；西南四省（区、市）：重庆、四川、云南、广西。东牵亚太经济圈，西系欧洲经济圈，绵延 7 000 多千米，贯穿总人口近 30 亿的 18 个亚欧国家，被认为是“世界上最长、最具发展潜力的经济大走廊”。

图 14-3 丝绸之路经济带构想中的六大经济走廊

（二）“一路”

“一路”即“21 世纪海上丝绸之路”，是 2013 年 10 月习近平主席访问东盟国家时，为加强同东盟国家海上合作，给双方和本地区人民带来更多福祉而提出的合作构想。截至 2023 年 10 月，21 世纪海上丝绸之路航线已通达全球 43 个国家和地区的 131 个港口。

21 世纪海上丝绸之路可划分为东、中、西三段。东段主要由南海区域构成，中段包括马六甲海峡、印度洋和红海，西段主要包括地中海区域。

知识窗

古代海上丝绸之路

秦始皇统一岭南，为海上丝绸之路的形成奠定了基础。据文献记载，东汉时期已利用季风使用风帆与罗马帝国进行了第一次交往。丝绸、茶叶、瓷器等经马六甲海峡过苏门答腊来到罗马帝国，香料、染料、珍珠、绿宝石、石璧、玻璃、红酒、橄榄油、动物和其他奇石异物等被运回中国。对外贸易涉及15个国家和地区，标志着横贯亚、欧、非三大洲真正意义上的海上丝绸之路正式形成。

泉州是海上丝绸之路的起点，是宋元中国的世界海洋贸易中心。海上丝绸之路是古代中国对外贸易往来和文化交流的海上通道，分为南行航线和北行航线。自唐朝起，海上丝绸之路与陆上丝绸之路已不分伯仲、交相辉映。

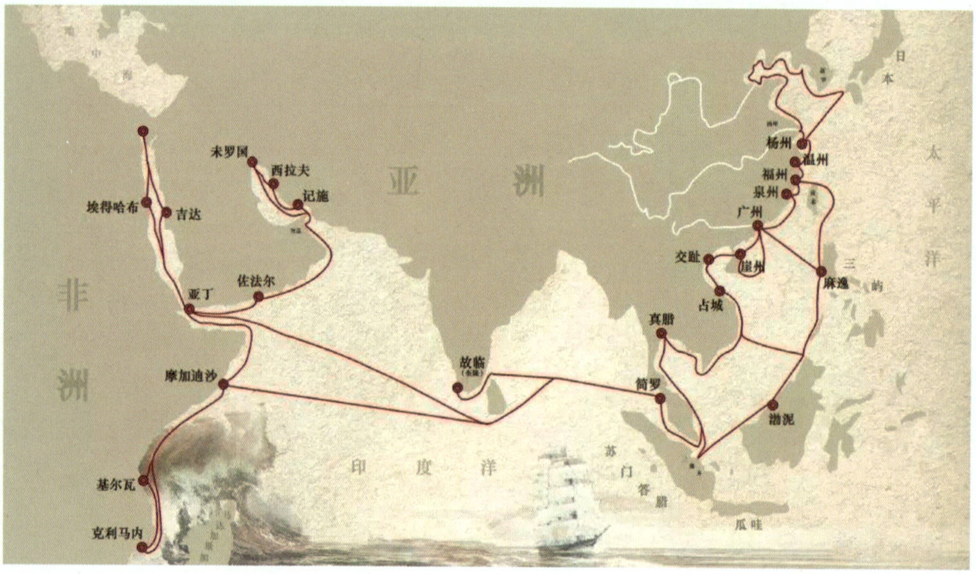

图 14-4　古代海上丝绸之路示意图

活动

分析西安在“一带”建设方面的地理优势，调查“一带”沿线的地理环境。

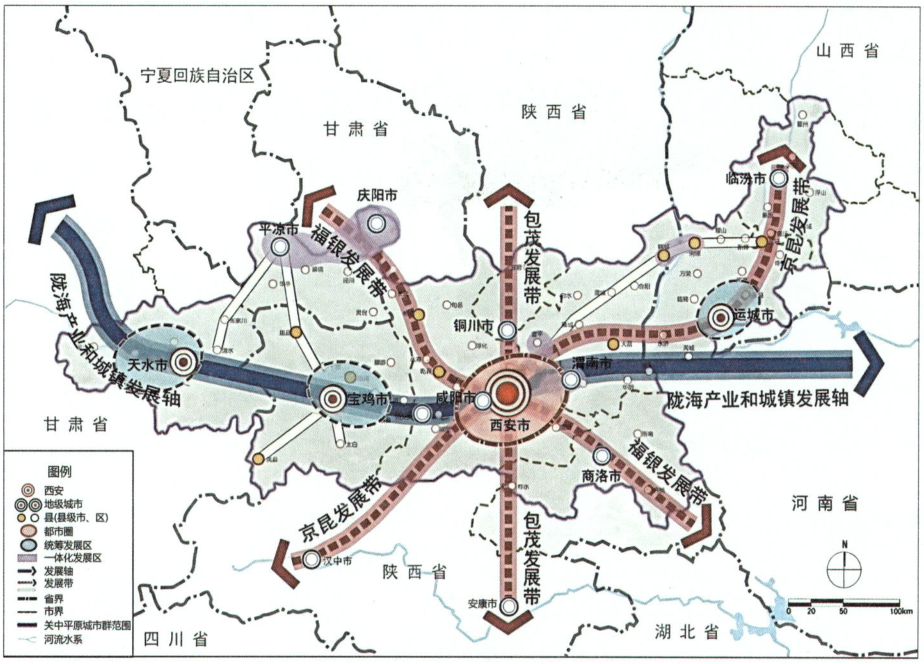

图 14-5　西安的地理区位

1. 从自然条件、科技条件、社会经济条件等方面探究西安在“一带”建设方面应该如何发挥自身综合交叉的地理优势。

2. 利用现代网络手段，结合已学地理知识，对“一带”沿线的地理环境做一个调查（包括地形大势、气候大类、大河流域、主要自然景观、主要人文景观等），分析并阐述“一带”沿线地理环境的主要差异与变化特征。

二、冰上丝绸之路

2017 年 7 月，习近平主席在莫斯科会见俄罗斯总理梅德韦杰夫时提出“要开展北极航道合作，共同打造‘冰上丝绸之路’，落实好有关互联互通项目”，共建“冰上丝绸之路”作为“一带一路”倡议的新举措，展示了亚洲、欧洲、美洲三大洲协作的地缘导向，对于完善中国全球贸易航道布局具有重大现实意义。

“冰”，是指北冰洋；“冰上”，是指亚洲通过北冰洋向欧洲、美洲开辟的北极航道。“冰上丝绸之路”是指穿越北极圈，通过北极东北航道和西北航道，沟通大西洋和太平

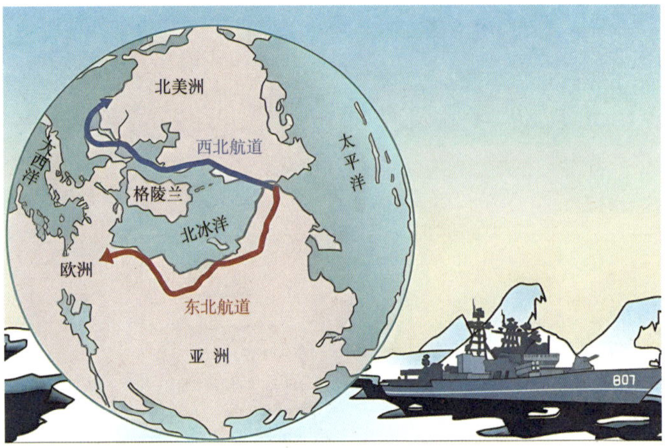

图 14-6 “冰上丝绸之路”示意图

洋两大洋，实现东亚、西欧、北美三大经济区互联互通的海上大通道。

东北航道，西起西北欧北部海域，东到符拉迪沃斯托克（海参崴），途经巴伦支海、喀拉海、拉普捷夫海、新西伯利亚海和白令海峡，是连接东北亚与西欧最短的海上航线。

西北航道，以白令海峡为起点，沿美国阿拉斯加海域向东，穿过加拿大北极群岛直到戴维斯海峡，是连接北欧、加拿大与美国最短的海上航线。

冰上丝绸之路契合了“一带一路”地缘空间延展，既是全球气候变化的时代推动，也是“一带一路”从温带向寒带进行空间扩展的大势所趋。

三、亚欧大陆桥

大陆桥运输是指以横贯大陆的铁路（公路）运输系统为中间桥梁，把大陆两端的海洋运输连接起来形成海陆联运的集装箱连贯运输方式。因为起到了把大陆两端的海洋连接起来的作用，所以被称为“大陆桥”，而海陆联运中的大陆运输部分称为“大陆桥运输”。

（一）西伯利亚大陆桥

西伯利亚大陆桥又称第一亚欧大陆桥，东起俄罗斯东部的符拉迪沃斯托克，经西伯利亚大铁路通向莫斯科，然后通向欧洲各国，最后到荷兰鹿特丹港。整个大陆桥共经过俄罗斯、中国、哈萨克斯坦、白俄罗斯、波兰、德国、荷兰 7 个国家，全长约 1.3 万千米。

我国通过西伯利亚大铁路进行陆桥运输的方式有三种：铁-铁路线；铁-海路线；铁-公路线。

（二）新亚欧大陆桥

新亚欧大陆桥又称第二亚欧大陆桥，东起江苏连云港、山东日照等中国沿海港口城市，西至荷兰鹿特丹、比利时安特卫普等欧洲港口城市，全长约 10 800 千米，途经哈萨克斯坦、俄罗斯、白俄罗斯、波兰、德国等国家，辐射世界 30

图 14-7 新亚欧大陆桥起点

多个国家和地区。

与西伯利亚大陆桥相比，新亚欧大陆桥地理位置和气候条件优越，自然条件好。整座陆桥避开了高寒地区，港口无封冻期，可以常年作业，是亚欧经贸循环新的“大动脉”。

知识窗

“八纵八横”高铁网中的陆桥通道

“八纵八横”高铁网中的陆桥通道（图 14-8）连接华东、华中、西北地区，贯通东陇海、中原、关中平原、河西走廊、天山北坡等城市群，线路全长 3 422 千米。

2021 年 2 月 8 日，“八纵八横”高铁网中最长的横向通道——连云港至乌鲁木齐的高铁全线贯通，为新亚欧大陆桥经济走廊发展提供了有力支撑。

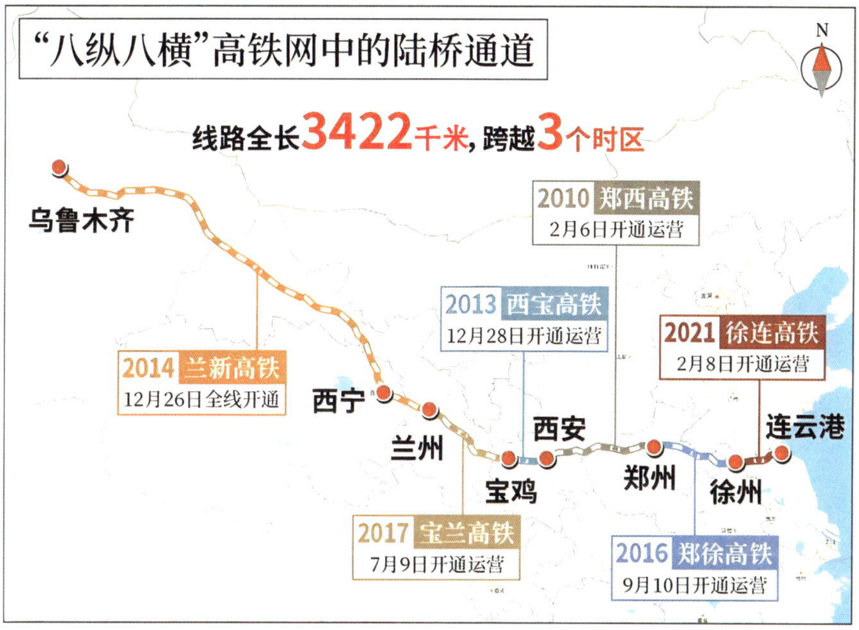

图 14-8 “八纵八横”高铁网中的陆桥通道

中欧班列是依托亚欧大陆桥（图 14-9），按照固定车次、线路、班期和全程运行时刻开行，往来于中国与欧洲及共建“一带一路”国家的集装箱等国际铁路联运班列。中欧班列作为国际陆路运输的新型组织方式，是目前中国与共建“一带一路”国家联系最为紧密的路径，也是共建“一带一路”倡议扎实落地最为成熟的典范。

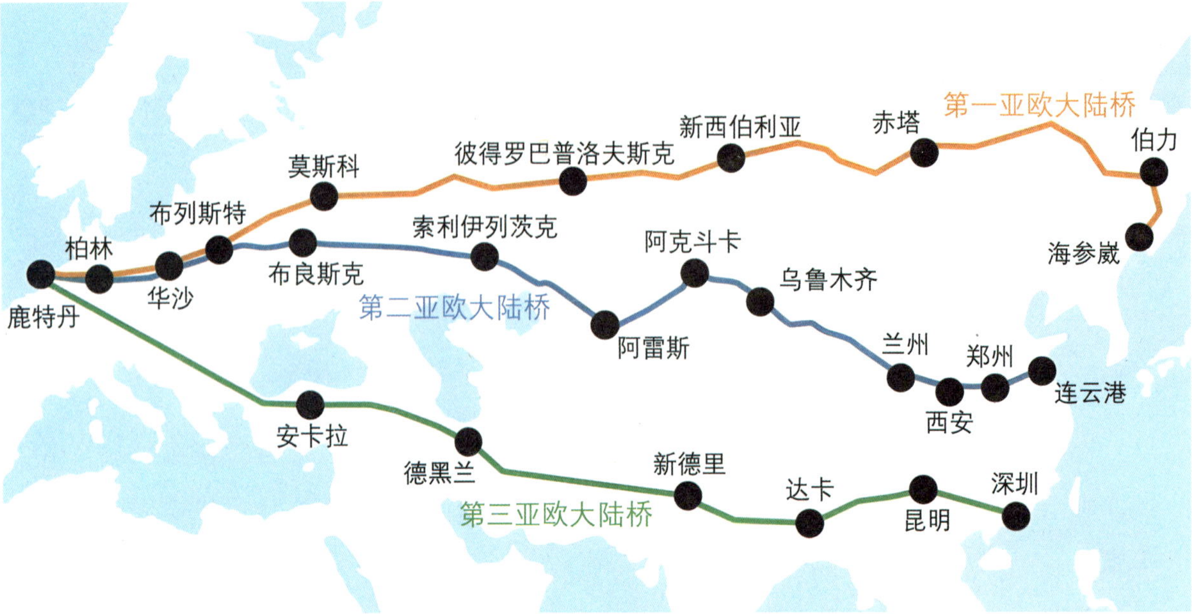

图 14-9　亚欧大陆桥

自 2011 年首列中欧班列（中国重庆至德国杜伊斯堡）开通以来，中欧班列运行数量和覆盖范围不断增加和扩大。截至 2023 年 11 月，中欧班列已累计开行 8.1 万列，行驶总里程逾 7 亿千米，运送货物 700 多万标准箱，通达欧洲 25 个国家的 217 个城市，覆盖包括中国、德国、法国、西班牙等在内的数十个国家和地区。

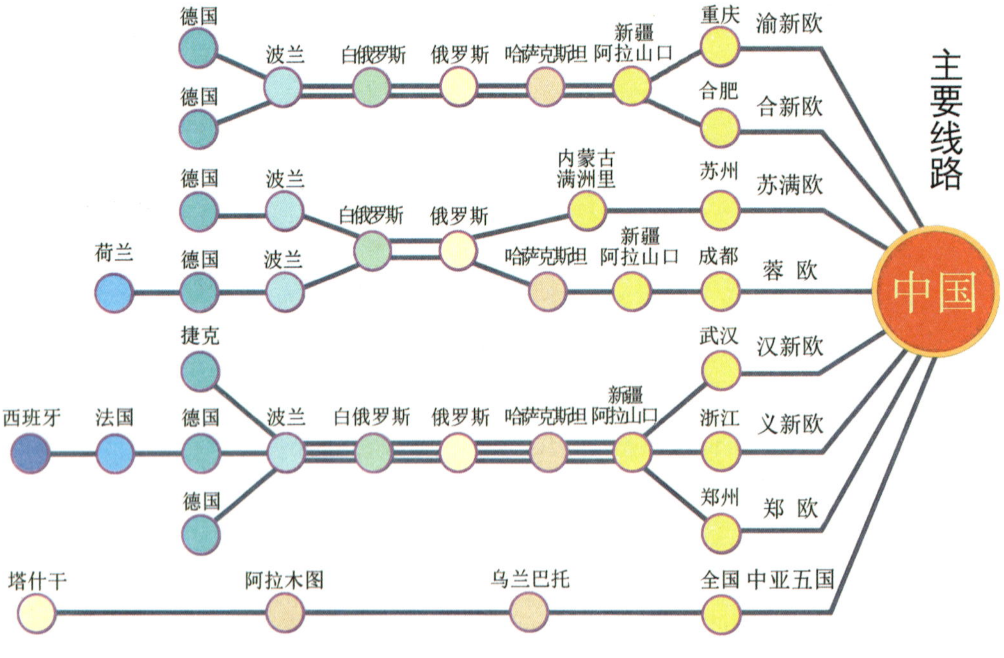

图 14-10　中欧班列线路示意图

第二节 “一带一路”的地理环境

“一带一路”覆盖的地理范围广，截至 2023 年 6 月底，已有 150 多个国家和 30 多个国际组织与中国签署了共建“一带一路”合作文件，涉及全球五大洲和四大洋，几乎覆盖了整个世界。而古丝绸之路涉及的范围主要包括亚洲、欧洲及非洲北部地区，实际上这也是“一带一路”建设的核心区域。

知识窗

古代陆上丝绸之路

古代陆上丝绸之路，是指由西汉张骞开辟的，以长安为起点，跨越陇山山脉，穿过河西走廊，抵达新疆，沿绿洲、沙漠和帕米尔高原，通过干旱与半干旱地区，经中亚、西亚，最终抵达欧洲和非洲的陆上通道。因输出的商品中以丝绸最具代表性，故得此名。

陆上丝绸之路在历史上促进了中国和亚洲、欧洲、非洲各国的友好往来，是一条横贯亚欧大陆，联系东西方经济、政治、文化、宗教的主要通道。

陆上丝绸之路因地理走向不一，分为“北方丝绸之路”与“南方丝绸之路”。由于陆上丝绸之路所经地区的地理景观差异很大，它又细分为“草原森林丝绸之路”“高山峡谷丝绸之路”“沙漠绿洲丝绸之路”。

图 14-11 古代陆上丝绸之路示意图

一、“一带一路”的自然地理背景

丝绸之路经济带，在地形上，跨越了高原、山地、盆地、平原，如古丝绸之路自东向西主要经过了黄土高原—河西走廊—昆仑山脉、天山山脉—帕米尔高原—图兰低地—伊朗高原—美索不达米亚平原—托洛斯山脉—多瑙河中下游平原—阿尔卑斯山脉等；在气候上，主要包括温带季风气候、温带大陆性气候、高原高山气候、地中海气候、温带海洋性气候、热带季风气候、热带沙漠气候等类型；在植被上，主要包括森林、草原、荒漠等类型；跨越的主要河流有黄河、塔里木河、锡尔河、阿姆河、伏尔加河、第聂伯河、印度河、莱茵河、多瑙河、尼罗河、底格里斯河、幼发拉底河等。世界上最大的湖泊——里海，也发育在该带上。

21 世纪海上丝绸之路，经过的主要海域有东海、南海、孟加拉湾、阿拉伯海、红海及非洲东海岸海域，涉及太平洋和印度洋。所涉及的海域及其沿岸地区的气候，主要包括亚热带季风气候、热带季风气候、热带雨林气候、热带草原气候、热带沙漠气候、温带大陆性气候等。南海及其沿岸地区是台风灾害比较严重的地区。

“一带一路”沿线地区，由于受环太平洋火山地震带和地中海-喜马拉雅火山地震带的影响，火山、地震灾害比较严重，西太平洋岛弧及群岛受海啸的影响比较大。

“一带一路”沿线地区，既有世界上海拔最高的高山——喜马拉雅山、海拔最高的高原——青藏高原，又有世界上海拔最低的盆地——死海，是海拔高差最大的区域；既有最湿润的热带雨林气候，又有最干旱的温带和热带荒漠气候；既有湿热同季的季风气候，又有湿热不同季的地中海气候；水资源分布也不均匀，既有水资源极为丰富的地区——热带雨林和热带季风气候区，又有水资源极为缺乏的地区——热带和温带荒漠气候区。

活动

读图 14-12，与图 14-11 比较，说明古代陆上丝绸之路穿越了哪些类型的气候区，什么类型气候区的面积最大。

图 14-12　世界气候类型分区图

二、“一带一路”的人文地理背景

“一带一路”沿线地区，人口大约 30 亿，亚洲和欧洲是全球两个人口密度最大的洲，东亚、南亚和西欧是世界上人口密度最大的地区，中国和印度是世界上两个人口最多的国家。四大古文明——古埃及文明、古巴比伦文明、古印度文明、中华文明的发祥地，就分布在“一带一路”沿线地区。“一带一路”跨越了佛教、道教、伊斯兰教、基督教文化分布区，串联起黄种人、白种人、黑种人及 1 000 多个民族。

“一带一路”沿线既有发达国家又有发展中国家，既有富裕国家又有贫穷国家，既有内陆国家又有海洋国家。

“一带一路”在古代就是沟通各国、各地区的纽带，随着中欧班列的开通及 21 世纪海上丝绸之路运输体系的逐步完善，陆路运输与海路运输相互衔接的大循环交通网络建立起来，交通条件大大改善。中欧班列的开通使得运费比海上运输节省 20%～25%，而时间缩短一半左右。

随着“一带一路”建设的不断推进，中国与共建“一带一路”国家的文化与教育交流更加广泛和深入。

知识窗

海权论与大陆心脏说

19 世纪末 20 世纪初，以美国军事理论家阿尔弗雷德·塞耶·马汉为主要代表人物的海权论认为，占地球表面 71%的海洋是大自然赋予人类通往四面八方的交通媒介，是与各大陆相互交往的交通要道。谁控制了海洋，谁就能控制世界贸易，进而控制世界财富。因此，海洋必然成为渴望获得财富和拥有实力的海上强国进行竞争和发生冲突的主要领域。

1904 年，由英国地理学家哈尔福德·麦金德提出的大陆心脏说，是一种以地理位置为主要根据，以划分地缘政治地带为主要内容进行国际政治战略分析的学说。他把亚、非、欧三大洲作为“旧世界”的核心，也称世界岛，从东欧到中西伯利亚的中部地区为心脏地带，其外围则依距离的远近分为两个新月形地带：一是内新月形地带，包括德国、奥地利、土耳其、印度和中国；二是外新月形地带，指亚欧大陆以外的大陆和海岛，包括英国、南非、澳大利亚、美国、加拿大和日本等。他认为，心脏地带是世界政治的枢纽区，人力和物力资源丰富，并远离海洋，几乎与世隔绝，海权国家的势力无法进入，成为世界上最大的天然堡垒。东欧则是进入心脏地带的大门。谁统治了东欧，谁就能控制中心地带；谁统治了中心地带，谁就能控制世界岛；谁统治了世界岛，谁就能控制世界。这一思想反映出作为海权国家的英国面临着陆权国家兴起的严峻挑战，需要调整战略和外交政策。

海权论和大陆心脏说此后成为一些国家进行军事霸权的理论基础。

活动

利用大陆心脏说，分析俄乌战争发生的原因。利用海权论，分析并说明美国在世界上建设那么多海军基地的原因。

三、地理环境对“一带一路”建设的影响

“一带一路”建设的核心区域，地理环境既具有非常大的差异性，也具有较好的统一性和历史文化传承性，这些性质对“一带一路”建设产生了或必将产生重要的影响。

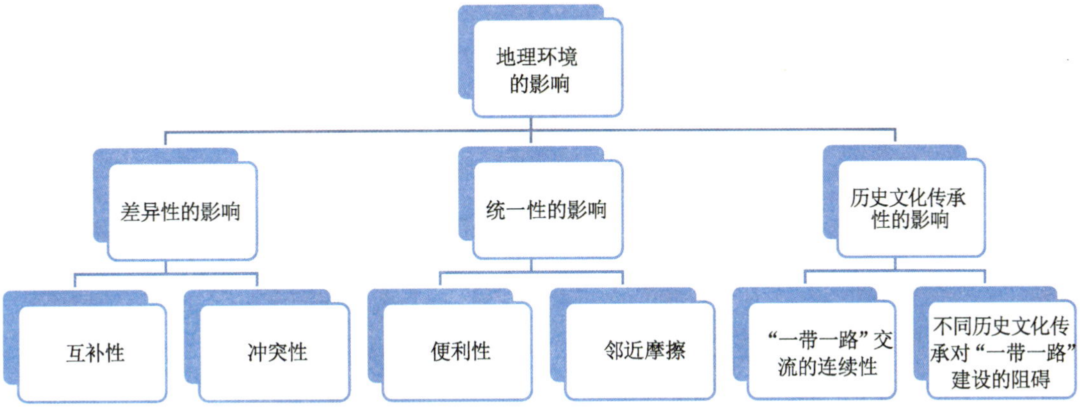

图 14-13 地理环境对“一带一路”建设的影响

（一）地理环境差异性的影响

“一带一路”建设区的地理环境具有显著的差异性。差异性既产生互补性，又容易产生冲突性。

资源分布的差异性和经济发展阶段的差异性，带来了资源禀赋与经济发展的互补性，是共建“一带一路”国家协同协作的基础。比如，东北亚丰富的森林资源、东南亚丰富的热带农产品和有色金属资源、南亚丰富的铁矿资源、中亚丰富的油气资源，成为具有比较优势的地区资源，而西亚的石油储量更是占到世界石油总储量的一半以上。西欧地区科技和经济发达，但需要资源与市场；亚非一些不发达国家缺乏资金、缺乏技术、缺乏良好的基础设施条件、缺乏有效的发展路径，但具有发展经济、改善生活的迫切需求；我国具有巨大的市场潜力、领先的生产能力、充足的外汇储备，在交通、通信、电力、建筑等领域生产技术比较先进，拥有成功的改革开放发展经验，但一些资源依赖进口，并且迫切需要更加深入的改革开放、更高质量的发展；等等。

显著的差异性又会带来矛盾和冲突，制约和阻碍协同协作、共建共享。比如，政治、文化和意识形态的差异，常常会导致矛盾和冲突，甚至引发战争。“巴以冲突”主要是由宗教、文化的矛盾对立引发的，“俄乌战争”主要是由地缘政治矛盾和意识形态的对立引发的。另外，发达国家与发展中国家之间由于经济结构、发展阶段、治理体系存在差异，往往对一些问题如应对全球变暖的责任、世界产业分工等的认识不一致，从而阻碍南北之间的协同协作。当然，发达国家之间和发展中国家之间在政治、文化、经济等方面的差异，也会导致其发生矛盾和冲突，从而影响彼此的共建共享。

（二）地理环境统一性的影响

“一带一路”建设的核心区域是亚洲、欧洲和非洲北部，这是世界上空间联系最紧密的三大洲，也被称为“世界岛”，具有很好的地域空间统一性。这个统一性，避免了大洋的间隔，有利于交流与联系。比如，新亚欧大陆桥的建设和中欧班列的开通使得运费比海上运输节省 20%~25%，而时间缩短了一半左右。对于内陆国家来说，节省的时间和运费会更多。

地域空间的统一性使得基础设施建设，如公路和铁路建设、输变电线路建设、通信基础设施建设等更加便利，有利于设施联通。地域空间的统一性，在设施联通的支撑下，还有利于实现贸易畅通、资金融通、民心相通和政策沟通。

但是，地域空间的统一性也容易带来矛盾和摩擦。边界问题、相关联的资源和环境争议问题，往往容易在邻近国家产生。比如，“以巴冲突”发生的原因，除宗教文化的对立以外，还有边界问题等。

（三）历史文化传承性的影响

一方面，历史文化的传承性为“一带一路”建设奠定了基础。“丝绸之路”作为一个历史概念，自古就是东西方文明交流和经贸合作的通道与桥梁。自张骞出使西域以来，中国与中亚地区的政治、经济交往一直延续至今。自唐朝中后期“海上丝绸之路”的兴起，至明清时期海禁政策导致“海上丝绸之路”的衰落，中国与东南亚、波斯湾、东北非地区的贸易往来密切，互通有无。中国与中亚地区、东南亚地区、波斯湾地区久远浓厚的历史关系所形成的积淀，是国家之间协作发展的良好基础。

另一方面，不同国家和地区具有不同的历史文化传承，对“一带一路”建设也会带来一些不利影响。“一带一路”沿线是儒家文化、伊斯兰文化和基督教文化等多种地缘文化的交汇地带，不同文化有着不同的文化传承，对一些事物的认知和发展道路的选择往往带有惯性，难以改变。基督教文化属于扩张型的，其哲学观念认为空间是可无限重复的，他们强调对周围世界的扩张和管理。因此，受基督教文化影响的国家，引导了对世界的探知和地理大发现，但也导致了对外扩张和殖民主义。儒家文化讲究的是“仁、义、礼、智、信”“和而不同”“美美与共”，所以“一带一路”建设提倡“共商、共建、共享”。

第三节 “一带一路”建设的影响及意义

21 世纪的中国，重建现代意义的“一带一路”壮举，正在改变着这个世界。通过打造世界政治、经济命运共同体，推动“一带一路”建设，进而形成中国“一体两翼”的大发展格局。

一、“一带一路”建设的影响

两千多年前中国人开辟的绿洲丝绸之路、草原丝绸之路、西南丝绸之路及连接东西方的海上丝绸之路，是西方人眼中神秘的东方符号，是人类历史上文明交流、交汇、交融的窗口。

当代“一带一路”建设以综合交通为支撑，依托沿线交通基础设施和中心城市，进行产业升级，促进区域经济一体化，与现今经济发展阶段相契合，和外部世界产业链相联系，最终实现区域经济和社会同步发展，这是一个长期的国际合作计划和工程。

在如今的“一带一路”合作框架下，以大数据、跨境电商、绿色发展为代表的新产业、新业态不断激发释放合作潜力，陆、海、空、网、冰五位一体发展的立体空间布局形成，“数字丝绸之路”（图 14-14）、“空中丝绸之路”“网上丝绸之路”“冰上丝绸之路”等新型纽带多元联动，深刻地改变着人们的生活和命运。总之，这条被誉为世界上最长、覆盖最广和最具发展潜力的经济大走廊，这条承载文明记忆、寄托未来梦想的希望之路，将对人类进步产生广泛而深远的影响。

图 14-14　数字丝绸之路

知识窗

郑和七下西洋

郑和七下西洋这一伟大航海壮举前后历时 28 年，时间之长、规模之大、范围之广都是空前的。郑和曾到达亚洲、非洲 30 多个国家和地区，厚往薄来，购回当地的物产珍品，不仅达到了当时世界航海事业的巅峰，而且对中国与亚洲、非洲各国政治、经济和文化上友好交往做出了巨大的贡献。

郑和七下西洋，对后来达·伽马开辟地方航线与麦哲伦的环球航行，以及对地理大发现、开启大航海时代和开辟世界性海洋贸易新时代，都具有先导意义。

郑和下西洋		
	时　间	1405—1433年
	次　数	7次
	海船规模	最大的海船长44丈，宽18丈
	船　数	每次航行大小船只200多艘
	人　数	每次出海2.7万~2.8万人
	到达范围	亚非30多个国家和地区

图 14-15　郑和七下西洋路线示意图

郑和下西洋折射出中国先进的航海科技光辉，表现了中国古代人民的伟大智慧。1405 年 7 月 11 日是郑和下西洋首航的日期，这一天书写了中华民族历史上辉煌的一页，对于中国的航海事业具有重要的历史纪念意义，故自 2005 年起将每年的 7 月 11 日定为中国法定的“航海日”。

二、“一带一路”建设的意义

讲述古丝绸之路的中国故事，解读和弘扬新时代“和平合作、开放包容、互学互鉴、互利共赢”的丝路精神（图 14-16），赋予其新的时代精神和人文内涵，有利于人们认识“一带一路”倡议，继承和发扬丝路精神。这是中国的梦想，也是中国作为一个大国所应承担的责任。

图 14-16　丝路精神

在当今世界百年未有之大变局加速演进之际，共建“一带一路”正是中国以往鉴来找到的当今时代破题之钥。坚持共商、共建、共享原则，创造性地传承和弘扬古丝绸之路这一人类历史文明发展的伟大成果，不断深化和开拓国际合作的新空间、新领域，是培育新时期中国对外开放新优势的宏观战略布局与决策。在客观上加快了人类文明进程的速度，促成了世界迈向更加开放的步伐，为世界避免文明冲突提供了中国智慧。古丝绸之路是历史上中国对世界开放的催化剂和原始推手，而今的“一带一路”则代表着中国宏观发展战略由“韬光养晦”进入“伟大复兴”的新阶段，是伟大中国梦的合理延伸，是最具发展潜力的经济大计划、大路径。

活动

分析“一带一路”对促进国际合作的战略意义。

1. 说明“一带一路”经过哪几大洲的哪些主要国家。
2. 简述为什么“一带一路”需要共建共享。
3. 举例说明“一带一路”对共建国家的意义。

“一带一路”，根植于历史厚土，顺应时代大势，行稳致远；从亚欧大陆到非洲、美洲、大洋洲，正在改变着这个世界，为世界经济增长开拓了新空间，为国际贸易和投资搭建了新平台，为完善全球经济治理拓展了新实践，为增进各国民生福祉做出了新贡献；正在成为造福世界人民的机

图 14-17　“一带一路”——一条光明大“道”

遇之路、合作之路、繁荣之路、开放之路、绿色之路、共赢之路和廉洁之路；符合共建国家人民的共同利益，为各国开辟出一条通向共同繁荣的机遇之路，对人类历史进步有着深远影响，特别是在中西方文明的交汇融合上具有决定性意义。它不仅塑造了人类的过去，更将推动世界美好的未来——人类命运共同体这一千年梦想的实现，将在人类历史上放射出灿烂的光芒，在世界发展史上具有重大而深远的意义。

总之，“一带一路”，是一条光明大“道”。丝路迢迢，通达八方；大道之行，天下为公；大道不孤，丝路无疆。

拓展活动

分析“一带一路”的地理环境，为“一带一路”建设贡献智慧。

查阅相关资料，完成下列任务：

1. 简要说明乘坐中欧班列，一路上可以欣赏到哪些优美的自然风光和重要的人文景观。

2. 比较世界洋流运动方向（图 14-18）与海上丝绸之路，分析并说明如何利用洋流来提高海运速度，降低运输成本。

3. 测算一下，如果中欧班列开通高铁，从中国到欧洲可以缩短多少时间。

4. 分析并说明“俄乌战争”和“巴以冲突”对“一带一路”建设可能带来的影响。

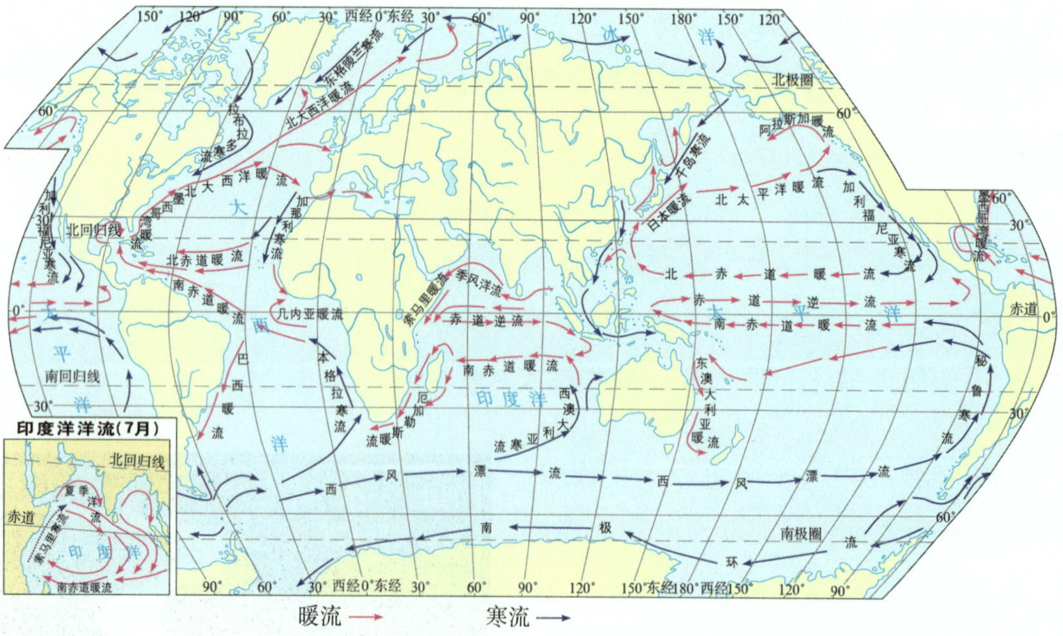

图 14-18 世界洋流分布图

参 考 文 献

[1] 王建，仇奔波. 地理（必修第一册）[M]. 济南：山东教育出版社，2019.
[2] 郑广春，冯立梅. 地理 [M]. 苏州：苏州大学出版社，2020.
[3] 人民教育出版社地理社会室. 地理（第一册）[M]. 2 版. 北京：人民教育出版社，2000.
[4] 王建. 现代自然地理学 [M]. 2 版. 北京：高等教育出版社，2010.
[5] 王建，仇奔波. 地理（选择性必修 1）：自然地理基础 [M]. 济南：山东教育出版社，2020.
[6] 王建，田忠. 地理图册（必修第一册）[M]. 北京：中国地图出版社，2019.
[7] 田忠，王建. 地理图册（选择性必修 1）：自然地理基础 [M]. 北京：中国地图出版社，2020.
[8] 刘昌明. 水文科学创新研究进展 [M]. 北京：科学出版社，2014.
[9] 陈家琦，王浩，杨小柳. 水资源学 [M]. 北京：科学出版社，2002.
[10] 王建，仇奔波. 地理（必修第二册）[M]. 济南：山东教育出版社，2019.
[11] 朱翔，刘新民. 地理（必修第一册）[M]. 长沙：湖南教育出版社，2019.
[12] 朱翔，刘新民. 地理（必修第二册）[M]. 长沙：湖南教育出版社，2019.
[13] 李天杰，赵烨，张科利，等. 土壤地理学 [M]. 3 版. 北京：高等教育出版社，2004.
[14] 赵荣，王恩涌，张小林，等. 人文地理学 [M]. 2 版. 北京：高等教育出版社，2006.
[15] 王金虹，张鸿雁. 基础地理 [M]. 沈阳：辽宁科学技术出版社，2012.
[16] 李异鸣. 人类灭绝的 10 种可能 [M]. 北京：新世界出版社，2004.
[17] 德内拉 · 梅多斯，乔根 · 兰德斯，丹尼斯 · 梅多斯. 增长的极限 [M]. 李涛，王智勇，译. 北京：机械工业出版社，2013.
[18] 叶叔华. 火星上有生命吗 [J]. 科学，2020，72（1）：58-59.
[19] 刘扬，张立生，赵慧霞. 中国台风灾害损失与气象要素的关系分析 [J]. 气象与环境科学，2023，46（4）：1-6.
[20] 张营营，胡亚朋，张范平. 黄河上游天然径流变化特性分析 [J]. 干旱区资源与环境，2017，31（2）：104-109.
[21] 姚亚庆，郑粉莉，关颖慧. 近 60 年我国旱涝灾情时空特征分析 [J]. 干旱地区农业研究，2017，35（1）：228-232，263.
[22] 刘昌明，李云成. “绿水”与节水：中国水资源内涵问题讨论 [J]. 科学对社

会的影响，2006（1）：16-20.
[23] 彭东明.“农业区位因素及农业地域类型”专题［J］. 地理教育，2017（1）：29-31.
[24] 周义钦. 不同农业地域类型的比较与解析［J］. 地理教学，2014（6）：3-7.
[25] 饶婕. 自然因素和社会因素影响下的中国农业分布［J］. 初中生辅导，2022（29）：45-48.
[26] 马明哲，申国珍，熊高明，等. 神农架自然遗产地植被垂直带谱的特点和代表性［J］. 植物生态学报，2017，41（11）：1127-1139.
[27] 韩雪，王宁. 北大荒建设进程中人口迁移对北大荒文化的影响探析［J］. 东北农业大学学报（社会科学版），2020，18（1）：94-98.
[28] 王桂新. 中国省际人口迁移变化特征：基于第七次全国人口普查数据的分析［J］. 中国人口科学，2022（3）：2-16，126.
[29] 李国平，崔丹. 我国城市群人口和经济承载力及其提升策略［J］. 改革，2022（7）：37-48.
[30] 韩林飞. 莫斯科城市空间形态解析［J］. 北京规划建设，2003（5）：130-133.
[31] 卞素萍. 巴黎城市空间形态解析［J］. 南方建筑，2010（1）：74-76.
[32] 曾刚，王琛. 巴黎地区的发展与规划［J］. 国外城市规划，2004（5）：44-49.
[33] 杨开忠. 全面建设现代化国家的西部大开发战略［J］. China Economist，2021，16（3）：62-83.
[34] 沈立，倪鹏飞. 中国工业发展空间格局演变：历史、现状及趋势［J］. 河北经贸大学学报，2022，43（2）：49-58，99.
[35] 李金华. 全球新兴工业区兴起背景下中国先进制造工业区建设的现实思考［J］. 中国地质大学学报（社会科学版），2016，16（4）：103-113.
[36] 鲁爱华. 新兴工业区的类型与区位分析［J］. 新高考（政治历史地理），2009（3）：57-59.
[37] 黄芬，张春来，杨慧，等. 中国岩溶碳汇过程与效应研究成果及展望［J］. 中国地质调查，2014，1（3）：57-66.
[38] 李艳芳. 地球在告急［J］. 可持续发展经济导刊，2019（Z1）：54-56.
[39] 周美琦，景海波，朱倩琳. 基于遥感的东北三省植被碳汇研究［J］. 河南科技，2023，42（18）：101-106.
[40] 魏际刚，王杨堃.“一带一路”倡议背景下中欧班列建设发展的成就、经验及发展方向研判［J］. 北京交通大学学报（社会科学版），2023，22（4）：19-27.
[41] 陈伟，赵晞泉，刘卫东，等.“一带一路”贸易网络演化与贸易门户国家识别［J］. 地理学报，2023，78（10）：2465-2483.